高速铁路轨道构造与施工

陈玉洁 胡 蓉 主 编
孙建国 王秋云 周 琰 副主编

人民交通出版社股份有限公司
北京

内 容 提 要

本书共分两篇、十个项目。"第一篇　轨道构造"内容主要包括直线轨道、曲线轨道、道岔、无缝线路等轨道构造基本知识;"第二篇　轨道施工"内容主要包括CRTS Ⅰ型板式无砟轨道、CRTS Ⅱ型板式无砟轨道、CRTS Ⅲ型板式无砟轨道、CRTS双块式无砟轨道、无砟轨道无缝线路、无砟道岔等高速铁路轨道施工工艺。本书涵盖的知识点结构完整,理论清晰,实践性强。

本书可供高等职业院校交通运输类高速铁道工程技术、铁道工程技术、城市轨道交通工程技术专业教学使用,也可作为相关从业人员的参考用书。

图书在版编目(CIP)数据

高速铁路轨道构造与施工／陈玉洁,胡蓉主编. —北京：人民交通出版社股份有限公司,2020.8
　ISBN 978-7-114-16417-0

Ⅰ.①高… Ⅱ.①陈…②胡… Ⅲ.①高速铁道(铁路)—构造—教材②高速铁路—轨道(铁路)—铁路施工—教材　Ⅳ.①U238

中国版本图书馆CIP数据核字(2020)第047963号

Gaosu Tielu Guidao Gouzao yu Shigong
书　　名：高速铁路轨道构造与施工
著 作 者：陈玉洁　胡　蓉
责任编辑：张江成
责任校对：赵媛媛
责任印制：刘高彤
出版发行：人民交通出版社股份有限公司
地　　址：(100011)北京市朝阳区安定门外外馆斜街3号
网　　址：http://www.ccpcl.com.cn
销售电话：(010)59757973
总 经 销：人民交通出版社股份有限公司发行部
经　　销：各地新华书店
印　　刷：北京建宏印刷有限公司
开　　本：787×1092　1/16
印　　张：17.75
字　　数：446千
版　　次：2020年8月　第1版
印　　次：2024年7月　第3次印刷
书　　号：ISBN 978-7-114-16417-0
定　　价：45.00元

(有印刷、装订质量问题的图书由本公司负责调换)

前 言

　　2018年1月,编者所在学校——重庆交通职业学院被重庆市优质高等职业院校建设项目列为建设培育单位,其中高速铁道工程技术、道路桥梁工程技术、工程测量技术专业组建为交通建设专业群进行优质校内涵建设。根据交通建设专业群建设目标和人才培养目标,高速铁道教研团队组织编写《高速铁路轨道构造与施工》教材。

　　高速铁路轨道构造与施工课程是高速铁道工程技术专业、铁道工程技术专业的专业核心课程之一。随着科学技术的快速发展,铁路基建中使用的各种新材料、新技术、新标准和新规范等不断出现,高速铁路轨道构造与施工必须紧跟时代的发展步伐,不断更新课程内容。因此,编写一本能适应高速铁道工程技术施工发展的新教材也是非常必要的。

　　本书基于高速铁路轨道施工过程以任务形式进行组织和编写,逻辑框架和内容基于工作过程展开,以全国高等职业院校高速铁道工程技术专业、铁道工程技术专业指导委员会制订的课程教学大纲,最新颁布的国家、行业标准和规范为主要依据进行编写。

　　本书由陈玉洁、胡蓉担任主编,孙建国、王秋云、周琰担任副主编,参编人员刘道勇。其中陈玉洁编写前言、项目五、项目六、项目七,并负责全书统稿;胡蓉编写项目一、项目二、项目三;孙建国编写项目九、项目十;周琰编写项目四;王秋云编写项目八;刘道勇编写绪论。

　　本书在编写过程中得到了中铁五局集团有限公司的大力支持和帮助,谨在此表示诚挚的感谢。同时,本书在编写中,参考了许多文献和标准等资料,在此谨向所有文献和资料的作者表示衷心的感谢和敬意。

　　由于编者水平和经验有限,教材中难免存在疏漏和错误,衷心希望使用本教材的读者批评指正。

编　者

2019年6月

目　　录

绪论 ··· 1

第一篇　轨　道　构　造

项目一　直线轨道 ·· 9
　任务一　钢轨 ·· 9
　任务二　轨枕 ·· 12
　任务三　联结零件配置 ·· 19
　任务四　有砟轨道道床 ·· 34
　任务五　轨道加强设备 ·· 40
　任务六　无砟轨道结构 ·· 42
　任务七　轨道几何形位 ·· 47
　本章课后习题 ·· 55

项目二　曲线轨道 ·· 56
　任务一　曲线外轨超高设置 ·· 56
　任务二　小半径曲线轨距加宽设置 ·· 63
　任务三　缓和曲线 ·· 65
　任务四　缩短轨的配置 ·· 69
　本章课后习题 ·· 72

项目三　道岔 ·· 74
　任务一　道岔的构造认知 ··· 74
　任务二　普通单开道岔各部尺寸检查 ··· 89
　任务三　高速铁路道岔 ·· 98
　本章课后习题 ·· 103

项目四　无缝线路 ·· 105
　任务一　无缝线路的基本原理 ··· 105
　任务二　温度应力式无缝线路的认知 ··· 110
　任务三　无缝线路的稳定性 ·· 114
　本章课后习题 ·· 116

第二篇　轨　道　施　工

项目五　CRTS I 型板式无砟轨道施工 ··· 121
  任务一　底座施工 ··· 121
  任务二　凸形挡台施工与填充 ··· 125
  任务三　轨道板预制 ··· 129
  任务四　轨道板铺设 ··· 134
  任务五　CA 砂浆灌注施工 ··· 137
  本章课后习题 ··· 142

项目六　CRTS II 型板式无砟轨道施工 ··· 143
  任务一　桥梁段滑动层施工 ··· 143
  任务二　桥梁段底座施工 ··· 146
  任务三　轨道板铺设 ··· 152
  任务四　CA 砂浆调整层灌注施工 ··· 155
  任务五　轨道板纵连施工 ··· 159
  任务六　侧向挡块施工 ··· 161
  本章课后习题 ··· 164

项目七　CRTS III 型板式无砟轨道施工 ··· 165
  任务一　CRTS III 型板式无砟轨道底座施工 ··· 165
  任务二　带弹性垫层的隔离层施工 ··· 176
  任务三　轨道板铺设施工 ··· 180
  任务四　轨道板精调 ··· 184
  任务五　自密实混凝土灌注施工 ··· 186
  本章课后习题 ··· 193

项目八　CRTS 双块式无砟轨道施工 ··· 194
  任务一　支承层施工 ··· 194
  任务二　混凝土底座及限位凹槽施工 ··· 199
  任务三　隔离层及弹性垫层施工 ··· 204
  任务四　支撑架法轨排组装、调整及固定 ··· 206
  任务五　框架法轨排组装、调整及固定 ··· 213
  任务六　道床板混凝土施工 ··· 219
  本章课后习题 ··· 227

项目九　无砟轨道无缝线路施工……………………………………………… 228
　　本章课后习题……………………………………………………………… 255
项目十　无砟道岔施工………………………………………………………… 256
　　本章课后习题……………………………………………………………… 271
参考文献………………………………………………………………………… 272

绪 论

1825 年英国修建的世界第一条铁路,拉开了近代世界铁路轰轰烈烈的发展序幕。直到 20 世纪 50 年代,第三次工业革命使得公路和航空运输迅速发展,使铁路在速度上居于劣势,遭受了历史性的重创,一度被称为"夕阳产业"。然而进入 20 世纪 70 年代以后,能源危机、环境恶化、交通安全等问题,迫使各国重新认识加快发展铁路的重要性,信息技术的应用,使得铁路行业的面貌焕然一新,世界铁路发展逐步由低谷走向复兴。高速铁路技术与货运重载技术就在这种环境下应运而生。

1964 年 10 月,世界上第一条高速铁路——日本东海道新干线东京至大阪高速铁路诞生,以速度 210km/h 运行。经过 50 多年的发展,目前世界上已有中国、日本、法国、德国、意大利、西班牙、荷兰、瑞典、英国、韩国、瑞士、土耳其、俄罗斯、芬兰、奥地利、乌兹别克斯坦、比利时、波兰、丹麦、挪威、美国等二十多个国拥有了高速铁路。

一、高速铁路的定义

1996 年国际铁路联盟(UIC)对高速铁路的定义是:最高速度至少达到 250km/h 的专用线或最高速度达 200km/h 的既有线。

国际上根据铁路线路允许运行的最高速度做以下划分:

普通铁路(常速、中速):100~160km/h;

快速铁路(准高速或快速):160~200km/h;

高速铁路:既有线改造,>200km/h;新建线,>250km/h。

二、高速铁路是市场发展的必然趋势

目前,世界上成熟的现代化运输方式有铁路、航空、水运、公路、管道五种,构成的交通运输网总长度大约 3000 万 km,其中公路约为 2100 万 km,铁路约为 120 万 km,内河水运约为 60 万 km,具有导航设施的航空线约为 600 万 km,管道约为 100 万 km。与其他运输方式相比,铁路运输的优势如下:

(1)列车运行比较平稳,安全可靠,舒适性好。

(2)铁路运输成本较低,我国铁路运输成本分别是汽车运输成本的 1/17~1/11、民航运输成本的 1/267~1/97。

(3)列车客货运输到发时间准点性好。

(4)铁路运输连续性强,受自然环境条件限制较小,能保证全年不间断运行。

(5)可载性能好,既可运送旅客又可运输各类不同的货物。

(6) 能耗较低,每千吨千米消耗标准燃料为汽车运输的 1/15~1/11,为民航运输的 1/174。

(7) 运行速度快,时速一般在 120~250km。

(8) 运输能力较大,每列客车可载旅客约 1800 人,一列货车可装约 3000t 货物,重载列车可载高达 20000 多吨货物;单线单向年最大货物运输能力可达 1800 万 t,双线可达 5500 万 t;运行组织较好的国家及地区,单线单向年最大货物运输能力可达 4000 万 t,双线单向年最大货物运输能力超过 1 亿 t。同时,高速铁路的安全舒适性相比公路及航空运输具有不可替代的优势,仍是大多数人出行的首选交通工具,所以高速铁路是客运市场发展的必然趋势。

三、高速铁路的轨道结构性能特点

1. 高平顺性

高速铁路对轨道的最基本要求就是高平顺性,这也是建设高速铁路的控制性条件。因为轨道不平顺是引起列车振动、轮轨动作用力增大的主要原因。因此,高速列车能否安全、平稳、舒适运行,是通过严格控制轨道的平顺性来实现的。

2. 高可靠性,长寿命

高可靠性主要是指轨道结构保持平顺性,维持线路正常运营的能力。因此,提高轨道的弹性,提高轨道对高频冲击、振动荷载的减振、隔离和承受能力,是高速铁路轨道结构的主要要求之一。

长寿命,指的是轨道结构有较长的维修和大修周期。高速铁路要求其维修工作量必须少,维修周期要长,从而保证不中断行车,维持列车的正常运行。

3. 高稳定性

高速铁路采用的跨区间无缝线路是提高轨道结构的连续性、均匀性的重大举措。而跨区间无缝线路中无缝道岔直基本轨产生的温度附加力会使道岔区成为高速铁路稳定性的控制区。另一方面,高速列车的高频冲击和振动,会使轨道结构的纵、横向阻力,即轨道自身保持稳定的能力降低,同时高速列车的蛇行和横向振动又会使作用到轨道上的横向荷载加大,增加横向失稳的可能性。所以,高稳定性也是高速铁路轨道所需要特别注意的性能要求。

四、世界铁路发展史上的重大事件

铁路尤其是高速铁路是现代科技的一项重大技术成就,它在某种程度上反映了一个国家的综合实力,集中体现了一个国家科技和工业化发展的水平,它是一个国家铁路牵引动力、线路结构、车辆技术、制造工艺、列车运行控制、运输组织和经营管理水平等方面实力的集中体现。

世界铁路发展史上的重大事件如下:

1825 年,英国人修建了世界上第一条铁路。

1903 年,德国铁路运行速度达 210km/h。

1955 年,法国铁路运行速度达 331km/h。

1964 年 10 月 1 日,世界上第一条高速铁路——日本东海道新干线开通。

20 世纪 80 年代,世界铁路进入"第二发展期"——高速铁路大发展期。

中国高铁发展后来居上,1964 年开通了广深准高速铁路,列车最高运营速度达 160km/h。

1998年8月28日，广深铁路营运列车最高行驶速度200km/h，成为中国第一条达到高速指标的铁路。2003年10月11日，秦沈客运专线全段建成通车，设计速度250km/h，为中国第一条铁路客运专线。

根据《中长期铁路网规划》(2016—2025年)，到2025年，铁路网规模达到17.5万km左右，其中高速铁路3.8万km左右。在原规划"四纵四横"主骨架基础上，增加客流支撑、标准适宜、发展需要的高速铁路，同时充分利用既有铁路，形成以"八纵八横"主通道为骨架、区域连接线衔接、城际铁路补充的高速铁路网。

自2014年10月，中俄双方签署了高铁合作备忘录开始，中国高铁"走出去"足迹已遍布多个国家，高铁已成为中国制造在国际上的一张"黄金名片"。截至2016年，我国至少与20个国家进行了高铁合作或者洽谈，涉及泰国、巴西、墨西哥、俄罗斯等国家，辐射非洲、亚洲、欧洲、美洲、大洋洲等区域。

截至2019年末，中国高速铁路运营里程达3.5万km，位居世界第一，占全球高铁里程2/3以上。预计到2025年，中国将拥有3.8万km的高速铁路网络，中国已成为世界上高速铁路系统技术最全、集成能力最强、运营里程最长、运行速度最高、在建规模最大的国家。

五、国外主要高速铁路轨道结构的基本形式

1. 有砟轨道

（1）德国

德国高速列车(ICE)线路采用UIC60、900A自然硬度(非淬火)钢轨，为跨区间无缝线路。B70混凝土轨枕，长度2.6m，按枕间距60cm(1667根/km)铺设。ω型弹条扣件，扣压力11kN、弹程14mm，轨下胶垫厚6mm，静刚度为50~70kN/mm，碎石道床肩宽50cm，边坡1:1.5，厚度为碎石层30cm，底砟(路基保护层)层15~30cm。

（2）日本

日本的东海道新干线大部分线路为有砟轨道结构。最初采用50kg/m焊接长钢轨，每千米1720根预应力混凝土轨枕，道床碎石及底砟层总厚50cm，砟肩宽50mm。120双弹性扣件，扣压力6kN，轨下胶垫刚度60~90kN/mm。东海道新干线于1973年开始有计划地以60kg/m焊接长钢轨更换原有的50kg/m钢轨，以重型轨枕更换原有轻型轨枕。

（3）法国

法国的TGV线路采用UIC60 900A自然硬度(非淬火)钢轨，为跨区间无缝线路，U41型双块式混凝土轨枕(1667根/km)，Nabal扣件，扣压力11kN，轨下弹性垫层厚9mm，静刚度72.65kN/mm，加强型道床断面，肩宽60cm，砟肩堆高10cm，边坡1:1.5，厚度东南线50cm(面砟30cm、底砟20cm)、大西洋线55cm(面砟35cm、底砟20cm)，道砟粒级25~55mm，硬质碎石道砟。

2. 无砟轨道

（1）日本

日本的山阳、东北、上越等新干线的无砟轨道形式为板式轨道。

（2）德国

德国的科隆到法兰克福高速铁路上的无砟轨道结构主要有：

①Rheda 型,是将预应力混凝土轨枕浇筑在填充混凝土中,并支承在钢筋混凝土道床上。

②Züblin 型,采用双块式轨枕取代 Rheda 型的预应力混凝土轨枕,其余结构组成与 Rheda 型基本相同。

③ATD 型,双块式轨枕直接置于沥青混凝土道床上,并在枕底与道床之间灌注弹性黏结材料,使两者联结成整体。

六、我国高速铁路轨道结构的基本形式

目前我国使用的轨道结构形式主要分为有砟轨道和无砟轨道两种。有砟轨道是指采用碎石等散粒体及轨枕为轨下基础的轨道结构,一般由钢轨、轨枕、联结零件、道床、轨道加强设备和道岔组成,如图 0-1 所示。无砟轨道是指采用混凝土等整体结构取代散粒碎石道床为轨下基础的轨道结构,如图 0-2 所示。有砟轨道具有结构简单、铺设容易、维修方便和弹性良好的特点,且造价相对较低,但在高速行车条件下有可能产生道砟飞溅,轨道稳定性和几何形位保持能力相对较差。无砟轨道整体性强,纵、横向稳定性均较好,平顺性高,养护维修工作量相对较小,但刚度较大,弹性较差,造价比有砟轨道高。

a)木枕线路

b)混凝土枕线路

图 0-1 有砟轨道

a)双块式无砟轨道

b)CRTS❶Ⅲ型板式无砟轨道

图 0-2 无砟轨道

---

❶ 中国铁路无砟轨道系统(China Railway Track System),简称 CRTS。

绪 论

正线有砟轨道设计标准

表 0-1

项 目		单位	高速铁路	城际铁路		客货共线铁路				重载铁路			
							I 级铁路		II 级铁路	>250	101~250	40~100
						≤25	≥20	≤25	10~20				
运营条件	年通过总质量	Mt	—	—	—	—	≤25	≥20	≤25	10~20	>250	101~250	40~100
	列车轴重 P	t	≥17	≥17	≥17	≥17	≤25	≤25	≤25	≤25	25~30	30	30
	旅客列车设计速度 v_K	km/h	≥250	160	200	120	200	160	120	120	—	—	—
	货物列车设计速度 v_H	km/h	—	—	—	—	≤120	≤120	≤80	≤80	≤100	≤100	≤100
轨道结构	钢轨	kg/m	60	60	60	60	60	60	60	60/50	75	75/60	60
	扣件 型号	—	弹条IV或V型	弹条II、III、IV、V型	弹条II或III型	弹条II或III型	弹条II、III、IV或V型	弹条II、III、IV或V型	弹条II或III型	弹条II或新I型	满足设计轴重要求	与轨枕匹配的弹性扣件	
	混凝土轨枕 间距	mm	600	600	600	600	600	600	600或570	600或570	600	600	600
	道床厚度及材质	土质路基(双层道床) 面砟	cm	35	—	30	25	—	30	30	25	35	35	30
		土质路基(双层道床) 底砟	cm	35	20	20	20	—	20	20	20	20	20	20
		土质路基(单层道床) 道砟	cm	35	30	30	30	30	30	30	30	35	35	35
		硬质岩土路基、隧道 道砟	cm	35	35	30	30	35	35	35	25	35	35	35
		桥梁 道砟	cm	35	30	30	30	特级	30	25	25	35	35	35
		道砟材质	—	特级	特级/一级	一级	一级	特级	一级	一级	一级	特级/一级	特级/一级	一级

《铁路轨道设计规范》(TB 10082—2017)中规定,轨道设计标准结合铁路等级和运营条件进行划分。铁路等级根据其在铁路网中的作用和性质、旅客列车设计速度和近期客货运量确定,分为高速铁路、城际铁路、客货共线铁路和重载铁路。运营条件根据轴重、速度、年通过总质量等进行划分。

在选定轨道设计标准时,首先要根据铁路等级和运营条件选定钢轨类型、配套扣件、轨枕及配置根数、道床材料和断面尺寸等,我国正线有砟轨道设计标准,见表0-1。要使整体结构的各组成部分互相配套,充分发挥各自的工作性能,既有足够的强度、稳定性、耐久性,又能满足养护维修的要求。

第一篇 轨道构造

黄陂方言 第一集

项目一 直 线 轨 道

知识目标：
1. 掌握有砟轨道的组成及各部分技术特点；
2. 掌握我国无砟轨道的类型及结构；
3. 掌握直线轨道几何形位的组成及要求。

能力目标：
1. 能够现场识别轨道各部件，并说出它的组成零件；
2. 能够根据轨道类型配置钢轨、轨枕、扣件、道床；
3. 能够说出直线轨道几何形位的要素及其含义、测量方法。

任务一 钢 轨

一、钢轨的功用与基本要求

钢轨是铁路轨道的主要组成部件。它的功用是引导机车车辆的前进；直接承受来自车轮的垂直力、横向水平力和纵向水平力，并将力传给轨下基础。钢轨为车轮的滚动提供连续、平顺和阻力最小的表面。在电气化铁路或自动闭塞区段，钢轨还可兼作轨道电路之用。

为了使列车能够安全、平稳和不间断地运行，钢轨除必须充分发挥上述诸功能外，还应保证在轮载和轨道温度（简称轨温）变化的作用下，应力和变形均不超过规定的限值。这就要求钢轨具有足够的强度、韧性和耐磨性；同时要有一定的塑性、刚度和可挠性。由于机车依靠轮轨之间的摩擦作用牵引列车前进，钢轨顶面应具有一定粗糙度，以增加轮轨间的黏着力，同时又要光滑，以减少行车阻力。

二、钢轨的断面及类型

1. 钢轨的断面设计

作用于直线轨道钢轨上的力主要是竖直力，其结果是使钢轨挠曲。可将钢轨看作支承在弹性基础上的无限长梁，梁抵抗挠曲的最佳断面形状为工字形。因此，钢轨采用由轨头、轨腰、轨底三部分组成的宽底式工字形断面，具体尺寸如图1-1、图1-2所示。

其四个主要参数分别是轨头宽度 b、轨腰厚度 t、钢轨高度 H 及轨底宽度 B，钢轨的断面设计应满足下列要求：

(1) 轨头提供车轮滚动的接触面，其几何形状应与车轮踏面相匹配，且能抵抗压陷和耐磨，轨头宜大而厚，并有足够的面积以备磨耗。钢轨头部顶面应轧制成隆起的圆弧，使由车轮传来的压力能集中于钢轨中轴。

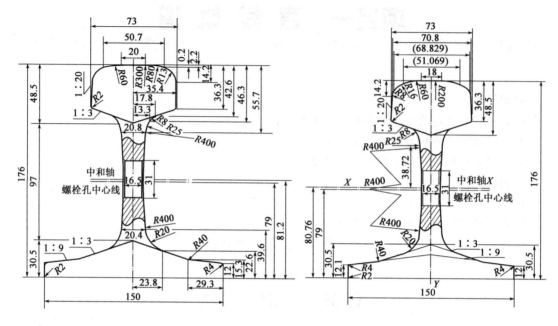

图 1-1　60kg/m、60N 钢轨标准横断面(尺寸单位：mm)

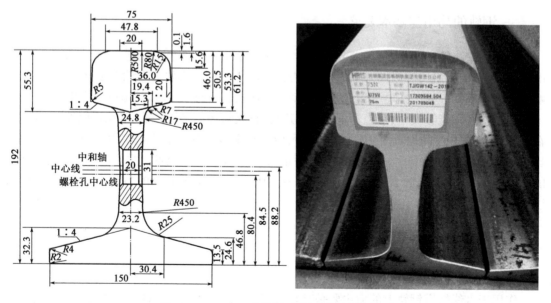

图 1-2　75kg/m、75N 钢轨断面形式(尺寸单位：mm)

(2) 为使钢轨有较大的承载能力和抗弯能力，钢轨腰部必须有足够的轨腰厚度和高度。轨腰与钢轨头部及底部的连接，必须保证夹板有足够的支承面，并使断面的变化不至于太突然，以免产生过大的应力集中。

(3)钢轨底部直接支承在轨枕顶面上,应有足够的宽度以保持钢轨稳定,同时具有一定的厚度,以增加刚度和抵抗锈蚀的能力。

(4)钢轨轨身高度应尽可能大一些,以保证有足够的抗弯能力来承受竖直轮载的动力作用。但钢轨越高,其在横向水平力作用下的稳定性越差,故轨身高与轨底宽之间应有一个适当的比例,一般采用 $H/B = 1.15 \sim 1.20$。

另外,根据我国铁路轮轨接触关系存在的问题,并借鉴国外经验,我国铁路近年来也开展了钢轨轨头廓形优化工作,成功研发出具有新钢轨轨头廓形的 60N 和 75N 钢轨。新钢轨轨头廓形断面钢轨与车轮接触时的接触点基本在轨头踏面中心区域,有效改善了轮轨接触关系。60N 钢轨在使用中实现了直线运行光带居中,曲线运行轮轨共形接触,显著减少了钢轨的损伤,大大降低了钢轨打磨及养护维修工作量。目前已在成都、昆明、兰州等城市铁路局大量推广运用。

2. 钢轨的类型

钢轨的类型,一般以取整后的每米长度钢轨的质量(kg/m)来表示。目前,我国的标准钢轨类型主要有 75kg/m、60kg/m、50kg/m、43kg/m、38kg/m,钢轨断面尺寸及特性见表1-1。

钢轨断面尺寸及特性 表1-1

项 目	单位	钢轨类型				
		50kg/m	60kg/m	60N	75kg/m	75N
重心至轨底面距离 y_1	cm	7.1	8.1	8.1	8.8	8.8
对水平轴惯性矩 I_x	cm⁴	2037	3217	3184	4489	4449
对竖直轴惯性矩 I_y	cm⁴	377	524	521	661	661
下部断面系数 W_1	cm³	287	396	394	509	507
上部断面系数 W_2	cm³	251	339	334	432	427
钢轨横向挠曲断面系数 W_y	cm³	57	70	70	89	88
轨头所占面积 A_h	%	38.68	37.47	37.15	37.42	37.10
轨腰所占面积 A_w	%	23.77	25.29	25.42	26.54	26.68
轨底所占面积 A_b	%	37.55	37.24	37.43	36.04	36.22
钢轨高度 H	mm	152	176	176	192	192
钢轨底宽 B	mm	132	150	150	150	150
轨头高度	mm	42	48.5	48.5	55.3	55.3
轨头宽度 b	mm	70	73	70.8	75	72
轨腰厚度 t	mm	15.5	16.5	16.5	20	20
断面面积 F	cm²	65.8	77.45	—	95.037	—

钢轨的长度长一些好,可以减少钢轨接头的数量,列车运行平稳,并可节省接头零件和线路的维修费用,但是由于加工条件和运输条件的限制,一根钢轨的轧制长度是有限的。我国钢轨标准长度原有 12.5m 和 25m 两种。现在我国钢轨的定尺长度为:对于 43kg/m 型钢轨,分为 12.5m 和 25m 两种;对于 50kg/m、60kg/m 型钢轨,分为 12.5m、25m 和 100m 三种;对于 75kg/m 型(钢轨)标准定尺长度分为 25m、75m 和 100m 三种。另外,在曲线部分,由于外股轨线比内股轨

线长，为保证两股钢轨接头采用对接方式即轨缝对接，内股钢轨需要采用缩短轨。对于12.5m标准轨系列的缩短轨有缩短量40mm、80mm和120mm三种；对于25m标准轨系列的缩短轨有缩短量40mm、80mm和160mm三种。

钢轨类型的选择不仅是一个技术问题同时也是一个经济问题，选型时还要综合考虑有关规定、运营条件、合理的修理周期等确定。

根据《铁路轨道设计规范》(TB 10082—2017)的相关规定：

(1)高速铁路、城际铁路和客货共线Ⅰ级铁路正线应采用60kg/m钢轨，客货共线Ⅱ级铁路正线可采用60kg/m或50kg/m钢轨，重载铁路正线应采用60kg/m及以上钢轨。

(2)正线钢轨及道岔基本轨为60kg/m及以上钢轨时，宜采用60N、75N钢轨(图1-1、图1-2)。

(3)无缝线路60kg/m钢轨宜选用100m定尺长钢轨，75kg/m钢轨宜选用75m或100m定尺长钢轨。有缝线路宜选用25m定尺长钢轨。

钢轨钢的化学成分主要为铁(Fe)、碳(C)、锰(Mn)、硅(Si)、磷(P)、硫(S)，其中磷和硫均为有害成分，必须严格控制其含量。

我国早期的钢轨为碳素钢轨，强度级别为780MPa。随着铁路的发展，为适应铁路高速、重载的需要，钢轨需要重型化、强韧化和纯净化。因此碳素钢轨的含碳量逐渐提高，微合金化在线热处理技术也得到了发展。

根据钢轨钢的化学成分及其强度级别(最低抗拉强度)，可分为碳素钢轨(钢牌号为U71、U74、U71Cu，强度为780MPa、800MPa)、合金钢轨(钢牌号为U71Mn、U71MnSi、U75V、U77MnCr，强度为880MPa、980MPa)、低合金钢轨(钢牌号为U78CrV、U76CrRE，强度为1080MPa)；按交货状态可分为热轧钢轨(碳素钢轨、微合金钢轨、低合金钢轨)和热处理钢轨(热轧钢轨热处理后强度为1180~1280MPa)。热处理钢轨依其工艺条件又可分为离线热处理钢轨(钢轨轧制冷却后再进行热处理)及在线热处理钢轨(利用轧制余热对其进行热处理)。一般强度为1080MPa及以上的钢轨称为耐磨钢轨或高强度钢轨。我国铁路常用钢轨钢的牌号及抗拉强度见表1-2。

我国铁路常用钢轨钢的牌号及抗拉强度　　　　表1-2

钢牌号	U71、U74	U71Mn、U71MnG	U75V、U75VG、U77MnCr	U78CrV、U76CrRE、U71MnH	U75VH	U78CrVH
抗拉强度(MPa)	≥780	≥880	≥980	≥1080	≥1180	≥1280

注：U表示钢轨符号；后面数字如71、74表示钢轨碳含量为0.71%、0.74%；各种元素符号表示钢轨所含合金成分，如锰Mn、铬Cr、钒V、稀RE等；G表示高铁用钢轨；H表示热处理钢轨。

任务二　轨　　枕

一、轨枕的功用及类型

轨枕置于钢轨的下方，通过扣件将钢轨固定。因此轨枕的功用是支承钢轨，保持轨道的几何形位,特别是轨距和方向,并把钢轨传递的各个方向的力传递给道床。轨枕应具有一定的坚固性、弹性和耐久性,并便于固定钢轨,有抵抗纵向和横向位移的能力,并且应具有价格低廉、制造简单、易于铺设养护的特点。

轨枕按照其构造及铺设方法可分为横向轨枕、纵向轨枕、短枕及双块式轨枕。横向轨枕与钢轨垂直、等间隔铺设,最常见。纵向轨枕沿钢轨方向铺设,一般仅用于特殊需要的地段。短轨为左右两股钢轨下分开铺设的轨枕,常用于混凝土整体道床。双块式轨枕在左右两块短轨枕之间采用了钢筋桁架连接,用于无砟道床内可加强预制轨枕与现浇道床板之间的连接,并提高其抗疲劳耐久性能。

轨枕按其使用目的分为一般区间的普通混凝土轨枕,用于桥梁的混凝土桥枕和用于道岔的混凝土岔枕。

轨枕按其材质分主要有木枕、混凝土枕、钢枕等,如图1-3所示。目前我国铁路干线上,除部分小半径曲线上还存在木枕外,绝大部分线路使用的都是混凝土枕,钢枕只在我国窄轨铁路上使用过,在初期的提速道岔上,为配合电务转换设备也曾采用过。

二、木枕

木枕即木质轨枕,简称为木枕,又称为枕木。木枕的主要优点是弹性好,可缓和列车的动力冲击作用;便于加工、运输和维修;有较好的绝缘性能。但是木材缺乏,价格高;易腐朽、磨损,使用寿命短;不同种类木材的木枕弹性不一致,造成轨道的动态不平顺性。

普通木枕的标准长度为2.5m,其断面形状分为Ⅰ、Ⅱ两类。Ⅰ类宽度22cm,厚度16cm;Ⅱ类宽度20cm,厚度14.5cm;用于不同等级的线路上。用于道岔上的木岔枕,如图1-4所示,长度从2.6~4.8m,共12级,每级长度差20cm。用于桥梁上的桥枕,其截面尺寸因主梁(或纵梁)中心间距的大小而异。

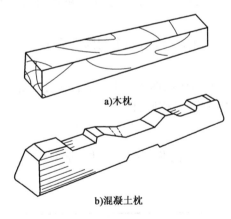

a)木枕
b)混凝土枕

图1-3 木枕与混凝土枕示意图

图1-4 木岔枕

木枕失效的原因很多,主要有腐朽、机械磨损及裂隙。木枕的防腐处理是应对腐朽的最有效措施。常用的防腐剂有油类和水溶性防腐剂两类。其中,以油类防腐剂为主,适用于大工厂浸注木枕。我国木枕防腐工厂多使用防腐油与煤焦油混合的油剂(混合油),既可防止木枕开裂,也起到防水作用。减少机械磨损的主要途径有:扩大垫板面积或在铁垫板下加胶垫,减小木枕表面单位面积的压力;道钉孔应预先钻好,钻孔需经防腐处理;最好采用分开式扣件。防治木枕开裂的措施有:开裂处打入 C 钉或 S 钉,还有"组钉板",起到预防开裂的作用。还可将木枕端部用铁丝或其他金属部件捆扎,以防端部开裂。

三、混凝土枕

混凝土枕的全称是预应力混凝土轨枕。混凝土枕具有重量大、稳定性好、不受气候影响、使用寿命长、材料来源较广、能保证均匀的几何尺寸、轨道弹性均匀、平顺性好、扣件易更换、制造相对简单等优点。特别是铺设混凝土枕可以节约大量优质木材,对保护森林资源有积极作用。但混凝土枕也有弹性差、绝缘性能低、更换较困难的缺点。

我国从 1955 年开始研制预应力混凝土枕,1958 年起在津浦铁路等线试铺,后来大量推广,目前我国主要干线上都使用混凝土枕。

按结构形式分,目前使用的混凝土枕分为整体式、短枕式和组合式(或称为双块式),如图 1-5 所示。

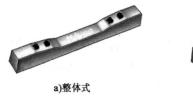
a)整体式

b)短枕式

c)组合式

图 1-5 混凝土枕的结构形式

整体式混凝土枕整体性强、稳定性好、易于生产。组合式混凝土枕由两个钢筋混凝土块和一根钢杆连接而成,整体性不如整体式混凝土枕,但能充分发挥各自材料的力学性能。短枕用两块普通钢筋混凝土块体分别支承左右两股钢轨,彼此无直接联系,一般用于整体道床,如弹性支承块无砟道床。

我国和世界上的大部分国家采用整体式预应力混凝土枕,法国等个别国家采用双块式混凝土轨枕。

预应力混凝土枕按施加预应力的方式分为先张法和后张法两种类型。我国采用先张法生产的混凝土轨枕。配筋材料有钢丝(简称弦、丝,S)或钢筋(简称筋,J)。

1. 混凝土枕类型

我国铁路使用的混凝土枕,按现行标准分为三级:Ⅰ型枕、Ⅱ(新Ⅱ)型枕、Ⅲ型枕,并与不同轨道类型配套使用,见表 1-3。

混凝土枕的名称与适用范围 表 1-3

统一名称	原名称
Ⅰ型	筋(丝)79 型预应力混凝土枕、S-1 型枕、J-1 型枕等
Ⅱ型	S-2 型枕、J-2 型枕,筋(丝)81 型预应力混凝土枕、新Ⅱ型枕
Ⅲ型	Ⅲa 型枕、Ⅲb 型枕、Ⅲc 型枕、预应力钢筋混凝土枕

Ⅰ型混凝土枕还包括1979年以前研制的弦Ⅱ-61A、弦61型、弦65B型、弦69型、筋69型等,也被统称为旧型混凝土枕。由于这些轨枕的实际使用条件与设计使用条件相去甚远,相对于不断提高的行车速度和轴重来说,承载能力严重不足。主要表现为钉孔出现纵裂,轨下出现横向裂纹,轨枕破损加剧。因此,在正线上已不再铺设Ⅰ型混凝土枕。

Ⅱ型混凝土枕承载能力是按照韶山型机车、轴重25t、最高速度120km/h、密度1840根/km的标准进行设计的。包括1984年以后设计的J-2、S-2型、Y-Ⅱ型、TKG-Ⅱ型等,从1985年后开始大量铺设于各型轨道。2002年,当时的铁道部❶又发布了新Ⅱ型预应力混凝土枕,并替代旧Ⅱ型枕。新Ⅱ型枕在原Ⅱ型枕基础上在预应力钢筋品种、数量及截面做了一些改进和加强。

Ⅲ型枕是从1988年开始研制,于1995年通过了铁道部组织的技术审查,分为有挡肩和无挡肩两种形式。由于和不同类型的扣件配套使用,适用范围、名称、外形、技术条件略有不同。有挡肩Ⅲ型枕简称Ⅲa型枕,通过预留孔硫黄锚固来安装扣件;无挡肩Ⅲ型枕简称Ⅲb型,通过预埋铁件来安装扣件。Ⅲc枕的截面配筋等和Ⅲa型相同,也有挡肩,只是预留孔硫黄锚固改为采用塑料套管的形式。

另外,与之的还有Ⅲ型预应力钢筋混凝土桥枕、Ⅲ型预应力混凝土小半径枕等。Ⅲa型枕外形与Ⅲb型外形除承轨部分不同外,其他尺寸相同。

不同类型的混凝土枕,其设计使用条件各不相同,承载能力也不同。新Ⅱ型枕与Ⅰ型枕相比,其轨下断面承载能力提高了13%,枕中断面负弯矩承载能力提高了40%;Ⅲ型枕与新型枕相比,其轨下断面承载能力提高了43%,枕中断面负弯矩承载能力提高了65%。随着我国铁路客货运量及行车速度的提高,Ⅰ、Ⅱ型枕不能满足运营需求,目前已不再使用,新Ⅱ、Ⅲ型枕成为目前我国主型轨枕。

2. 混凝土枕的外形及尺寸

混凝土枕断面为梯形,上窄下宽。梯形断面便于脱模。底面宽一些是为了保证有足够的支承面积,以减少对道床的压力。为适应轨底坡要求承轨槽是1:40的斜面。轨枕底面支承在道床上,在两端承轨槽处,因要直接传递钢轨上的压力,要求轨枕宽一些,以增加支承面积,减少道床压力,增加道床阻力。中间部分可窄一些。混凝土枕主要类型及特征见表1-4和表1-5。

混凝土枕主要类型及特征 表1-4

类 型	轨枕长 (m)	截面高度(mm)			枕头外形	承轨槽坡度	质量 (kg)
		轨下	中部	端部			
S-1(弦79型)	25	200	175	200	斜	1:40	233
S-2(弦81型)	25	200	165	200	平	1:40	250
J-20(筋81型)	25	200	165	200	平	1:40	250
新Ⅱ型	25	205	175	200	平	1:40	273
S-3(有挡肩)	26	230	185	260	平	1:40	353
S-3(无挡肩)	26	230	185	235	平	1:40	349

---

❶ 现已并入交通运输部。

常用轨枕主要设计参数   表1-5

型号	长度(mm)	轨下高度(mm)	质量(kg)
新Ⅱ型钢筋混凝土轨枕	2500	205	290
Ⅲa型钢筋混凝土轨枕	2600	230	370
Ⅲb型钢筋混凝土轨枕	2600	230	360
新Ⅲ型钢筋混凝土桥枕	2600	210	440
Ⅲc型钢筋混凝土轨枕	2600	230	370
Ⅲqc型钢筋混凝土桥枕	2600	210	440
Ⅲ型电容枕	2600	230	368
新Ⅱ型电容枕	2500	205	290

为了增加轨枕与道床之间的相互接触面积,提高轨枕下的道床阻力,在轨枕底面制有凹形花纹。图1-6是Ⅲa型混凝土轨枕外形尺寸图。

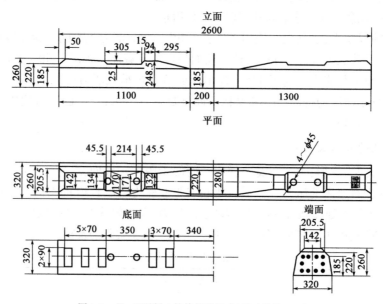

图1-6　Ⅲa型混凝土轨枕外形尺寸(尺寸单位:mm)

我国Ⅰ型、Ⅱ型轨枕长度均为2.5m,Ⅲ型轨枕的长度有2.5m和2.6m。轨枕长度增加不仅可以提高线路的稳定性和整体刚度,增加线路的纵横阻力,有利于无缝线路,还可适当减少轨枕配置根数。

混凝土枕的高度在其全长范围内是不一致的,轨下部分高一些,中间部分矮些,这有利于混凝土枕的受力状态。

3.混凝土岔枕

岔枕是专门用于道岔区铺设的轨枕,有砟道岔的轨枕类型主要包括木岔枕、混凝土岔枕和钢岔枕等。1996年既有线提速以前,我国的铁路道岔以采用木岔枕为主,同时铺设了少量的有挡肩混凝土岔枕。1996年以后,无挡肩混凝土岔枕(图1-7)迅速得到推广使用。由于混凝土岔枕具有稳定性好、使用寿命长、道岔组装方便的特点,可极大地减少现场的养护维修工作量,取得了良好的使用效果。混凝土岔枕的长度为2.6~4.9m,级差长度为10cm。岔枕应与道岔图号相配合使用,道岔图号不同时,即使长度相同的岔枕也不能替代使用。

4. 混凝土桥枕

有砟桥由于需要设置护轮轨,所以不能用普通混凝土枕,必须使用桥枕,如图1-8所示。分为护轮轨平直段部分用桥枕和护轮轨梭头部分用桥枕。因为护轨两端在桥梁外要弯折在一起,并且要交于轨道中心,所以在弯折部分轨枕的护轨承轨槽于基本轨承轨槽距离都不一样。

图1-7 混凝土岔枕　　　　　　图1-8 桥枕及桥枕示意路段

设有护轨的有砟轨道地段,铺设与连接线路轨枕类型相同的桥枕,主要是为了安装护轨,并与线路的弹性相近。早期采用的Ⅱ型混凝土桥枕由于强度低、维修量大,目前已不再使用。当前我国混凝土桥枕主要类型为Ⅲ型桥枕,近年来为了适应大型机械化捣固车的作业,护轨与基本轨间距调整为550mm。

5. 混凝土宽枕

预应力混凝土宽枕长度与普通轨枕长度相同,宽度约为混凝土枕的2倍,如图1-9所示。其制造工艺基本上与混凝土枕相同。由于混凝土宽枕宽度较大,直接铺设在预先压实的道床面上,在制造中对其厚度的控制比较严格。

混凝土宽枕在道床上是密排铺设,每千米铺设1760块,每块枕上安装一对扣件,由钢轨传来的力处于宽枕轴线的对称位置。混凝土宽枕由于支承面积大,道床应力及振动加速度较小,在道床压实稳定的前提下,线路变形小,轨道结构加强,维修工作量小;宽枕间的缝隙经封闭后,可防止雨水、脏物侵入道床,从而有效保持道床的整洁,延长道床清筛周期;外观整洁,便于清扫。

图1-9 客运站铺设的宽枕

四、混凝土枕的铺设数量及布置

1. 轨枕的铺设数量

每千米线路上铺设轨枕的数量是根据运营条件(运量、轴重、行车速度)和线路设备(钢轨类型、道床厚度等)等来确定的。保证最经济的条件下,轨道应具有足够的强度和稳定性。运量大、速度高的线路,应布置的密一些,以减少路基、道床、轨枕和钢轨的应力及振动,保持线路轨距和方向的正确性。但也不能过密,过密则经济性差,使轨枕间距减小,不便于捣固。

木枕线路,每千米最多1920根;混凝土枕,最多1840根,最少1440根。每千米级差为80根,分别有:1920根/km、1840根/km、1760根/km、1680根/km、1600根/km、1520根/km、1440根/km。

根据优化轨道结构、实现各部件性能的合理匹配、提高轨道结构整体承载能力的要求,《铁路轨道设计规范》(TB 10082—2017)中规定,高速铁路、城际铁路及客货共线级铁路速度大于或等于160km/h应采用Ⅲ型混凝土枕。客货共线Ⅰ、Ⅱ级铁路根据设计速度120km/h及以下可铺设Ⅲ型轨枕或新Ⅱ型轨枕,铺设新Ⅱ型混凝土枕的根数为1760根/km(轨枕间距570mm),铺设Ⅲ型混凝土枕的根数为1667根/km(轨枕间距600mm)。

铺设新Ⅱ型混凝土轨枕的正线线路,轨枕加强地段及其铺设数量应符合下列规定:

(1)下列地段应增加轨枕的铺设数量:
①半径小于或等于800m的曲线地段(含两端缓和曲线);
②坡度大于12‰的地段。
上述条件同时出现时,铺设数量只增加一次。

(2)轨枕加强地段每千米增加的轨枕数量和最多铺设根数应符合表1-6的规定。

每千米增加的轨枕数量和最多铺设根数　　　表1-6

轨枕类型	新Ⅱ型混凝土枕
增加的轨枕根数(根/km)	80
最多铺设根数(根/km)	1840

2. 轨枕的布置

钢轨接头处车轮的冲击动荷载大,接头处轨枕的间距 c 应当比中间间距 a 小一些,并且从接头间距 c 向中间间距 a 过渡时,应有一个过渡间距 b,以适应荷载变化。如图1-10所示,每节钢轨下轨枕间距应当满足:$a>b>c$。接头轨枕间距一般是给定的:对于采用50kg/m、60kg/m钢轨,接头木枕间距为440mm,接头混凝土枕间距为540mm;对于采用43kg/m、38kg/m钢轨,不分轨枕类型,接头轨枕间距为500mm。由图1-10可知:

$$a = \frac{L-c-2b}{n-3} \tag{1-1}$$

设 $b = \dfrac{a+c}{2}$ 代入上式,得:

$$a = \frac{L-2c}{n-2} \tag{1-2}$$

由式(1-2),得 b 值为:

$$b = \frac{L-c-(n-3)a}{2} \tag{1-3}$$

式中:L——标准轨长,并考虑轨缝为8mm;
　　　n——一节钢轨下轨枕的根数,由每千米铺设的轨枕数换算得到;
　　　a——中间轨枕间距;
　　　c——接头轨枕间距;
　　　b——过渡轨枕间距。

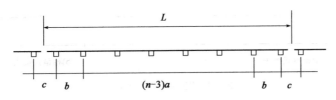

图 1-10　轨枕间距计算图

对于相错式接头、非标准长度钢轨的轨枕配置根数和间距,可以通过上式计算。使用大型养路机械的线路,为了捣固机械的机械化工作,轨枕间距可适当调整成均匀布置。无缝线路长轨节下轨枕间距要均匀,铝热焊缝应距枕边 70mm 以上。

线路上轨枕位置,应用白油漆标在顺公里方向左股钢轨内侧轨腰上,曲线地段应标在外股内侧轨腰上。轨枕应按标记位置铺设,并应与线路中线垂直。

五、混凝土轨枕的使用要求

(1)铁路轨道设计应根据表0-1的规定选用不同类型混凝土轨枕。
(2)曲线半径小于300m的地段应铺设小半径曲线用混凝土轨枕。
(3)设有护轨的地段应铺设Ⅲ型混凝土桥枕。
(4)正线道岔应采用混凝土岔枕。
(5)混凝土电容轨枕和电气绝缘节轨枕的设置应满足轨道电路要求。
(6)不同类型的轨枕不应混铺。在不同类型轨枕的分界处有普通钢轨接头时,应保持同类型轨枕延伸至钢轨接头外 5 根以上。

任务三　联结零件配置

轨道联结零件分为连接钢轨与钢轨的接头联结零件和连接钢轨与轨枕的中间联结零件也称为扣件。

一、钢轨接头联结零件

(一)钢轨接头的类型

普通轨道上钢轨铺设后,应保证相邻钢轨联结处的连续与整体性,传递和承受弯矩与横向力,同时满足钢轨伸缩的要求,因此钢轨与钢轨之间一般需通过夹板和螺栓将标准轨端依次连接而成,称为钢轨接头。钢轨接头是轨道的薄弱环节之一,钢轨接头轨面不连续,增加了行车阻力和车轮对轨道的动力冲击作用,容易造成多种病害如轨面低塌、道床翻浆、钢轨产生鞍形磨耗和螺栓孔断裂、轨枕开裂等,投入维修工作大。因此必须对接头予以充分的重视,选择合理的结构形式。

按左右两股钢轨接头的相对位置分为相对式接头和相错式接头,如图1-11所示。

a)相对式接头　　　　　　　　b)相错式接头

图1-11　钢轨接头的相对位置

相对式接头可减少车轮对钢轨的冲击次数,使左右钢轨受力均匀、旅客舒适,也有利于机械化铺设,被世界各国广泛使用。

按钢轨接头位置与轨枕的相对位置,可分为悬空式、双枕承垫式和单枕承垫式,如图1-12所示。单枕承垫式因车轮通过时使轨枕左右摇摆而稳定性较差,故目前很少采用;双枕承垫式可保证线路稳定,但刚度大、不易捣固,一般为了加强木枕地段钢轨接头,只在正线绝缘接头采用;我国铁路采用悬空式钢轨接头,即轨缝悬于两接头轨枕之间,当车轮通过时钢轨挠曲,轨端下落,弯矩增大,为减少挠曲和弯矩,采用较小的接头轨枕间距。

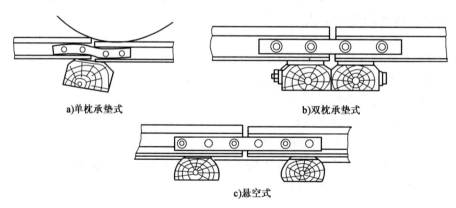

a)单枕承垫式　　　　　　　　b)双枕承垫式

c)悬空式

图1-12　钢轨接头的承垫方式

按接头联结的用途及工作性质,可分为普通接头和特种接头,特种接头又包括导电接头、异型接头、绝缘接头、尖轨接头、冻结接头、焊接接头。

(二)普通接头

普通接头是用于前后两种同类型钢轨的正常联结,普通接头联结零件由接头夹板(鱼尾板)、接头螺栓、螺母、垫圈等组成,如图1-13所示。

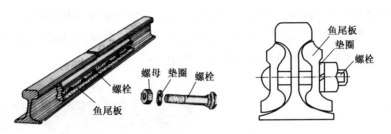

图 1-13 普通钢轨接头

1. 接头夹板

夹板是承受弯矩、传递纵向力、阻止钢轨伸缩的重要部件,要求具有一定的垂直和水平刚度及足够的强度。夹板的形式很多,我国铁路线路广泛使用的是斜坡支承双头对称型夹板(简称双头式夹板),如图 1-14 所示。

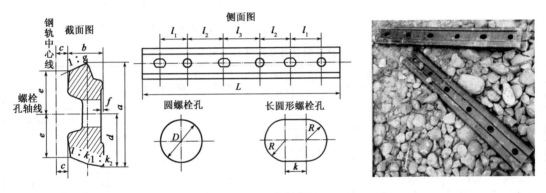

图 1-14 钢轨夹板

双头式夹板的优点是在竖直荷载作用下,具有较大的抵抗挠曲和横向位移的能力。夹板的上下两面均有斜坡,能楔入轨腰空间,但不贴住轨腰。这样,当夹板稍有磨耗,以致联结松弛时,仍可重新旋紧螺栓,保持接头联结的牢固。每块夹板上有螺栓孔 6 个,圆形孔与长圆形孔相间布置。圆形螺栓孔的直径较螺栓直径略大,长圆形螺栓孔的长径较螺栓头下突出部分的长径略大。依靠钢轨圆形螺栓孔直径与螺栓直径之差,以及夹板圆形螺栓孔直径与螺栓直径之差,使接头处钢轨端部能做一定程度的移动,得到所需要的预留轨缝值。

2. 接头螺栓、螺母及弹簧垫圈

接头螺栓、螺母是用来夹紧夹板和钢轨的配件,垫圈是为了防止螺栓松动。接头螺栓对保持钢轨接头的整体性和强度,保证轨缝的应有尺寸和均匀,起着十分重要的作用。因此,每个钢轨接头均应按螺栓孔配齐和拧紧螺栓,并应保持作用良好,缺损时应及时补充和更换。此外,为防止列车脱轨将一个接头的全部螺栓切断造成螺栓全部失去作用,螺栓应交错安装,使螺母一端分别处于一股钢轨的两侧。

螺栓由螺栓头、颈、杆组成,如图 1-15 所示,颈呈长圆形。螺杆长度、直径与钢轨型号相适应。《钢轨用高强度接头螺栓与螺母》(TB/T 2347—1993)中规定,螺栓分为 10.9 和 8.8 两级,螺母均为 10 级。10.9 级螺栓直径为 24mm,8.8 级螺栓直径分为 24mm 和 22mm 两种。接头螺栓尺寸、主要机械性能见表 1-7、表 1-8 所示。接头螺栓紧固时,其扭矩应达到表 1-9 的规定,扭矩不得低于规定值100N·m以上。布置好的接头螺栓如图1-16所示。

在普通的有缝线路上,为防止螺栓松动,要加弹簧垫圈(单圈),弹簧垫圈分为圆形和矩形两种。在无缝线路伸缩区的钢轨接头加设高强度平垫圈。

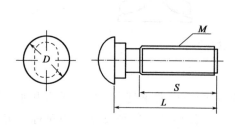

图1-15 接头螺栓

图1-16 接头螺栓布置

接头螺栓各部尺寸(mm)　　表1-7

螺栓等级	螺杆长	带螺纹部分		无螺纹部分杆径	长圆径	螺杆帽厚	螺母厚	适用范围
		杆长	纹径					
10.9	160	66	24	22.051	32	16	24	75kg/m轨
	135	60	24	22.051	32	16	24	60kg/m轨
	145	60	24	22.051	32	16	24	50kg/m轨
8.8	145	60	24	22.051	32	16	24	50kg/m轨
	145	50	22	22.376	30	15	22	43kg/m轨

接头螺栓主要机械性能　　表1-8

螺栓等级	抗拉强度 σ_b (MPa)	屈服强度 σ_s (MPa)	洛氏硬度HR (min/max)	伸长率 δ_s (%)	螺栓等级标志
10.9	1040	940	34/41	9	螺杆帽为平锥头
8.8	830	660	25/35	12	螺杆帽为半球头,加两圆凸棱

普通线路钢轨接头螺栓扭矩标准值　　表1-9

项目	单位	25m钢轨				12.5m钢轨	
		最高、最低轨温差>85℃		最高、最低轨温差≤85℃		50	
钢轨类型	kg/m	60及以上	50	60及以上	50	50	
螺栓等级	—	10.9	10.9	10.9	10.9	10.9	
扭矩	N·m	700	600	500	400	500	400
C值	mm	6		4		2	

注:1. C值为接头阻力及道床阻力限制钢轨自由伸缩的数量。

2. 高强度绝缘接头螺栓扭矩值不小于700N·m。

3. 预留轨缝

普通线路上钢轨与钢轨之间留有一定的缝隙,称为轨缝。其目的是为了满足钢轨适应热胀冷缩的需要。每节钢轨通过夹板和接头螺栓将其连接起来。随着轨温变化,钢轨将发生伸缩,这个伸缩量由钢轨螺栓孔、夹板螺栓孔与螺栓杆之间的间隙来提供。我们称受钢轨、接头夹板及螺栓尺寸限制,在构造上能实现的轨端最大缝隙值为构造轨缝。若轨缝超过构造轨缝,接头螺栓承受剪力。在铺轨施工时,如需要预留一定的轨缝(称为预留轨缝),预留轨缝大小也要适当。

预留轨缝的原则是:

(1)当轨温达到当地最高轨温 T_{max} 时,轨缝应大于或等于零,即轨缝不顶严,以避免轨端受顶力和过大的温度力引起线路胀轨跑道。

(2)当轨温达到当地最低轨温 T_{min} 时,轨缝不超过构造轨缝,以保证接头螺栓不受剪力,以防止接头螺栓拉弯或拉断。

《普速铁路线路修理规则》规定,普通线路预留轨缝值可通过下式计算:

$$a_0 = \alpha \cdot L(t_z - t_0) + \frac{1}{2}a_g \tag{1-4}$$

式中:a_0——铺设、更换钢轨或调整轨缝时的预留轨缝值(mm);

α——钢轨的线膨胀系数[mm/(m·℃)],$\alpha = 0.0118$mm/(m·℃);

t_0——铺轨或调整轨缝时的轨温(℃);

a_g——构造轨缝值(mm),对于38kg/m、43kg/m、50kg/m、60kg/m、75kg/m 钢轨考虑一定的安全系数后,规定统一采用 $a_g = 18$mm;

L——标准轨长度(m);

t_z——当地的中间轨温(℃),其值为 $t_z = \dfrac{T_{max} + T_{min}}{2}$ [T_{max}、T_{min} 分别为当地历史最高和最低轨温(℃),各地区(或区段)采用的最高、最低轨温由铁路局集团公司规定]。

最高、最低轨温差不大于85℃地区,按上式计算后,可根据具体情况将轨缝值减小1~2mm。

对于25m长的钢轨铺设在年轨温差大于100℃的地区时,应单独设计。12.5m钢轨地段,更换钢轨或调整轨缝时的轨温不受限制。25m钢轨地段,更换钢轨或调整轨缝时的轨温限制范围为($t_z - 30℃$)~($t_z + 30℃$);最高、最低轨温差不大于85℃地区,如将轨缝值减小1~2mm,轨温限制范围相应地降低3~7℃。特殊情况下,在轨温限制范围以外更换的25m钢轨,必须在轨温限制范围以内时调整轨缝,使其符合式(1-4)规定的标准。轨缝应设置均匀,每千米线路轨缝总误差:25m钢轨地段不得大于80mm;12.5m钢轨地段不得大于160mm。绝缘接头轨缝不得小于6mm。最大轨缝不得大于构造轨缝。

如存在以下条件,应调整轨缝:

(1)原设置的轨缝不符合每千米线路轨缝总误差的规定。

(2)轨缝严重不均匀。

(3)线路爬行量超过20mm。

(4)轨温在《普速铁路修理规则》规定的更换钢轨或调整轨缝轨温限制范围以内时,出现连续3个及以上瞎缝或轨缝大于构造轨缝。

(三)特种接头

1. 异型接头

又称过渡接头,用于前后不同类型钢轨联结。由于不同型号钢轨的高度、轨腰高度都不一致,常规采用的联结方式有:异型夹板联结(图1-17)和异型钢轨联结。由于异型接头较易损坏,因此正线及客车径路轨钢轨异型接头必须采用异型钢轨。

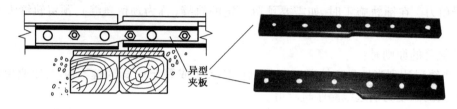

图1-17 异型夹板接头

2. 导电接头

在自动闭塞及电力牵引区段,信号电流和牵引电流都要依靠钢轨传导,所以在钢轨接头处,必须设置两轨间的导电装置。主要有塞钉式和焊接式,如图1-18所示。塞钉式是用两条直径为5mm的镀锌铁丝,端部用镀铝插销固定于普通钢轨接头两端钢轨轨腰,作为信号电流导线。焊接式是在电力牵引的自动闭塞区段上,用一条断面面积约为100mm²的钢丝索焊接在接头两端连接轨靠非工作边一侧的轨头钢套中,兼作信号电流导线和牵引电流的回路。

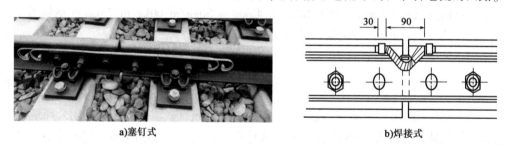

a)塞钉式   b)焊接式

图1-18 导电接头(尺寸单位:mm)

3. 绝缘接头

绝缘接头设在自动闭塞区间交界处,确保信号电流不能从一个闭塞分区传到另一个闭塞分区,主要分为普通绝缘接头和胶接绝缘接头。普通绝缘接头是在钢轨与夹板之间、夹板与螺栓头和螺母之间、钢轨螺栓孔四周以及两轨端之间,填以绝缘材料,阻止电流通过,如图1-19所示。

图1-19 普通绝缘接头

为了提高无缝线路的整体性和稳定性,增强钢轨接头阻力,改善钢轨的绝缘性能,目前我国广泛使用胶接绝缘接头,如图1-20所示。胶接绝缘接头分为厂制胶接绝缘接头和现场胶接绝缘接头两种。厂制胶接绝缘接头,是在工厂内采用加温(或常温)加压的胶接工艺,将两根钢轨与夹板、绝缘槽板(或绝缘布与胶黏剂)、绝缘端板、绝缘套管、高强度螺栓黏结并紧固而成的绝缘接头,使用时,用铺轨列车运至现场,直接焊接在两根钢轨之间。现场胶接绝缘接头,是在施工现场用胶黏剂将胶接绝缘夹板与钢轨黏结,并采用高强度螺栓紧固的钢轨接头。

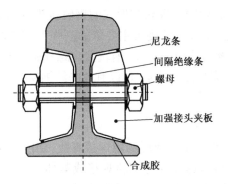 

图1-20 胶接绝缘接头

4. 尖轨接头

尖轨接头又称为伸缩接头或温度调节器,将接头以尖轨的形式联结,如图1-21所示。尖轨接头用于轨端伸缩量大的线路,如无缝线路长轨节、温度跨度大的桥梁。我国目前在一些铁路的大跨度桥(图1-22)和城市轻轨的高架桥上使用过这种接头形式。

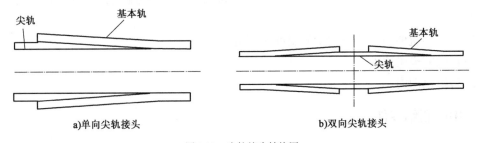

图1-21 尖轨接头结构图

a)广深线石龙桥钢轨伸缩调节器(有护轨,无挡墙)　　b)秦沈线连续梁桥钢轨伸缩调节器(无护轨,有挡墙,尖轨固定,基本轨伸缩)

图1-22 线路上铺设的尖轨接头

5. 冻结接头

冻结接头是指采用夹板与高强度螺栓联结钢轨,使轨端密贴或预留小轨缝,将钢轨锁定阻止其伸缩的一种接头形式。一般用于道口、明面小桥等不应设钢轨接头的地方。

目前国内外主要采用的钢轨接头冻结方式主要有以下两种。

(1)普通冻结接头:是指采用特制垫片,塞入钢轨螺栓孔空隙中,使钢轨接缝密贴而阻止钢轨自由伸缩的一种钢轨联结方式。

(2)新型冻结接头:采用"施必牢"防松结构、哈克紧固件等联结形式的钢轨接头及MG接头等新型钢轨冻结接头。与普通冻结接头不同的是,新型冻结接头主要依靠高强度螺栓联结提供钢轨与夹板间足够的摩擦阻力,阻止钢轨与夹板间的伸缩,要求钢轨接头螺栓强度高,并具有一定的防松功能。在钢轨接头联结中运用新型冻结接头技术,可以有效冻结钢轨接头,减少接头病害,冻结后的线路可以比照普通无缝线路进行管理。

图1-23 待打磨焊接接头

6. 焊接接头

焊接接头在工厂或现场用焊接方法,如闪光接触焊、气压焊和铝热焊等将钢轨焊接成整体,再使用焊瘤推凸机、钢轨打磨机等进行修整,使焊缝断面具有与钢轨标准断面一致的几何外形,如图1-23所示。

规范规定下列位置不应有钢轨接头,特殊困难时,应将钢轨接头焊接、胶接或冻结:

(1)明桥面小桥的全桥范围内。

(2)桥梁端部、拱桥温度伸缩缝和拱顶等处前后2m范围内。

(3)设有钢轨伸缩调节器钢梁的温度跨度范围内。

(4)钢梁的横梁顶上。

(5)道口范围内。

二、中间联结零件

中间联结零件又称为扣件,其连接钢轨和轨枕,应具有足够的扣压力,将钢轨固定在轨枕的稳定位置上,保持正确的轨距;具有足够的阻力阻止钢轨的纵、横向移动,尤其是无缝线路;具有绝缘性能(混凝土枕与钢枕线路上);具有足够的强度、耐久性;具有一定的弹性,能起到缓冲减振作用;还应零件少,便于装卸、维修;必要时具有调节轨距和轨面高度的能力。扣件类型不同,使用范围也不同,只有根据不同轨道类型合理选用不同类型的扣件,才能充分发挥扣件的性能,达到经济合理的目的。

按所使用的轨枕类型扣件类型分为木枕扣件、钢筋混凝土枕扣件和用于各种类型无砟轨道的高速铁路轨道扣件等。这里主要介绍有砟轨道混凝土枕扣件和无砟轨道扣件。

(一)有砟轨道混凝土枕扣件

混凝土枕扣件分类如下:

(1)按钢轨与轨枕联结形式可分为不分开式、半分开式和分开式三种形式。

(2)按轨枕上有无挡肩可分为有挡肩(挡肩承受并传递水平力)扣件和无挡肩(靠扣件承受和传递水平力)扣件。

(3)按扣件的弹性性能可分为全弹性扣件(垂直和水平方向都有一定的弹性)、半弹性扣件(仅垂直向有弹性)和刚性扣件。

我国铁路扣件经历了扣板扣件—拱形弹片式扣件—Ⅰ型弹条扣件—Ⅱ型弹条扣件—Ⅲ型弹条扣件的发展阶段,随着运量和速度的提高,扣板扣件和拱形弹片式扣件已不能满足使用要求,正被逐渐淘汰。

1. Ⅰ型弹条扣件

Ⅰ型弹条扣件,如图1-24所示,主要由ω型弹条、螺旋道钉、轨距挡板、挡板座及弹性橡胶垫板组成。因为弹条形状像"ω",所以又称为ω扣件。

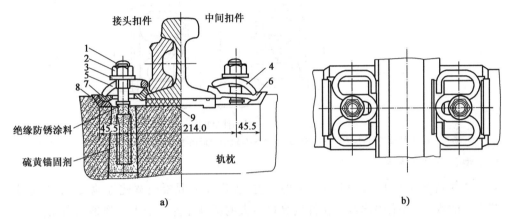

图1-24 Ⅰ型弹条扣件组装图(尺寸单位:mm)

1-螺纹道钉;2-螺母;3-平垫圈;4、5-ω型弹条;6、7-轨距挡板;8-轨距挡板尼龙座;9-橡胶垫板

轨距挡板的作用是用来调整轨距并传递钢轨的横向水平力。轨距挡板中间有长圆孔,其大小是一定的,但孔中心位置有两种,相应有两个号码。50kg/m、60kg/m钢轨各有两个号码,分别为6、10和14、20。挡板座用来支撑轨距挡板,传递横向水平力,起电绝缘作用。挡板座两斜面的厚度不同,既可调换使用,也可起到调轨距的作用。

Ⅰ型弹条扣件性能虽优于扣板和拱形弹片式扣件,但对于铺设60kg/m钢轨的重型、特重型轨道,Ⅰ型弹条扣件的强度储备小,弹条易断裂,扣压力不足,疲劳强度低。在某些曲线地段需要增设轨撑或轨距拉杆等轨道加强设备。

Ⅰ型弹条扣件分为A、B两种型号。其中,A型弹条较长;50kg/m钢轨中间扣件采用A型弹条,接头扣件在安装20号轨距挡板处用A型弹条;安装14号轨距挡板处用B型弹条,60kg/m钢轨一律采用B型弹条。

2. Ⅱ型弹条扣件

针对Ⅰ型弹条扣件的不足的实际情况,我国又开发了Ⅱ型弹条扣件,如图1-25所示,除弹条采用新材料(优质弹簧钢60Si2CrVA)重新设计外,其余部件与Ⅰ型弹条扣件通用。扣件仍为有挡肩、螺栓的扣件。Ⅱ型弹条扣件具有扣压力大(扣压力大于或等于10kN)、强度安全储备大、残余变形小等优点,适用于Ⅱ、Ⅲ型混凝土枕的60kg/m钢轨线路。

Ⅱ型弹条扣件挡板座、轨距挡板与Ⅰ型弹条扣件相同,接头和中间扣件通用。

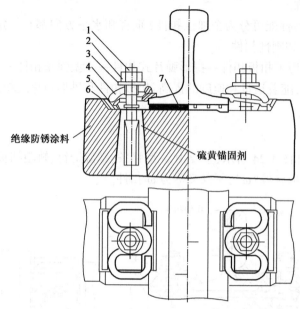

图1-25　Ⅱ型弹条扣件组装图
1-螺纹道钉;2-螺母;3-平垫圈;4-弹条;5-轨距挡板;6-挡板座;7-橡胶垫板

3.Ⅰ型弹条调高扣件

对于一些新型的无砟轨道和一些不便进行捣固作业的混凝土宽枕等地段,需要通过扣件来调节钢轨的水平,需采用比普通扣件调高量更大的调高扣件。如Ⅰ型弹条调高扣件,在Ⅰ型弹条扣件的基础上改进,将轨距挡板加高,增设调高垫板(放置在橡胶垫板和轨枕之间),调节钢轨的水平,调高量由弹条扣件的10mm增加到20mm。

4.Ⅲ型弹条扣件

Ⅲ型弹条扣件是无螺栓、无挡肩的弹性扣件,由弹条、预埋铁座、绝缘轨距块和橡胶垫板组成,如图1-26所示。Ⅲ型弹条扣件一端套入预埋在轨枕中的铁座上(铸铁挡肩),另一端通过绝缘轨距块扣压在钢轨轨底顶面。目前我国的秦沈铁路客运专线、提速线路的一些区段、道岔以及一些轻轨线路大量使用了Ⅲ型弹条扣件。

Ⅲ型弹条扣件的扣压力大(不小于11kN),弹性好、保持轨距能力强,由于取消了螺栓联结的方式,易于更换,养护维修工作量小。特别适用于高速、重载和高密度的铁路运输条件。

Ⅲ型弹条扣件轨距调整范围为-8~+4mm,轨面调高量为零。

5.Ⅳ型弹条扣件

Ⅳ型弹条扣件为无螺栓扣件,用于有砟轨道的无挡肩混凝土轨枕。每套扣件由两件弹条、两件预埋铁座、两件绝缘轨距块和一件橡胶垫板组成,如图1-27所示。

弹条分为C4型、JA型和JB型三种,如图1-28所示。一般地段安装C4型弹条,钢轨接头处安装JA和JB型弹条。弹条应保持足够扣压力且安装到位,弹条就位以其小圆弧内侧与预埋铁座端部相距 8～10mm 为准,不得顶紧或距离过大,如图 1-29 所示。同时,应注意使用该扣件时不得在轨下安设调高垫板,进行调高作业,以免造成弹条残余变形甚至折断。

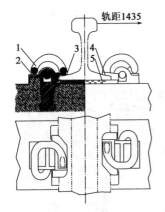

图 1-26　Ⅲ型弹条扣件组装图(尺寸单位:mm)

1-弹条;2-预埋铁座;3、4-绝缘轨距块;5-橡胶垫板

图 1-27　Ⅳ型弹条扣件组装图

a)C4型弹条　　　　b)JA型弹条　　　　c)JB型弹条

图 1-28　扣件弹条形式

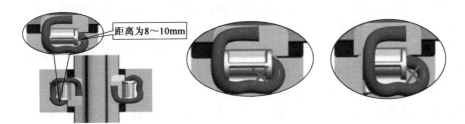

图 1-29　弹条安装位置

6. V型弹条扣件

V型弹条扣件为螺栓扣件,用于有砟轨道有挡肩混凝土轨枕。其由螺旋道钉、平垫圈、弹条、轨距挡板、轨下垫板和预埋套管组成,为了钢轨高度调整的需要,还包括调高垫板,如图1-30所示。

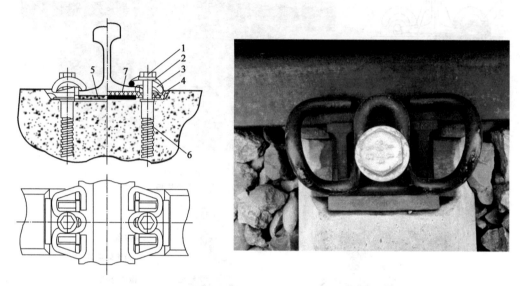

图1-30 V型弹条扣件组装图
1-螺旋道钉;2-平垫圈;3-弹条;4-轨距挡板;5-垫板;6-预埋套管;7-调高垫板

弹条分为两种,即一般地段使用的W2型弹条和小阻力地段使用的X3型弹条。此外,作为备件的Ⅰ型弹条扣件A型弹条可用于钢轨接头处。轨下垫板分为一般地段使用的橡胶垫板RP5和小阻力地段用的复合垫板CRP5两种。弹条应安装到位,以弹条中部前端下颚刚好与钢轨接触为准,两者之间间距不大于0.5mm。在钢轨接头处,当在小号码轨距挡板上安装W2型弹条或X3型弹条有困难时,应安装Ⅰ型弹条扣件A型弹条。如遇到钢轨高低和水平有少量不平顺时,可考虑放入调高垫板,放入的调高垫板总厚度不得大于10mm,数量不得超过两块。

7. 扣板扣件

扣板扣件目前还在一些次要线路上使用。它由螺纹道钉、螺母、平垫圈、弹簧垫圈、扣板、铁座、橡胶垫板、垫片和衬垫等零件组成,如图1-31所示。

扣板扣件是通过扣板扣住钢轨的,属于刚性扣件,弹性差。扣板可以调整钢轨的位置,即一个扣板翻边使用,就可以调整2个数值的轨距。扣板分为中间扣板和接头扣板。接头扣板用于接头处轨枕;中间扣板和接头扣板各有5种号码,可根据相关规定进行选择使用。铁座的作用是支承扣板并传递横向水平力,分为普通铁座和加宽铁座。

正线有砟轨道应根据表0-1的规定选用扣件。

常用扣件的适用范围见表1-10所示,主要技术性能见表1-11。有砟轨道轨下橡胶垫板型号及静刚度可根据表1-12选择。

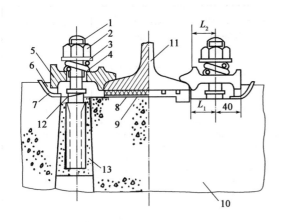

图 1-31 扣板扣件

1-螺纹道钉;2-螺母;3-平垫圈;4-弹簧垫圈;5-扣板;6-铁座;7-绝缘缓冲垫片;8-绝缘缓冲垫板;9-衬垫;10-轨枕;11-钢轨;12-绝缘防锈涂料;13-硫黄锚固剂

常用扣件适用范围 表 1-10

扣件类型	运营条件
Ⅰ型弹条扣件	客车速度≤120km/h; 货车速度≤80km/h; 轴重≤25t
Ⅱ型弹条扣件	客车速度≤200km/h; 货车速度≤120km/h; 轴重≤25t
Ⅲ型弹条扣件	客车速度≤200km/h; 货车速度≤120km/h; 轴重≤25t
Ⅳ型弹条扣件	客运专线:最高速度350km/h,轴重17t; 客运专线(兼顾货运):客车速度250km/h,车最大轴重23t(客运机车),货车速度120km/h,最大轴重25t
Ⅴ型弹条扣件	客运专线:最高速度:350km/h,轴重17t; 客运专线(兼顾货运):客车速度250km/h,客车最大轴重23t(客运机车),货车速度120km/h,最大轴重25t

常用扣件主要技术性能 表1-11

扣件类型	单个弹条初始扣压力(kN)	弹程(mm)	弹性垫层静刚度(kN/mm)	轨距调整量(mm)	高低调整量(mm)
Ⅰ型弹条扣件	A型弹条:8 B型弹条:9	A型弹条:9 B型弹条:8	90~120	-8~+16(50轨) -8~+12(60轨)	10
Ⅰ型弹条调高扣件	>8	9	90~120	-8~+12	20
Ⅱ型弹条扣件	10	10	55~80	-12~+8	10
Ⅲ型弹条扣件	≥11	13	55~80	-8~+4	0
Ⅳ型弹条扣件	≥11	13	60	-8~+4	0
Ⅴ型弹条扣件	W2型弹条:>10 X3型弹条:4.5	W2型弹条:12 X3型弹条:9.5	60	-8~+4	10

有砟轨道轨下橡胶垫板型号及静刚度 表1-12

扣件类型	轨型(kg/m)	橡胶垫板型号	橡胶垫板静刚度(kN/mm)
Ⅰ型弹条扣件	50	50-10	90~120
Ⅱ型弹条扣件	60或75	60-10	55~80
	60或75	60-10R	90~120
	60或75	60-12	40~60
Ⅲ型弹条扣件	60	Ⅲb型	55~80
	60	ⅢbR型	90~120
Ⅳ型弹条扣件	60	RP4	60
Ⅴ型弹条扣件	60	RP5	60
Ⅴ型弹条小阻力扣件	60	CRP5	60

(二)无砟轨道扣件

无砟轨道扣件除了具有普通扣件所具有的功能外,还具有特殊功能,具体表现在:①更强的保持轨距能力;②足够的钢轨防爬行扣压力;③良好的减振性能;④结构简单和养护维修工作量少;⑤可靠度高和较好的绝缘性能等。

我国常用无砟轨道扣件类型主要有 WJ-7 型、WJ-8 型扣件。

1. WJ-7 型扣件

WJ-7 型扣件为我国研发的带铁垫板的无挡肩弹性分开式结构的无砟轨道扣件系统,如图1-32所示,可用于桥梁、隧道和路基轨枕埋入式和板式无砟轨道。混凝土轨枕或轨道板承轨槽不设置挡肩,钢轨传来的横向荷载主要依靠铁垫板的摩擦力消除。铁垫板上设有T形螺栓插入座和挡肩,通过拧紧T形螺栓的螺母紧固弹条,通过锚固螺栓与轨枕/轨道板中预埋套管配合紧固铁垫板。钢轨轨底与铁垫板间设橡胶垫板,通过更换不同刚度的轨下垫板满足运营要求。铁垫板适用多种类形弹条(常规扣压力弹条和小扣压力弹条),使用不同摩擦系数的轨下垫板(橡胶垫板或复合垫板)可获得不同的线路阻力。

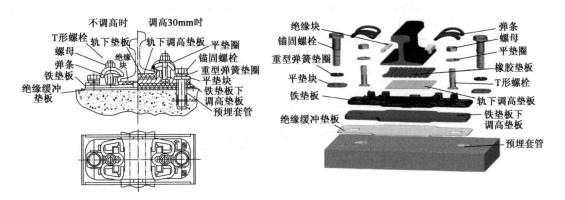

图 1-32　WJ-7 型扣件组装图

弹条的弹程较大并且疲劳强度高,采用较低刚度轨下弹性垫层时扣压力衰减小。铁垫板上钢轨挡肩与钢轨间设有绝缘块,与轨枕或轨道板间设置绝缘缓冲垫板,以提高绝缘性能。方向和轨距调整通过移动带有椭圆孔的铁垫板来实现,无需任何备件;为连续无级调整,可精确设置轨向和轨距。

2. WJ-8 型扣件

WJ-8 型扣件为我国研发的带铁垫板的弹性不分开式结构的客运专线无砟轨道扣件系统,如图 1-33 所示。混凝土枕或轨道板承轨槽设挡肩,钢轨传来的横向荷载通过铁垫板和轨距挡板,最后传至混凝土挡肩,降低了横向荷载的作用位置,结构稳定。铁垫板上挡肩与钢轨间设置工程塑料制成的绝缘块,可缓冲钢轨对铁垫板的冲击,大幅度提高扣件系统的绝缘性能。通过锚固螺栓与轨枕/轨道板中预埋套管配合紧固弹条。铁垫板与混凝土挡肩间设置工程塑料制成的轨距挡板,用以保持和调整轨距,同时起绝缘作用。采用的弹条类型与 WJ-7 型扣件系统相同。铁垫板下设弹性垫层,具有良好的弹性,弹性垫层采用长寿命热塑性弹性体材料制成。

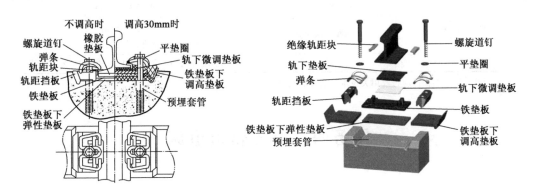

图 1-33　WJ-8 型扣件组装图

WJ-7 型和 WJ-8 型扣件的主要技术性能见表 1-13,适用范围见表 1-14。无砟轨道扣件类型可根据铁路等级及无砟轨道结构类型按表 1-15 选用。

无砟轨道扣件主要技术性能   表1-13

扣件类型	单个弹条初始扣压力(kN)	弹程(mm)	弹性垫层静刚度(kN/mm)	轨距调整量(mm)	高低调整量(mm)
WJ-7型	W1型弹条:>9 X2型弹条:6	W1型弹条:14 X2型弹条:12	B型扣件:20~30 A型扣件:30~40	-12~+12	30
WJ-8型	W1型弹条:>9 X2型弹条:6	W1型弹条:14 X2型弹条:12	B型扣件:20~30 A型扣件:30~40	-10~+10	30

无砟轨道扣件适用范围   表1-14

扣件类型	运 营 条 件
WJ-7A型	最高速度250km/h客运专线(兼顾货运):客车最大轴重23t(客运机车),货车最高速度120km/h,最大轴重2t
WJ-7B型	最高速度350km/h客运专线:轴重17t(考虑轴重可能增加10%)
WJ-8A型	最高速度250km/h客运专线(兼顾货运):客车最大轴重23t(客运机车),货车最高速度120km/h,最大轴重2t
WJ-8B型	最高速度350km/h客运专线:轴重17t(考虑轴重可能增加10%)

无砟轨道扣件类型   表1-15

铁 路 等 级	无砟轨道结构类型	采用扣件类型
高速铁路	CRTS双块式	WJ-7B、WJ-8B
	CRIS I 型板式	WJ-7B
	CRTSⅢ型板式	WJ-8
	CRTSIII型板式	WJ-8B
城际铁路	CRTS双块式	WJ-7B、WJ-8B
	CRIS I 型板式	WJ-7B
	CRTSⅢ型板式	WJ-8B
	弹性支承块式	弹性扣件
客货共线铁路 重载铁路	CRTS双块式	WJ-7A、WJ-8A
	弹性支承块式	Ⅶ型弹条扣件 预埋铁座式扣件
	长枕埋入式	WJ-12型扣件(重载)WJ-13型扣件(客货共线)

注:新型及其他类型扣件应符合相关技术标准及准入规定。

任务四 有砟轨道道床

一、有砟轨道道床的功能

道床是轨道框架的基础,它的功用如下:

(1)传递由钢轨、轨枕传来的机车车辆动荷载,使之均匀地分布在路基基床面上,且不超过路基基床面的允许应力;

(2)提供抵挡轨道框架纵、横向位移的阻力,保护轨道稳定和保持正确的几何形位,保证行车安全;

(3)提供良好的排水能力,使基床面干燥,起到提高路基承载能力,减轻翻浆冒泥及冻害等病害的作用;

(4)提供轨道所需要的弹性,减缓和吸收轮轨的冲击和振动;

(5)提供调节轨道框架水平和方向的能力,保持良好的线路平纵断面,为轨道几何尺寸超限的维修保养提供便利条件。

二、道床材料

由于道床应具有上述功能,因此用于道床的道砟应具有质地坚硬,有弹性,不易压碎和捣碎,排水性能好,吸水性能差,不易风化和被风吹动或被水冲走等特点。

道砟材料有碎石(花岗岩、大理石、石矿岩)、筛选级配卵石、天然级配卵石、中砂和粗砂以及熔炉矿等。

我国新建和改建的线路道床绝大部分采用碎石道砟,按《铁路碎石道砟》(TB/T 2140—2008)和《铁路碎石道床底砟》(TB/T 2897—1998)的规定进行选取。我国铁路的道砟分为面砟和底砟。碎石道床材料的技术条件包括以下几个方面。

(一)道砟的性能

道砟材质的质量通过抗磨耗、抗冲击性能、抗压碎性能、渗水性能、抗大气腐蚀破坏性能、稳定性等来衡量,将道砟分为特级、一级两个等级,其材质性能要求见表1-16。

道砟材质性能　　　　　　表1-16

性　能	项目号	参　数	特级道砟	一级道砟	评价方法	
					单项评定	综合评定
抗磨耗、抗冲击性能	1	洛杉矶磨耗率 LAA(%)	≤18	18<LLA<27	—	道砟的最终等级以项目号1、2、3、4中的最低等级为准。特级、一级道砟均应满足5、6、7、8项性能的要求
	2	标准集料冲击韧度 IP	≥110	95<IP<110	若两项指标不在同一等级,则以高等级为准	
		石料耐磨硬度系数 $K_{干磨}$	>18.3	18<$K_{干磨}$<18.3		
抗压碎性能	3	标准集料压碎率 CA(%)	<8	8≤CA<9	—	
	4	道砟集料压碎率 CB(%)	<19	19≤CB<22	—	
渗水性能	5	渗透系数 P_m(10^{-6}cm/s)	>4.5		至少有两项满足要求	

续上表

性能	项目号	参数	特级道砟	一级道砟	评价方法 单项评定	评价方法 综合评定
渗水性能	5	石粉试模件抗压强度 σ(MPa)	<0.4		至少有两项满足要求	道砟的最终等级以项目号1、2、3、4中的最低等级为准。特级、一级道砟均应满足5、6、7、8项性能的要求
渗水性能	5	石粉液限 LL(%)	>20		至少有两项满足要求	道砟的最终等级以项目号1、2、3、4中的最低等级为准。特级、一级道砟均应满足5、6、7、8项性能的要求
渗水性能	5	石粉塑限 PL(%)	>11		至少有两项满足要求	道砟的最终等级以项目号1、2、3、4中的最低等级为准。特级、一级道砟均应满足5、6、7、8项性能的要求
抗大气压腐蚀破坏	6	硫酸钠溶液浸泡损失率 L(%)	<10			道砟的最终等级以项目号1、2、3、4中的最低等级为准。特级、一级道砟均应满足5、6、7、8项性能的要求
稳定性能	7	密度 ρ(g/cm^3)	>2.55			道砟的最终等级以项目号1、2、3、4中的最低等级为准。特级、一级道砟均应满足5、6、7、8项性能的要求
稳定性能	8	容重 R(g/cm^3)	>2.50			道砟的最终等级以项目号1、2、3、4中的最低等级为准。特级、一级道砟均应满足5、6、7、8项性能的要求

新建时速250km及以上的高速铁路、年通过总质量大于250Mt且设计轴重大于25t的重载铁路应采用特级道砟;新建时速200km的城际铁路和客货共线铁路、年通过总质量满足101M~250Mt且设计轴重大于25t的重载铁路可采用特级碎石道砟或一级道砟;其余铁路应采用一级道砟。

(二)道砟材料的级配

碎石道砟属散粒体,其级配是指道砟中颗粒粒径大小的分布。道砟粒径的级配对道床的物理力学性能、养护维修工作量有重要的影响。现行标准按级配要求,可保证道砟产品有最佳的颗粒组成,道砟粒径用方孔筛选。

重载铁路轴重大动荷载大,因此道砟材质最重要的性能是抗磨性、抗冲击、抗碎性能,其次是道砟颗粒形状和清洁度。从增加道砟接触面积、减小道床内应力以优化道床整体受力性能角度来讲,重载铁路道砟粒径级配应采用宽级配。《铁路碎石道砟》(TB/T 2140—2008)中特级道砟粒径级配采用窄级配、一级道砟粒径级配采用宽级配。因此重载铁路道砟采用特级道砟作材质时,亦应采用一级道砟级配。

特级碎石道砟粒径级配见表1-17,新建铁路用一级碎石道砟粒径级配见表1-18,既有线大修、维修用一级碎石道砟粒径级配见表1-19。

特级碎石道砟粒径级配　　　　　　　　　　　　　表1-17

方孔筛孔边长(mm)	22.5	31.5	40	50	63
过筛质量百分率(%)	0~3	1~25	30~65	70~99	100
颗粒分布 方孔筛孔边长(mm)	31.5~53				
颗粒分布 颗粒质量百分率(%)	≥50				

注:检验用方孔筛系指金属丝编制的标准方孔筛。

新建铁路用一级碎石道砟粒径级配　　　　　　　　表1-18

方孔筛孔边长(mm)	16	25	35.5	45	56	63
过筛质量百分率(%)	0~5	5~15	25~40	55~75	92~97	97~100

既有线大修、维修用一级碎石道砟粒径级配　　　　　　表1-19

方孔筛孔边长(mm)	25	35.5	45	56	63
过筛质量百分率(%)	0~5	25~40	55~75	92~97	100

（三）颗粒形状及清洁度

道砟的形状和表面状态对道床的性能有重要影响。一般棱角分明、表面粗糙的颗粒，对集料具有较高的强度和稳定性。近似于立方体的颗粒与扁平、长条形颗粒相比有较高的抗破碎、抗变形、抗粉化能力。针状、片状颗粒容易破碎，使道床强度和稳定性下降。颗粒长度大于该颗粒所属平均粒径的1.8倍的，称为针状颗粒；厚度小于平均粒径0.6倍的，称为片状颗粒。它们所占总数的比例分别被称为针状指数和片状指数，并用来控制长条形和扁平颗粒的含量。我国《铁路碎石道砟》(TB/T 2140—2008)规定，道砟的针状指数和片状指数均不大于20%，特级道砟中风化颗粒和其他杂石含量不应大于2%，一级道砟中风化颗粒和其他杂石含量不应大于5%。

道砟中的黏土团或其他杂质、粉末都直接影响道床强度及排水、加速板结等，因此要求道砟产品须水洗，其颗粒表面洁净度不应大于0.17%，未经水洗的一级道砟中粒径0.1mm以下粉末的含量不应大于1%。

（四）底砟

底砟是铁路碎石道床的重要组成部分，位于碎石道床道砟层和非渗水土质路基基床表层之间，起着传递、分布列车荷载，隔离碎石层和基床表层，防止上层碎石道砟和下层路基土颗粒之间的相互掺混，对从碎石到基床表层之间的渗水性能起过渡作用，防止基床表面在暴雨时被冲刷，防止地下水通过毛细管作用向上渗透，对基床表层起保温防冻作用。当然，底砟层本身要有足够的承载能力，底砟层材料要有足够的抗冲击、抗压碎、抗磨耗功能。结合我国的国情和路情，按照道砟层界面上的隔离过滤准则，在《铁路碎石道床底砟》(TB/T 2897—1998)中对底砟材料的材质、粒径级配、性能指标及检验规则、运输储存均进行了详细规定。

在该标准中明确规定：底砟材料可取自天然砂、砾材料。也可由开山块石或天然卵石、砾石经破碎、筛选而成。底砟粒径级配应符合表1-20规定，且0.5mm以下的细集料中通过0.075mm筛的颗粒含量应小于或等于66%。

底砟粒径级配　　　　　　表1-20

方孔筛边长	0.075	0.1	0.5	1.7	7.1	16	25	45
过筛质量百分率(%)	0~7	0~11	7~32	13~46	41~75	67~91	82~100	100

在粒径大于16mm的粗颗粒中带有破碎面的颗粒所占的质量百分率不少于30%。粒径大于1.7mm集料的洛杉矶磨耗率不大于50%，其硫酸钠溶液浸泡损失率不大于12%；粒径小于0.5mm的细集料的液限不大于25%，其塑性指数小于6%，黏土团及其他杂质含量的质量小于或等于0.5%。

三、碎石道床横断面

道床横断面包括道床顶面宽度、道床边坡坡度和道床厚度三个主要特征。直线地段道床断面如图 1-34 所示。

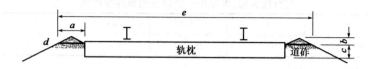

图 1-34　直线地段道床断面图
a-肩宽；b-堆高；c-埋深；d-边坡；e-道床顶面宽度

（一）道床顶面宽度

道床顶面宽度是指轨枕长度加上两侧道床肩宽的总和,道床顶面宽度取决于轨枕长度和轨道类型。其伸出轨枕端的部分称为道床肩宽,无缝线路钢轨内部存在一定的温度力,道床肩宽对无缝线路轨道框架的横向稳定起着重要的作用。道床肩宽是影响道床横向阻力和无缝线路稳定性的主要因素,其所能提供的道床横向阻力约占总阻力的 1/3。

《铁路轨道设计规范》(TB 10082—2017)中对单线铁路正线道床顶面宽按铁路等级和路段列车设计行车速度做了规定,见表 1-21。

单线碎石道床顶面宽度　　　　　　　　　　表 1-21

铁路等级	路段列车设计行车速度（km/h）	道床顶面宽度（m）	
		无缝线路轨道	有缝线路轨道
高速铁路	$250 \leqslant v \leqslant 350$	3.6	—
重载铁路	$v \leqslant 100$	3.5	—
城际铁路 客货共线铁路	$160 < v \leqslant 200$	3.5	—
	$v \leqslant 160$	3.4	—
	$100 < v \leqslant 120$	3.4	3.10
客货共线铁路	$v \leqslant 100$	3.4	3.00

双线道床顶面宽度应分别按单线设计。无缝线路曲线半径 <800m,有缝线路曲线半径 <600m,曲线外侧道床顶面宽度应增加 0.10m。

（二）道床边坡坡度

道床边坡坡度是指道床两侧坡面与路基面之间形成的坡度,从横断面图上看,道床边坡是指道床顶面引向路基顶面的斜边斜率。为了保持道床结构在列车循环振动下的稳定性,以减少养护维修工作量,道床及堆高道砟需要有适当的边坡坡度。根据我国铁路长期运营经验和目前养护条件,正线上的道床边坡均规定为 1∶1.75,以保持道床的稳定状态。

（三）道床厚度

直线地段道床厚度是指钢轨断面处轨枕底面至基床顶面的距离;曲线地段是指曲线里股钢轨中轴线下轨枕底面至下部基床顶面的距离。

道床应有足够的厚度,使由钢轨、轨枕传下来的车轮压力经道床的扩散而大大减小,以使在列车重复荷载作用下所产生的道床下沉,道砟和路基面应力均不超过容许值,以延缓轨道永久变形。所以在确定道床厚度时,必须考虑机车车辆荷载的大小,钢轨、轨枕类型,轨枕间距,道砟粒径和级配对压力传递的特征,以及路基面的容承载能力。

各正线轨道结构采用的碎石道床厚度见表0-1的规定。

为保持轨道结构的稳定性,提高道床纵、横向阻力,轨枕盒内和枕端均应具有饱满的道砟。但为了防止道床表面水分锈蚀钢轨和扣件,避免影响轨道电路正常工作和出现道砟飞溅现象,轨底处道床顶面应低于轨枕承轨面。

高速铁路为避免列车风力引起飞砟,规定道床顶面应低于轨枕承轨面4cm,且不应高于轨枕中部顶面。

Ⅲ型枕及新Ⅱ型枕沿长度方向为变截面,轨枕顶面中间部分低、两端承轨部分高。《铁路轨道设计规范》(TB 10082—2017)规定混凝土枕地段,道床顶面与轨枕中部顶面平齐。Ⅲ型轨枕的枕端埋深为18.5cm,新Ⅱ型轨枕为16.5cm。由于混凝土枕的承轨槽高于轨枕中部的枕顶面,其高度差值:新Ⅱ型轨枕为3.625cm,Ⅲ型轨枕为4.475cm,可满足绝缘电阻要求。时速小于或等于200km铁路铺设混凝土岔枕、混凝土桥枕等地段,由于轨枕全长范围内轨枕顶面等高,为保证轨道电路绝缘电阻的需要,规定岔枕、桥枕等地段道床顶面应低于轨枕承轨面3cm。

四、道床变形

道床变形是轨道变形的主要因素,轨道变形是轨道破坏的主要原因。轨道变形分为永久变形和弹性变形。一定的弹性变形能起到缓冲列车对轨道的动力的作用;而永久变形是随列车荷载的重复次数增加而逐渐积累的变形,不均匀的永久变形会引起轨道的不平顺,增加轨道列车的动力作用,尤其是高速行车时。轨道变形的主要表现为道床的永久变形,即道床下沉占轨道总下沉的90%以上。道床下沉有一定的规律,各国都进行了相关研究,如美国、日本、苏联等。各国资料显示道床下沉与荷载重复次数的关系曲线基本相似,如图1-35所示。

当道床新铺或清筛后随着列车通过,道床下沉可分为初期急剧下沉和后期缓慢下沉两个阶段。初期急剧下沉阶段是道床的密实阶段,在列车荷载作用下,道砟被压实,孔隙率减小,一些道砟棱角可能被磨碎,使道床纵、横断面发生变化,轨道不平顺。该阶段道床的下沉量和持续时间与道砟材质、粒径、级配、捣固和道床的密实作业、轴重、速度等有关,一般在数百万吨通过总重之内可以完成。

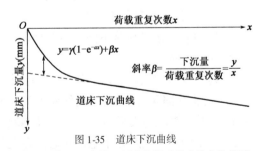

图1-35 道床下沉曲线

α-系数;γ-初期下沉当量;β-压实终结后道床稳定性能下降系数

新建高速铁路一次铺成无缝线路时,要采用道砟分层铺设,分层捣固,动力稳定的作业方式,一次稳定下沉量达8~10mm,相当于通过10万t的运量,以减少日后的不均匀下沉。

后期缓慢下沉阶段是道床的正常工作阶段,这时道床仍有少量下沉,下沉量与运量之间有直接关系。主要是由于枕底道砟挤入轨枕盒和轨枕头、道砟磨损及破碎、边坡溜塌,破坏了道床极限平衡状态。这一阶段的下沉量与运量之间有直接关系,所以这一阶段的时间长短是衡量道床稳定性高低的指标,也是确定道床养护维修的重要依据。

任务五　轨道加强设备

一、防爬设备

（一）轨道爬行

列车运行时,车轮作用在钢轨上,产生一个纵向水平力,这一纵向力能引起钢轨的纵向移动,有时还带动轨枕一起移动,这种现象称为轨道爬行。

钢轨在行驶车轮下发生的波浪形挠曲,以及列车运行的阻力、列车制动、车轮在钢轨接头处的撞击和钢轨的温度变化等是线路爬行的主要原因。一般情况下,钢轨沿着列车运行方向爬行;扣压力不足时,钢轨沿着轨枕顶面爬行;扣件阻力大,钢轨和轨枕组成的框架沿着道床顶面爬行。

线路爬行可破坏线路的稳定,是线路发生病害的主要原因之一。线路爬行的主要危害有：

(1)连续多处挤成瞎缝从而发生胀轨跑道,拉大轨缝能造成钢轨、夹板、螺栓伤损或拉断螺栓,爬行易产生和加剧钢轨接头病害。

(2)拉斜轨枕,造成轨距、轨向不良,扣件(道钉)和轨枕损坏。

(3)捣固质量不能保持,轨枕吊板增多,产生和加大轨面坑洼。

(4)在道岔上会影响尖轨与基本轨的靠贴或尖轨的扳动,甚至涉及联锁装置。

(5)在桥上会带动桥枕,扩大桥枕间距,甚至会影响钢梁并涉及支座和墩台。

线路爬行的一般规律是：

(1)两方向运量接近的单线地段,两方向都会产生爬行,且易向下坡道方向爬行。

(2)双线地段,爬行方向与列车运行方向基本相同,列车运行方向的下坡道爬行量较大。

(3)两方向运量显著不同的单线地段,运量大的方向爬行较大,而运量大的下坡道方向爬行量会更大一些。

(4)双线或单线的制动地段,均易向制动方向爬行。

要防止线路爬行,必须提高线路的纵向阻力。一是提高扣件阻力,采用强有力的中间联结零件,以增强钢轨与夹板间的摩擦以及钢轨与垫板间的摩擦,使钢轨不能在垫板上移动。二是加强道床阻力,使线路处于稳定状态。在爬行力较大的地段,单靠加强钢轨与轨枕之间的联结是不够的,必须加设特制的防爬设备,以锁定线路。

（二）防爬设备

防爬设备包括防爬器和防爬支撑。

防爬器有两种:弹簧防爬器和穿销式防爬器。我国广泛使用的是穿销式防爬器,如图1-36所示。它由带挡板的轨卡及穿销组成,轨卡的一边紧密卡住轨底,另一边用楔形穿销将相应轨底间的空隙楔紧,使之牢固卡住轨底,而挡板与轨枕之间须设置承力板,起到防爬的作用。

为了充分发挥道床的防爬阻力作用,往往在轨枕之间设置若干个支撑块与防爬器,共同起到轨道的防爬作用,这些支撑块称为防爬撑。

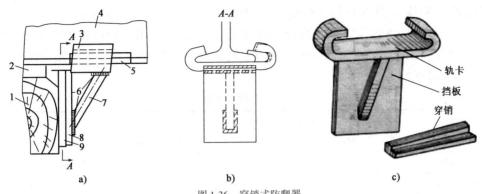

图 1-36 穿销式防爬器
1-枕木；2-垫板；3-轨卡；4-钢轨；5-穿销；6-焊缝；7-斜撑；8-挡板；9-木制承力板

随着安装位置不同，复线、道岔区的防爬器分正向（又称为顺向）防爬器（阻止列车向运行方向爬行的防爬器）和反向（又称为逆向）防爬器。

为使两股钢轨上的防爬阻力相等，防爬器要成对安装。在碎石道床地段，每组防爬器的组成：单方向锁定由一对穿销式防爬器和两对支撑（连接四根轨枕）组成；双方向锁定由两对穿销式防爬器和两对支撑（连接四根轨枕）组成。

二、曲线加强

列车通过曲线地段，尤其是小半径曲线地段时，因横向水平力作用会导致轨距扩大，轨道框架横移，平面位置歪曲，轨枕挡肩损坏，养护维修工作量增加。因此必须对小半径曲线地段予以加强，有效的加强方法如下：

（1）增加轨枕配置数量，提高轨道框架横向稳定性。$R \leqslant 800$m 的曲线，采用 Ⅱ 型混凝土枕，每千米应增加轨枕 80 根；采用 Ⅲ 型混凝土枕，不需要增加轨枕。

（2）安装轨撑或轨距杆（图 1-37），提高轨道结构的稳定性，防止轨距扩大，保障行车安全，延长设备使用寿命，减少养护维修工作量。

图 1-37 轨撑、轨距杆

轨撑安装在钢轨外侧，以顶住轨下颚和轨腰，防止钢轨外倾。在大多数道岔尖轨部位，基本轨外侧也安装轨撑，以提高钢轨的横向刚度。轨距杆是一端扣在外轨轨底，另一端扣住内轨轨底的拉杆，可防止钢轨位移，保持轨距。有些线路有轨道电路，轨距杆当中用绝缘零件隔开，如图 1-37b)、c）所示拉杆；有些线路没有轨道电路，故无需拉杆中间绝缘，如图 1-37d）所示拉杆。实践证明，轨撑、轨距拉杆都是有效防止轨距扩大、车轮脱轨的重要手段。

曲线地段轨距杆或轨撑设置应符合下列规定：正线电力牵引区段曲线半径小于或等于600m和其他牵引区段半径小于或等于350m地段，应按表1-22的规定设置轨距杆或轨撑；站线可不设轨距杆或轨撑。

轨距杆或轨撑设置数量　　　　　　　　　　　　表1-22

曲线半径 (m)	轨距杆(根)		轨撑(对)	
	25m轨	12.5m轨	25m轨	12.5m轨
$R \leq 350$	10	5	14	7
$350 < R \leq 450$	10	5	10	5
$450 < R \leq 600$	6~10	3~5	6~10	3~5

（3）堆高曲线外侧砟肩，以增加道床横向阻力，保持线路稳定。

任务六　无砟轨道结构

无砟轨道是指采用混凝土等整体结构取代散粒碎石道床为轨下基础的轨道结构。与有砟轨道相比，无砟轨道具有以下优点：

（1）整体性强，纵向、横向稳定性好，具有高的可靠性，有利于高速行车。

（2）具有稳定的轨道几何尺寸，其高平顺性和均匀的轨道弹性使旅客乘坐更舒适。

（3）使用寿命长、维修工作量少，虽然初期造价比有砟轨道高，但可大幅度减少维修工作量和维修成本，综合经济效益好。

（4）结构高度比有砟轨道低，可有效减轻桥梁上恒载和节约空间，减小线下的土建工作量。

（5）其上的无缝线路不会发生胀轨跑道，高速行车时不会有石砟飞溅造成的伤害。

此外，无砟轨道也有如下不足：

（1）施工精度要求高，需采用特殊的施工方法。

（2）对基础稳定性有特殊要求，一旦基础变形超出容许范围或出现轨道结构损坏等病害整治非常困难。

（3）轨道弹性差，振动噪声相对较大，在对噪声控制要求严格地区需采取特殊措施。

世界各国铺设的无砟轨道结构形式很多，日本新干线主要采用板式轨道，目前累计铺设里程达2700多千米。德铁批准上道的无轨道结构形式有6种：雷达、旭普林、ATD、Getrac、Berlin和博格。在铺设的660km无砟轨道（含80多组道岔区）中，雷达型轨道（含雷达2000型）约占一半以上；博格板式轨道在纽伦堡至英戈尔施塔特高速线（于2006年开通）上铺设了35双线km。

自20世纪90年代以来，我国铁路研发了轨枕埋入式、板式和弹性支承块式无砟轨道结构，在秦沈客运专线3座特大桥上以及西康线和赣龙线等隧道内进行了试铺。2004年，我国在遂渝线无砟轨道综合试验段的路基、桥梁、隧道及岔区首次成段铺设了无砟轨道，取得了一系列研究成果，研发了单元板式、双块式、纵连板式和岔区轨枕埋入式无砟轨道，首次在路基地段、岔区和大跨度桥梁上铺设,并通过了实车试验验证。2006年底开始,在我国前期无砟轨道研究成果的基础上,针对国内高速铁路的工程特点和环境条件,国内组织开展了无砟轨道技术再创新研发工作,并在武广客运专线武汉综合试验段、京津城际铁路等项目得到试验和工程实践验证,之后随着高速铁路建设的全面推进,无砟轨道进入了大规模应用阶段,设计时速300km及以上线路大都采用以无砟轨道为主的轨道结构,形成了适应国情、路情的CRTS I 型板式、CRTS II 型板式、CRTS 双块式无砟轨道以及道岔区轨枕埋入式、道岔区板板式无砟轨道的设计、制造、施工等成套技术体系。

在总结前期铁路无砟轨道工程实践经验和无砟轨道技术再创新基础上,近年来我国研发了一种新型无砟轨道结构——CRTS III 型板式无砟轨道,其首次试验铺设于成灌铁路,已在盘营、湖北城际铁路、郑徐客运专线等项目上应用并开通运行。

一、板式无砟轨道

(一)CRTS I 型板式无砟轨道

我国 CRTS I 型板式无砟轨道是在日本高铁 A 型板式轨道技术基础上经过再创新研发而成的,是在现场浇筑的钢筋混凝土底座上铺装预制轨道板,通过水泥乳化沥青砂浆进行调整,并适应 ZPW-2000 轨道电路的单元板式无砟轨道结构形式。CRTS I 型板式无砟轨道结构如图1-38所示。其主要由钢轨、钢轨扣件、轨道板、现浇钢筋混凝土底座、凸形挡台及其周围填充树脂等组成。轨道板之间纵向不相连接,各自形成独立的单元,主要靠凸形挡台限位并承受纵、横向水平力,故称为单元板式无砟轨道。

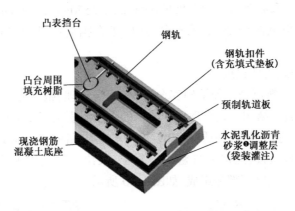

图1-38 CRTS I 型板式无砟轨道结构

I 型轨道板分为预应力平板(P)、预应力框架板(PF)和钢筋混凝土框架板(RF);按轨道板长度分为 4962mm、3685mm、4856mm 三种。轨道板设计宽度取 2400mm,设计厚度为190mm。

轨道板和底座板之间设置水泥乳化沥青砂浆填充层,它是 CRTS I 型板式无砟轨道的关键组成部分,其性能的好坏直接影响轨道系统的耐久性和运营期间的养护维修工作量。

---

❶ 水泥乳化沥青砂浆(Cement Asphalt Mortar),简称 CA 砂浆。

(二) CRTS Ⅱ 型板式无砟轨道

我国 CRTS Ⅱ 型板式无砟轨道是在德国博格板式无砟轨道技术基础上经过再创新研发而成的,现场摊铺的混凝土支承层或现场浇筑的钢筋混凝土底座上铺装预制轨道板,通过水泥乳化沥青砂浆进行调整,ZPW-2000 轨道电路的纵连板式无砟轨道结构形式。轨道板铺设后须用连接锁件将相邻轨道板纵向张拉并绑扎钢筋后浇筑成纵向连续整体。

路基地段轨道结构由钢轨、弹性扣件、轨道板、水泥乳化沥青砂浆充填层、支承层等组成,如图 1-39 所示;桥梁地段轨道结构由钢轨、弹性扣件、轨道板、水泥乳化沥青砂浆充填层、底座板、滑动层、高强度挤塑板、侧向挡块及后台锚固结构等组成;隧道地段轨道结构由钢轨、弹性扣件、轨道板、水泥乳化沥青砂浆充填层、支承层等组成。

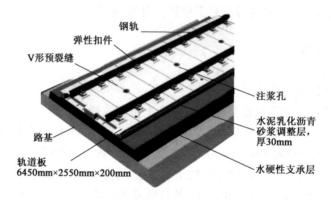

图 1-39 CRTS Ⅱ 型板式无砟轨道结构

轨道板分为标准板和异型板。标准板长 6450mm×2550mm×200mm,重约 9t,为横向预应力混凝土结构。标准板纵向分 20 个承轨台,适应于有挡肩扣件,承轨台打磨干净,横向设 0.5% 排水坡。

(三) CRTS Ⅲ 型板式无砟轨道

CRTS Ⅲ 型板式无砟轨道是一种结构安全可靠、经济合理、施工方便、便于维修,具有自主知识产权的新型无砟轨道结构。是在现场的浇筑的钢筋混凝土底座上铺装带挡肩的预制轨道板,通过自密实混凝土进行调整,并适应 ZPW-2000 轨道电路的单元板式无砟轨道结构形式。其由钢轨、扣件、预制轨道板、配筋的自密实混凝土、限位凹槽及周围弹性垫层、中间隔离层(土工布)和钢筋混凝土底座等部分组成,如图 1-40 所示。

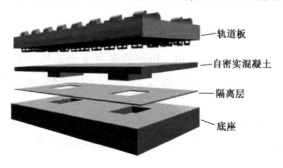

图 1-40 CRTS Ⅲ 型板式无砟轨道结构

轨道板和底座板之间设置自密实混凝土层,是CRTSⅢ型板式无砟轨道的关键组成部分,其性能的好坏直接影响轨道系统的耐久性和日后的养护维修工作量。自密实混凝土层主要功能是与轨道板形成复合板,通过与底座间设置的凹凸槽对轨道板进行纵、横向限位,还具有施工调整等功能。

二、双块式无砟轨道

CRTS双块式无砟轨道是将预制的双块式轨枕组成轨排,以现场浇筑混凝土方式将轨枕浇筑到钢筋混凝土道床内,并适应轨道电路的无砟轨道结构形式,如图1-41所示。其由钢轨、弹性扣件、双块式轨枕、道床板、支承层(或底座)等组成,如图1-42所示。

图1-41 CRTS双块式无砟轨道

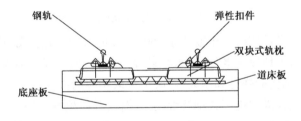

图1-42 CRTS双块式无砟轨道结构

双块式混凝土轨枕是道床板结构的重要组成部分,由钢筋架连接两个混凝土支承块式的结构,工厂化预制。双块式轨枕要具有足够的刚度,承轨部分要与相应扣件系统相匹配,为双块式无砟轨道的施工精度控制和扣件安装提供良好的接口。

双块式轨枕分为无承轨台轨枕(SK-1型)和有承轨台轨枕(SK-2型,如图1-43所示)两种类型。

三、弹性支承块式无砟轨道

弹性支承块式无砟轨道,是目前普遍采用的无砟轨道结构形式之一,是以现场浇筑混凝土方式将弹性支承块(含预制的混凝土支承块、橡胶套靴、块下胶垫)浇筑到钢筋混凝土道床内,并适应轨道电路的无砟轨道结构形式;由钢轨、扣件、钢筋混凝土支承块、橡胶套靴、块下垫板、道床板等组成,如图 1-44 所示。

图 1-43　SK-2 型轨枕

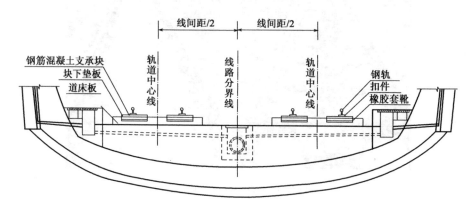

图 1-44　弹性支承块式无砟轨道横断面示意图

该无砟轨道适用于设计速度小于或等于 160km/h 的隧道地段。如用于路基或桥梁地段,其缺点是橡胶套靴在露天地段易老化,雨水容易浸入套靴,列车经过时会有污水挤出,不仅污染道床,而且影响轨道结构的弹性和耐久性,必须采取相应的措施。

道床板可为分块式或纵向连续式钢筋混凝土结构,并应根据工程地质、环境条件等具体情况,经技术经济比较后合理确定。道床板直接在隧道仰拱回填层(有仰拱隧道)或底板(无仰拱隧道)上构筑,并应在隧道变形缝处断开。

四、长枕埋入式无砟轨道

长枕埋入式无砟轨道是以现场浇筑混凝土方式将长轨枕浇筑到钢筋混凝土道床内,并适应轨道电路的无砟轨道结构形式。其由钢轨、弹性扣件、长枕、WCK 型轨枕钢筋混凝土道床板及底座等组成,如图 1-45 所示。路基及桥梁地段道床板、底座沿线路纵向分块构筑,隧道地段道床板直接在隧道仰拱回填层或底板上构筑。

通过对国内客货共线铁路轨道状态调查,长枕埋入式无砟轨道结构及运营状态总体情况较好,达到了减少养护维修工作量的目的。经过多年的科研实验和工程实践,长枕埋入式无砟轨道已日趋成熟。

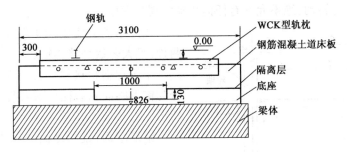

图 1-45 长枕埋入式无砟轨道结构(尺寸单位:mm)

无砟轨道结构选型应符合下列规定:
(1)高速铁路无砟轨道宜采用板式、双块式结构形式。
(2)城际铁路无砟轨道宜采用双块式、板式结构形式,隧道内可采用弹性支承块式结构形式。
(3)客货共线铁路、重载铁路隧道内无砟轨道可采用弹性支承块式、双块式、轨枕埋入式等结构形式。
(4)道岔区无砟轨道宜采用轨枕埋入式结构形式,可采用板式结构形式。

任务七 轨道几何形位

轨道各部分的几何形状、相对位置和基本尺寸要求等,称为轨道几何形位。轨道几何形位的正确与否,对机车车辆的安全运行、乘客的旅行舒适度以及设备的使用寿命和养护费用起着决定性的作用。轨道由直线轨道和曲线轨道组成,轨道直线部分的方向应保持笔直,曲线部分轨道应具有相应的圆顺度。直线地段轨道几何形位要素有轨距、水平、前后高低、方向和轨底坡。

轨道几何形位按照静态与动态两种状况进行管理。静态几何形位是轨道不行车时的状态,采用道尺、轨道几何状态检测仪(轨检小车)等工具进行测量。动态几何形位是行车条件下的轨道状态,采用轨道检查车测量。下面仅介绍轨道几何形位的静态作业验收标准,其余可参考《普速铁路线路修理规则》。

一、机车车辆走行部分

机车车辆走行部分是与轨道直接接触、作用的部分,其尺寸、形状是确定轨距、轨底坡等轨道几何尺寸的依据。

机车的走行部分由车架、轮对、轴箱、弹簧装置、转向架及其他部件组成。车辆的走行部分是转向架,由侧架、轴箱、弹簧悬挂装置、制动装置、轮对以及其他部件组成。

(一)轮对

轮对是机车车辆走行部分的基本部件,由一根车轴和两个相同的车轮组成,如图 1-46 所示。轮对轮轴联结部位采用过盈配合,并用轴键固定两轮的相互位置,使轮和轴牢固结合在一起,轮与轴只能一起转动,绝不允许有任何松动的现象发生。

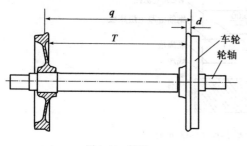

图1-46 轮对

我国车辆上使用的车轮有整体轮和轮箍轮两种,绝大多数是整体轮。

车轮和钢轨接触的面称为踏面。车轮踏面分为锥形踏面和磨耗型踏面两种形式,如图1-47所示。

锥形踏面,锥形踏面的母线是直线,由1:20和1:10两段斜坡组成。其中,1:20的一段经常与钢轨顶面相接触;1:10的一段仅在小半径经常与钢轨顶面相接触。车轮踏面采用圆锥面,可以减小横向力的影响,增加行车的平稳性,保证踏面的磨耗沿宽度方向比较均匀。另外,在直线地段上行驶的车辆,当其偏离轨道中心时,由于左右车轮滚动半径不同,可使轮对自动返回到轨道中线,这样,虽然车轮的轨迹呈蛇形运动,但不会在车轮踏面上形成槽形磨损;在曲线轨道上行驶的车辆,由于离心力的作用,使轮对靠外轨行驶,外轮以较大的轮径沿外轨滚动,内轮以较小的轮径沿内轨滚动,可以部分弥补内外股钢轨的长度之差,顺利通过曲线。磨耗型车轮踏面是曲线形踏面,将踏面制成与钢轨顶面基本吻合的曲线形状,可以增大轮轨接触面积,减轻轮轨磨耗、降低轮轨接触应力并改善通过曲线时的转向性能。

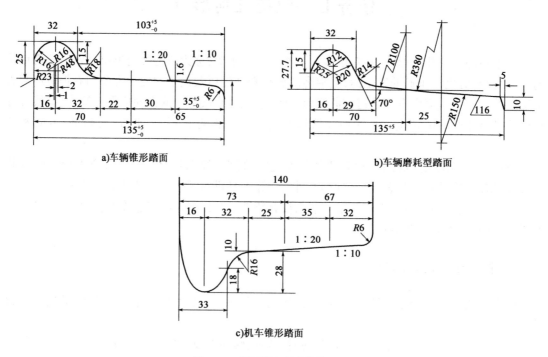

图1-47 车轮踏面(尺寸单位:mm)

车轮踏面内侧制成凸缘[图1-47a)、b)的左侧突起部分]称为轮缘,轮缘可保证车轮沿钢轨滚动时不致脱轨。车轮内侧的竖直面称为车轮内侧面,车轮外侧竖直面称为车轮外侧面。车轮内侧面与外侧面之间的距离称为车轮宽度。

通过踏面上距车轮内侧面一定距离的一点,画一条水平线,称为踏面的测量线。由踏面测量线至轮缘顶点的距离称为轮缘高度。由测量线向下 10mm 处量得的轮缘厚度,称为轮缘厚度[图 1-47b)、c)]。

取踏面上距车轮内侧面一定距离的一点为基点,规定在基点上测量车轮直径及轮箍厚度。

轮对上左右两个车轮内侧面之间的距离,称为轮对的轮背内侧距离,这个距离加上 2 个轮缘厚度后被称为轮对宽度,如图 1-46 所示。

$$q = T + 2d \tag{1-5}$$

式中:T——轮对的轮背内侧距离(mm);

d——轮缘厚度(mm);

q——轮对宽度(mm)。

根据《铁路技术管理规程》,我国机车车辆轮对的主要几何尺寸见表 1-23。

轮对主要几何尺寸(mm)　　　　　　　　表 1-23

车轮	轮缘高度	轮缘厚度 d		轮背内侧距离 T			轮对宽度 q		
		最大(正常)	最小	最大	正常	最小	最大	正常	最小
车辆轮	25	34	22	1356	1353	1350	1424	1421	1384
机车轮	28	33	23	1356	1353	1350	1422	1419	1395

注:表中数据并未计车轴承载后挠曲对轮对宽度的影响。

内燃机车/电力机车和车辆的轴箱,装在车辆外侧轴颈上,车轴受荷后向上挠曲,轮对宽度因此略有减小,蒸汽机车的轴箱装在车辆内侧轴颈上,车轴受荷后向下挠曲,轮对宽度因此略有增加,一般轮对承载挠曲后其宽度的改变值 ε 范围为 ±2mm。

(二)转向架

为使车体能顺利通过半径较小的曲线,可把全部车轴分别安装在几个车架上。为防止出现车轮由于轮对歪斜而陷落于轨道中间的情况,通常将两个或三个轮对用一刚性构架安装在一起,称之为转向架,如图 1-48 所示。

图 1-48 机车转向架

车体放在转向架的心盘上,转向架可相对车体转动。一个转向架上的各个轮对则始终保持平行,不能相对转动。客车与货车的转向架下一般安装两个轮对,称为双轴转向架;内燃、电力机车的转向架下多装有三个轮对,称为三轴转向架;蒸汽机车将多个动轮固定在一个车架上。

(三)机车车辆轴距

机车车辆的车架或转向架下的车轴数及排列形式称为轴列式。如东风型内燃机车 DF_{4B} 型和韶山型电力机车 SS_9 均采用两台三轴转向架。因此,这种机车可用轴列式 3_0-3_0(或 C_0-C_0)表示。通常"C"代表数字3,表示转向架有3根轮轴,角标"0"表示每根轮轴都有驱动装置,C_0-C_0 表示该机车有两台完全相同的互不相连的转向架,机车有6根动轴,单独传动。若轴列式为 $B_0-B_0-B_0$,则"B"代表数字2,表示该机车由3个二轴转向架,6根动轴,单独传动。若轴列式为 $2(B_0-B_0)$,表示它是由两节机车联挂、每节机车由2个二轴转向架组成的8轴电力机车。前进型蒸汽机车的轴列式为1-5-1,表示车架下有5个动轮轴,导轮和从轮分别安装在前后转向架上。

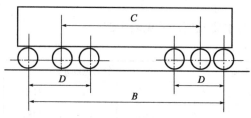

图1-49　全轴距、固定轴距及车辆定距

如图1-49所示,同一车体最前位和最后位的车轴中心间水平距离,称为机车的全轴距(B)。为使全轴距较长的机车、车辆能顺利通过曲线,将车轴分别安装在几个车架或转向架上。同一车架或转向架上始终保持平行的最前位和最后位车轴中心的水平距离,称为固定轴距(D)。车辆前后两走行部分上车体支承间的距离称为车辆定距(C)。应当注意,固定轴距和车辆定距是两个不同的概念,固定轴距是机车车辆能否顺利通过小半径曲线的控制因素,车辆定距为前后两个转向架的中心间距,除长大车外,多在18m之内。

二、直线轨道的几何形位

(一)轨距

轨距是钢轨顶面下16mm范围两股钢轨作用边之间的最小距离,如图1-50所示。

钢轨头部外形由不同半径的复曲线所组成,钢轨底面设有轨底坡,钢轨向内倾斜,车轮轮缘与钢轨侧面接触点发生在钢轨顶面下10～16mm处,我国《铁路技术管理规程》规定测量部位在钢轨顶面下16mm处。此处,轨距一般不受钢轨磨耗和肥边的影响,便于轨道维修。

目前,世界大多数国家铁路普遍采用1435mm轨距,称为标准轨距。轨距宽于1435mm称为宽轨距,常用的有1542mm、1600mm和1670mm等,俄罗斯、印度及澳大利亚等国采用。小于1435mm称为窄轨距,有1067mm、1000m和762mm等,日本的非高速铁路采用1067mm轨距,越南则采用1000mm的轨距。我国铁路和城市轨道交通直线轨道的轨距值均规定为1435mm,目前只在滇越铁路保留1000mm轨距,台湾地区铁路采用1067mm的轨距。

轨距可用道尺、轨检小车等测量,如图1-51所示。轨距容许偏差值与线路设计行车速度、维修作业性质有关,有砟轨道的精度要求要比无轨道低一些。轨距变化率应和缓平顺,因为在短距离内,如轨距有显著变化,即使不超过轨距容许误差,也会使机车车辆发生剧烈摇摆,故限制轨距变化率对保证行车平稳是非常重要的。

为使机车车辆能顺利通过轨道,轨道的轨距必须略大于轮对宽度。当轮对的一个车轮轮缘紧贴一股钢轨的作用边时,另一个车轮轮缘与另一股钢轨作用边之间形成的一定的间隙,这个间隙称为游间,如图1-52所示,其值见表1-24。游间可通过下式计算：

$$\delta = S - q \tag{1-6}$$

式中：δ——游间(mm)；
$\quad S$——轨距(mm)；
$\quad q$——轮对宽度(mm)。

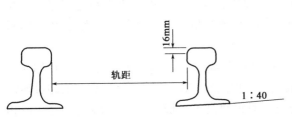

图1-50 轨距、轨底坡

图1-51 道尺

若S_0为标准轨距,q_0为正常轮对宽度,则正常轮轨游间δ_0为：

$$\delta_0 = S_0 - q_0$$

轨距和轮对宽度均规定有最大值和最小值,若S_{max}为最大轨距,S_{min}为最小轨距,q_{max}为轮对宽度最大值,q_{min}为最小值,则游间最大值δ_{max}、最小值δ_{min}为：

$$\delta_{max} = S_{max} - q_{min}$$
$$\delta_{min} = S_{min} - q_{max}$$

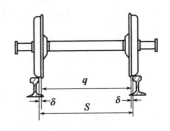

图1-52 游间、轮对宽度、轨距

轮轨游间表　　　　　　　　　　　　　表1-24

车轮名称	轮轨游间值(mm)		
	最大	正常	最小
机车轮	45	16	11
车辆轮	47	14	9

为了提高列车运行的平稳性和轨道的稳定性,必须对游间值进行限制。如δ太大,列车运行的蛇形幅度就大,作用于钢轨的横向力大,动能损失大,会加剧轮轨磨耗和轨道变形,严重时将引起列车脱轨,危及行车安全；δ太小,则增加行车阻力和轮轨磨耗,严重时还可能楔住轮对、挤翻钢轨或导致爬轨事件,危及行车安全。

理论研究与运营实践表明,适当减小轨距、减小游间值,会减轻列车的摇摆,减少轮轨磨耗和动能损失,改善行车条件,提高列车运行的平稳性和线路的稳定性。因此,有些国家,如西欧把标准轨距1435m减小到1433mm；苏联也将轨距从1524mm减小到1520mm等。根据我国现场测试和养护维修经验，认为减小直线轨距有利。改道时轨距按1434mm或1433mm控制，这样尽管轨头有少量侧磨发生，但达到轨距超限的时间得以延长，有利于提高行车平稳性以及延长维修周期。随着行车速度的日益提高，目前世界上一些国家正致力于通过试验研究来寻求游间δ的合理取值。

（二）水平

水平是线路左右两股钢轨顶面的相对高差。为保持列车平稳运行，并使两股钢轨均匀受力，直线地段上两股钢轨顶面应保持同一水平。

水平用道尺或其他工具测量。线路维修时，两股钢轨顶面水平误差不得超过规定值。并且沿线路方向的变化率不可太大，否则即使两股钢轨的水平偏差不超过允许范围，也可能引起机车车辆的剧烈摇晃。

实践中有两种对行车的危害程度均不同的钢轨水平偏差：一种称为水平差，另一种称为三角坑。水平差是指在一段规定的距离内，一股钢轨的顶面始终比另一股高，且高差值超过容许偏差值；三角坑是指在一段规定的距离内，先是左股钢轨高于右股，后是右股高于左股（或相反），高差值超过容许偏差值，而且两个最大水平误差点之间的距离不足18m。

在一般情况下，超过允许限值的水平差，只是引起车辆摇晃和两股钢轨的不均匀受力，并导致钢轨不均匀磨耗。但如果在延长不足18m的距离内出现水平差超过4mm的三角坑（图1-53），将使同一转向架的四个车轮中，只有三个正常压紧钢轨，另一个形成减载或悬空。如果恰好在这个车轮上出现较大的横向力，就可能使悬浮的车轮只能以它的轮缘贴紧钢轨，在最不利条件下甚至可能爬上钢轨，引起脱轨事故。

因此，一旦发现三角坑，必须立即消除。

（三）前后高低

轨道沿线路方向的竖向平顺性称为前后高低。就一股钢轨来说，前后高低是指钢轨顶面沿钢轨方向在竖向的凹凸不平顺，如图1-54所示。新铺或经过大修后的线路，即使其轨面开始是平顺的，但是经过一段时间列车运行后，由于路基沉陷、道床捣固密实程度、扣件松紧、枕木腐朽和钢轨磨耗的不一致性，也会产生不均匀下沉，造成轨面前后高低不平，这种不平顺称为静态不平顺。有些地段，从表面上看，轨面是平顺的，但实际上轨底与铁垫板或轨枕之间存在间隙（间隙超过2mm时称为吊板），或轨枕底与道砟之间存在空隙（间超过2mm时称为空板或暗坑），或轨道基础的弹性不均匀（路基填筑的不均匀、道床弹性的不均匀等），当列车通过时，这些地段的轨道下沉不一致，也会产生不平顺，这种不平顺称为动态不平顺。随着高速铁路的发展，动态不平顺已广泛受到关注。

轨道前后高低不平顺危害甚大。列车通过这些地方时，会引起轮轨间的振动和冲击，产生动力增载，即附加动力。这种动力作用加速了道床变形，进而扩大了不平顺，加剧了轮轨的动力作用，形成恶性循环。

经过维修或大修的轨道，要求目视平顺，一般钢轨前后高低偏差用10m弦线量测轨面的最大矢度值，不能大于规定值。

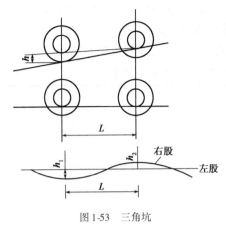

图1-53 三角坑

图1-54 钢轨不平顺

(四)方向

方向表示轨道中心线在水平面上的平顺性。就一股钢轨来说,是指钢轨头部内侧面沿钢轨方向的横向凹凸不平顺。按照行车的平稳与安全要求,直线应当笔直,曲线应当圆顺。严格地说,经过运营的直线轨道并非直线,而是由许多波长为 10~20m 的曲线所组成,因其很小,偏离中心线不大,故不易察觉。若直线不直则必然引起列车的蛇行运动。在行驶快速列车的线路上,线路方向对行车的平稳性具有特别重要的影响。相对轨距来说,轨道方向往往是行车平稳性的控制因素。只要方向偏差保持在容许范围以内,轨距变化对车辆振动的影响就处于从属地位。

在无缝线路地段,若轨道方向不良,还可能在高温季节引发胀轨跑道事故(轨道发生非常明显的不规则横向位移),严重威胁行车安全。

对直线轨道方向必须目视平顺,用 10m 弦测量正矢,不得大于规定值。

(五)轨底坡

车轮踏面与钢轨顶面主要接触部分是 1:20 的斜坡,为使钢轨轴心受力,钢轨不应竖直布设,应适当向轨道内侧倾斜,因此轨底与轨道平面之间形成一个称之为轨底坡的横向坡度。

钢轨设置轨底坡,可使其轮轨接触集中于轨顶中部,提高钢轨的横向稳定性,避免或减小钢轨偏载,减小轨腰的弯曲应力,减轻轨头不均匀磨耗,延长钢轨使用寿命。

从理论上讲,轨底坡的大小应与车轮踏面的坡度相同,即 1:20。我国铁路在 1965 年以前,轨底坡坡度定为 1:20。但在机车车辆的动力作用下,轨道发生弹性挤开的现象,轨枕产生挠曲和弹性压缩,加上垫板与轨枕不密贴、道钉的扣压力不足等因素,实际轨底坡与原设计轨底坡有较大的出入。另外,车轮踏面经过一段时间的磨耗后,原来的 1:20 的坡度逐渐接近 1:40 坡度。所以 1965 年以后,我国铁路的轨底坡斜度统一改为 1:40。

曲线地段的外轨设有超高,轨枕处于倾斜状态。当其倾斜到一定程度时,内股钢轨中心线将偏离垂直线而外倾,在车轮荷载作用下,有可能推翻钢轨。因此,在曲线地段应视其外轨超高值而加大内轨的轨底坡。

应当说明,以上所述轨底坡的大小是钢轨在不受列车荷载作用情况下的理论值。在复杂的列车动荷载作用下,轨道各部件将产生不同程度的弹性和塑性变形,静态条件下设置的 1:40 轨底坡在列车动荷载作用下不一定能一直保持 1:40 的坡度。

轨底坡设置是否正确,可根据钢轨顶面上由车轮碾磨形成的光带位置来判定。如光带偏轨顶中心向内,说明轨底坡不足;如光带偏离轨顶中心向外,说明轨底坡过大;如光带居中,说明轨底坡合适。线路养护工作中,可根据光带位置调整轨底坡的大小。

高速铁路、城际铁路正线有砟、无砟轨道线路静态平顺度应分别符合表 1-25、表 1-26 的规定。

高速铁路、城际铁路正线有砟轨道线路静态平顺度　　　　表 1-25

序号	项目		容许偏差			
			250km/h≤v≤350km/h	v=200km/h	v=160km/h	v=120km/h
1	轨距	相对于标准轨距	±2mm	±2mm	$^{+4}_{-2}$mm	$^{+6}_{-2}$mm
		变化率	1/1500	1/1500	—	—
2	轨向	弦长 10m	2mm	3mm	4mm	4mm
		基线长 30m	2mm/5m	3mm/5m		
		基线长 300m	10mm/150m	10mm/150m		
3	高低	弦长 10m	2mm	3mm	4mm	4mm
		基线长 30m	2mm/5m	3mm/5m		
		基线长 300m	10mm/150m	10mm/150m		
4	水平		2mm	3mm	4mm	4mm
5	扭曲	基线长 3m	2mm	2mm	3mm	3mm

注:1. 轨向偏差不含曲线。
2. 水平偏差不含曲线、缓和曲线上的超高值。
3. 扭曲偏差不含缓和曲线上由于超高顺坡造成的扭曲量。

高速铁路、城际铁路正线无砟轨道线路静态平顺度　　　　表 1-26

序号	项目		容许偏差			
			250km/h≤v≤350km/h	v=200km/h	v=160km/h	v=120km/h
1	轨距	相对于标准轨距	±1mm	±2mm	±2mm	$^{+3}_{-2}$mm
		变化率	1/1500	1/1500	—	—
2	轨向	弦长 10m	2mm	2mm	2mm	4mm
		基线长 48a(m)	2mm/8a(m)	3mm/8a(m)		
		基线长 480a(m)	10mm/240a(m)	10mm/240a(m)		
3	高低	弦长 10m	2mm	2mm	2mm	4mm
		基线长 48a(m)	2mm/8a(m)	3mm/8a(m)		
		基线长 480a(m)	10mm/240a(m)	10mm/240a(m)		
4	水平		2mm	2mm	2mm	4mm
5	扭曲	基线长 3m	2mm	2mm	2mm	3mm

注:1. 轨向、高低栏中的 a 为无砟轨道扣件节点间距。
2. 轨向偏差不含曲线。
3. 水平偏差不含曲线、缓和曲线上的超高值。
4. 扭曲偏差不含缓和曲线上由于超高顺坡造成的扭曲量。

本章课后习题

1. 简述有砟轨道的结构组成;各部分有什么作用。
2. 我国目前采用的无砟轨道类型都有哪些。
3. 钢轨采用哪种断面形式？有哪几部分组成？
4. 钢轨类型是以什么表示的？目前钢轨类型主要有哪几种。其定尺长度分别有哪些。
5. 钢轨接头的种类有哪些？普通钢轨接头由哪些零件组成？
6. 预留轨缝的原则是什么？什么是构造轨缝,其值是多少？
7. 目前我国使用的混凝土枕有几种类型,各自的长度及技术特点是什么？
8. 混凝土枕扣件是怎样分类的？目前使用的弹条扣件由哪几类？不同类型扣件如何调整轨距和高低？
9. 道床的功用是什么？对道床材料有何要求？
10. 道砟的技术要求有哪些方面？分为哪几个等级？
11. 碎石道床断面的三个特征是什么？解释其含义。
12. 解释固定轴距、全轴距、定距的含义。
13. 直线地段轨道几何形位包括哪几方面,各自的含义是什么？怎样测量,有什么要求？
14. 什么是三角坑,三角坑有什么危害？
15. 什么是吊板、空板？
16. 什么是轨道爬行？其有什么危害,如何防止？
17. 轨道防爬设备和曲线地段轨道加强设备都有哪些？
18. 比较一下有砟轨道与无砟轨道的优缺点。

项目二　曲线轨道

知识目标：
1. 掌握曲线轨道外轨超高的设置方法；
2. 掌握曲线轨距加宽的设置方法；
3. 了解缓和曲线的线型，掌握其长度计算方法；
4. 掌握缩短轨的配置方法。

能力目标：
1. 能够现场设置计算外轨超高并检算；
2. 能够现场设置曲线轨距加宽；
3. 能够对新线配置缩短轨；
4. 能够计算缓和曲线所需要的长度。

任务一　曲线外轨超高设置

一、曲线外轨超高设置的目的

机车车辆在曲线上行驶时，由于惯性离心力作用，会将机车车辆推向外股钢轨，加大了外股钢轨的压力，使旅客产生不适，货物移位，离心力过大时影响行车安全。因此，为抵消离心力的作用，需要把曲线外轨适当抬高，使机车车辆的自身重力产生一个向心的水平分力，以抵消离心惯性力，达到内外两股钢轨受力均匀和垂直磨耗均匀的目的，满足旅客舒适感，提高线路的稳定性和安全性。

外轨超高是指曲线外轨顶面与内轨顶面水平高度之差。在设置外轨超高时，主要有外轨提高法和线路中心高度不变法两种方法。外轨提高法是保持内轨高程不变而只抬高外轨的方法。线路中心高度不变法是内外轨分别各降低和抬高超高值一半而保证线路中心高程不变的方法。前者使用较普遍，后者仅在建筑界受到限制时才采用。

设置超高的基本要求是：保证两股钢轨受力比较均匀；保证旅客有一定的舒适度；保证行车平稳和安全。在满足前两项要求的前提下，第三项要求自然可以得到满足。

二、外轨超高计算

(一) 保证两股钢轨受力均匀条件的超高计算

列车在曲线上运行时产生离心力 F，其值可通过下式进行计算：

$$F = \frac{Gv^2}{gR} \tag{2-1}$$

式中：F——离心力(N)；

v——列车运行速度(m/s)；

G——车辆重力(N)；

g——重力加速度，取 9.8m/s^2；

R——曲线半径(m)。

如图2-1所示，为平衡离心力将曲线轨道设置外轨超高 h，使离心力 F 与车体重力 G 的合力作用于轨道的中心点 O 上，从而使内外两股钢轨所受得垂直压力相等，此时：

$$\sin\alpha = \frac{h}{S} \quad \tan\alpha = \frac{F}{G} \tag{2-2}$$

因为 α 很小，$\sin\alpha \approx \tan\alpha$，故：

$$h = \frac{S \cdot F}{G} = \frac{S}{G} \cdot \frac{G \cdot v^2}{gR} = \frac{Sv^2}{gR} \tag{2-3}$$

将 $g = 9.8\text{m/s}^2$，两股钢轨中心距离 $S = 1500\text{mm}$ 代入上式，并将速度的单位由 m/s 换算成 km/h，则计算超高的理论公式为：

$$h = \frac{1500}{9.8R} \cdot \left(\frac{1}{3.6}\right)^2 \cdot v^2 = 11.8\frac{v^2}{R} \quad (\text{mm}) \tag{2-4}$$

式(2-4)是按某曲线半径 R 上某一速度推导得到的。但是在半径 R 的曲线上，通过的列车种类、质量、速度各不相同，因此需要的理想超高是不同的。而轨道上又只能设置一个固定的超高值，为了合理设置超高，上式中的列车速度 v 应当采用各次列车的平均速度 v_j，即：

$$h = 11.8\frac{v_j^2}{R} \quad (\text{mm}) \tag{2-5}$$

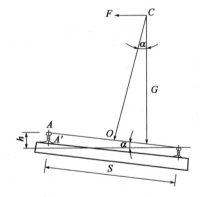

图2-1 曲线外轨超高

由式(2-5)可以看出，列车速度是影响曲线超高设置的关键因素，曲线超高设置不仅要兼顾不同速度列车的舒适性要求，还要考虑曲线左右股钢轨偏载造成的钢轨不均匀磨耗。新建高速铁路、城际铁路曲线超高设置应根据通过曲线的最高、最低列车速度，优先考虑本线直通列车的旅客舒适度要求，兼顾低于本线运行速度的跨线列车和中间站进出站列车的旅客舒适度要求；新建客货共线铁路曲线超高设置应根据通过曲线的客、货列车运行速度，综合考虑旅客舒适性和货物列车对钢轨磨耗的影响；新建重载铁路曲线超高设置应根据通过曲线的客、货列运行速度，优先考虑货物列车对钢轨磨耗的影响，兼顾旅客舒适度要求。无砟轨道地段初期开通速度与设计预留速度不一致时，曲线超高应按设计预留速度进行设置。

按式(2-5)计算出的超高值，应取 5mm 的整数倍，作为超高的计算值。经过一段时间的运营后，可根据实际运营状态予以调整。

改建铁路可根据每昼夜各类列车次数、列车质量和实测列车速度,计算确定均方根速度,曲线超高应按均方根速度进行计算并设置。均方根速度的计算公式为:

$$v_j = \sqrt{\frac{N_1 G_1 v_1^2 + N_2 G_2 v_2^2 + \cdots + N_n G_n v_n^2}{N_1 G_1 + N_2 G_2 + \cdots + N_n G_n}} = \sqrt{\frac{\sum N_i G_i v_i^2}{\sum N_i G_i}} \tag{2-6}$$

式中:N_i——一昼夜各类列车次数(列/d);

G_i——各类列数质量(t);

v_i——实测各类列车速度(km/h)。

(二)保证旅客舒适度

对实际曲线来说,曲线实设超高 h,是根据平均速度 v_j 得到的,曲线实际超高一旦设置,即为固定值,而通过曲线的各种列车速度是不相同。所以设置的超高不可能适应每一列列车,使所产生的离心力完全得到平衡,因而对每一列列车而言,普遍存在过超高或欠超高的现象。过超高时产生未被平衡的向心加速度,欠超高时产生未被平衡的离心加速度。

当速度比 v_j 低的列车通过曲线时,产生的离心力小于设置超高后所提供的向心力,说明超高过大(此超高值称为过超高),从而导致内轨承受偏载和旅客不适。

1. 未被平衡超高与旅客舒适度

"旅客舒适度"广义是指车辆里旅客在生理上和心理上感知的舒适程度,它与车辆运动状态、车厢内外环境、座位条件和旅客的身体素质等有关。而未被平衡超高的影响,是与车辆运动状态有关的主要一项。根据一些试验,感觉舒适程度因人而异,未被平衡超高与舒适度的关系,见表2-1。

未被平衡的超高与舒适度的关系   表2-1

未被平衡超高(mm)	未被平衡加速度(m/s²)	多数旅客的舒适程度
60	0.40	无感觉
75	0.50	有感觉,能适应
90	0.60	感觉有横向力,比较容易克服
110	0.73	明显感觉有横向力,尚能克服
130	0.87	感觉有较大横向力,需保持平衡,行走困难
150	1.00	感觉有很大横向力,站立不稳,不能行走

试验研究表明,人体能长时间承受横向加速度的极限值为 1.0m/s^2。因此,建议舒适性允许的最大未被平衡超高 $\Delta h_{\max}$ 取 150mm。

欠超高和过超高统称为未被平衡的超高。未被平衡的超高使得内外轨道承受偏载,引起内外轨不均匀磨耗,影响旅客舒适度;过大的未被平衡超高还可能导致列车倾覆,应予以限制。我国《普速铁路线路修理规则》采用未被平衡的超高来表示未被平衡的离心加速度的限制。

当超高计算出后时,未被平衡的欠超高和过超高可通过下式计算:

$$h_q = 11.8 \frac{v_{\max}^2}{R} - h \leq [h_q] \tag{2-7}$$

$$h_g = h - 11.8\frac{v_h^2}{R} \leq [h_g] \tag{2-8}$$

式中：h——实设超高(mm)；
　　　h_q——未被平衡欠超高(mm)；
　　　h_g——未被平衡过超高(mm)；
　　　v_{max}——客车最高速度(km/h)；
　　　v_h——货物列车平均行车速度(km/h)；
　　　$[h_q]$——允许欠超高(mm)；
　　　$[h_g]$——允许过超高(mm)。

最大允许未被平衡超高由以下各项条件决定：
(1)通过曲线时的旅客舒适度；
(2)通过曲线时,离心力及风力等使车辆向外倾覆的安全性；
(3)养护维修的要求。

《普速铁路线路修理规则》规定：未被平衡欠超高不应大于 75mm，困难情况下不应大于 90mm，但允许速度大于 120km/h 线路个别特殊情况下已设置的 90(不含)~110mm 的欠超高可暂时保留，但应逐步改造；未被平衡过超高不应大于 30mm，困难情况下不应大于 50mm，允许速度大于 160km/h 线路的个别特殊情况下不应大于 70mm。实设超高在满足上述条件下，货物列车较多时，宜减小 h_g，旅客列车较多时宜减小 h_q。高速铁路和城际铁路曲线欠超高、过超高允许值见表 2-2。

高速铁路和城际铁路曲线欠超高、过超高允许值(mm)　　　表 2-2

铁路等级	欠超高			过超高		
	优秀	良好	一般	优秀	良好	一般
高速铁路	40	60	90	40	60	90
城际铁路	40	80	110	40	80	110

高速、城际铁路中高、低速列车共线运行在某一半径的曲线上，按高、低速旅客列车均衡速度计算的超高值与按均方根速度确定的实设超高值，往往有差值 Δh，由此造成列车实际运行中高速列车产生欠超高 h_q、低速列车产生过超高 h_g。故在确定设计超高时，需满足 $[h_q + h_g] \leq [h_q] + [h_g]$，以保证规定的舒适度要求，并且要考虑为适应实际运营中列车运行条件变化而预留一定超高调整幅度 Δh。《铁路线路设计规范》(TB 10098—2017) 中采用的欠、过超高之和允许值见表 2-3。

欠、过超高之和允许值　　　表 2-3

舒适度条件	优秀	良好	一般
欠、过超高之和允许值 $[h_q + h_g]$	100	140	180

同样，在确定设计超高时，对于高速列车运行时设计超高和欠超高之和的允许值，应满足 $[h + h_g] \leq [h] + [h_g]$；参考国外高速铁路上的 $[h + h_g]$ 取值情况，采用的设计超高与欠超高之和的允许值见表 2-4。

设计超高与欠超高之和允许值　　表2-4

设计超高与欠超高之和允许值$[h+h_g]$	舒适度条件	优秀	良好	一般
	高速铁路 有砟轨道	200	220	250
	高速铁路 无砟轨道	210	235	265
	城际铁路	180	210	240

2. 保证行车安全性

在曲线上设置的最大超高必须有所限制。如设置的超高过大,当列车以低速运行时,会产生过大的未被平衡向心加速度,列车的重量偏压在内股钢轨上,会加剧内股钢轨的磨耗和压宽。如在曲线上停车,车体向内侧倾斜量也大,易滚易滑的货车可能产生位移,以致造成偏载,对行车安全不利,极端情况下可能造成列车的倾覆。因此,为保证行车安全,必须限制外轨超高的最大值。

设曲线外轨最大超高值为h_{max},与之相适应的行车速度为v,产生的离心力为F,车辆的重力为G,F与G的合力为R,它通过轨道中心点O,如图2-2所示。当某一车辆以$v_1<v$的速度通过该曲线时,相应的离心力为F_1,F_1与G的合力为R_1,其与轨面连线的交点为O_1,偏离轨道中心距离为e,随e值的增大,车辆在曲线运行的稳定性降低,其稳定程度可采用稳定系数n表示。

令

$$n = \frac{S}{2e} \quad (2-9)$$

当$e=0$时,$n=\infty$,车辆处于绝对稳定状态;

当$n=1$,即$e=\frac{S}{2}$时,R_1指向内轨断面中心线属于临界状态;

当$n<1$,即$e>\frac{S}{2}$时,车辆丧失稳定而倾覆;

当$n>1$,即$e<\frac{S}{2}$时,车辆处于稳定状态,n值越大,稳定性越好。

由以上分析可知,e值与未被平衡的超高Δh存在一定的关系,由图2-2可知,过超高三角形$\triangle BAA'$与力三角形$\triangle COO_1$有以下近似关系:

$$\frac{OO_1}{OC} = \frac{AA'}{S}$$

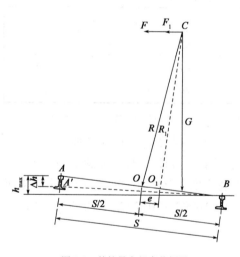

图2-2　外轨最大超高分析图

设车辆重心至轨面的高度为H,则上式可变换为:

$$e = \frac{H}{S}\Delta h \quad (2-10)$$

式中:e——合力偏心距;

H——车体重心至轨面高度,火车为 2220mm(25t 轴重 C80、C80H 重车重心高 1997mm, C80A、C80AH 重车重心高 2000mm,C80B、C80BH 重车重心高 2126mm),客车为 2057.5mm,动车组约为 1800mm;

Δh——未被平衡超高值;

S——两轨头中心线距离。

将式(2-10)代入式(2-9),得:

$$n = \frac{S^2}{2H \cdot \Delta h} \tag{2-11}$$

一般情况下,为保证行车安全,n 值不应小于 3。当列车在曲线上停车时,其外轨超高全是过超高,在这种情况下应使稳定系数 $n \geq 3$,求得容许设置的最大超高($h_{\max} = \Delta h$)。

高速铁路各种超高参数标准依据舒适度条件确定,并考虑轨道结构特点合理选用,最大设计超高允许值 $[h]$ 主要取决于列车在曲线上停车时的安全、稳定和旅客乘坐舒适度要求。根据中国铁道科学研究院 1980 年的试验研究,当列车停在超高为 200mm 及以上的曲线上时,部分旅客感到站立不稳、行走困难且有头晕不适之感。国外高速铁路的最大超高一般在 170～200mm。

全面考虑列车安全和舒适等因素,规定铁路最大、最小设计超高值见表 2-5。

铁路最大、最小设计超高值(mm)　　　　　表 2-5

项　　目		最　大　值	最　小　值
无砟轨道		175	15
有砟轨道	一般情况下	150	
	客货共线铁路单线地段	125	

3. 未被平衡超高与未被平衡加速度

超高表达式 $h = \frac{Sv^2}{gR} = \frac{1500}{9.8} \cdot \frac{v^2}{R} = 153 \cdot \frac{v^2}{R}$,当通过曲线的列车速度为 v 时,该曲线应设置的超高 h 与列车通过曲线时所产生的离心加速度 $a = \frac{v^2}{R}$ 乘一常数(153)的结果相等,即:

$$h = 153a, \quad a = \frac{h}{153} \approx \frac{h}{150} \tag{2-12}$$

由上式得知,当 $h = 150$mm 时,$a = 1\text{m/s}^2$。即大约 150mm 的超高与列车通过曲线时产生 1.0m/s² 的离心加速度相平衡,即每 15mm 的欠超高或过超高相当于存在未被平衡离心或向心加速度 0.1m/s²。

上述分析是在假设列车为一刚体质点的条件下进行的,没有考虑机车车辆的弹簧装置对未被平衡加速度的附加作用。实际上,当存在过超高,列车通过曲线时,车辆内侧弹簧被压缩,相当于增大了未被平衡离心加速度;当存在欠超高时车体外侧弹簧压缩,相当于增大了未被平衡离心加速度。所以,实际的未被平衡加速度 a_k 为:

$$a_k = (1 + k)a \tag{2-13}$$

式中:k——弹簧系数,经测试,一般取 0.2 左右。

三、曲线轨道上的超高限速

曲线轨道外轨超高按平均速度计算设置后,除行车条件有较大变化需要调整外,一般是固定的。在既定的超高条件下,通过该曲线的列车最高速度必定受到未被平衡的容许超高[Δh]的限制。其最高行车速度 $v_{\max}$ 应为:

$$v_{\max} = \sqrt{\frac{(h + h_q)R}{11.8}} \tag{2-14}$$

式中:$v_{\max}$——最高行车速度(km/h);
　　　h——按平均速度计算并取整的曲线实设超高值(mm);
　　　h_q——未被平衡的容许欠超高(mm);
　　　R——曲线半径(m)。

同样,曲线上最低行车速度也受到限制,即:

$$v_{\min} = \sqrt{\frac{(h - h_g)R}{11.8}} \tag{2-15}$$

式中:$v_{\min}$——最低行车速度(km/h);
　　　h_g——未被平衡的容许过超高(mm)。

四、外轨超高顺坡

在曲线外股设置一定数量的超高,需要通过一段半径渐变的曲线顺到直线上,不至于使离心力突然产生或突然消失。在一个缓和曲线上,若超高顺坡不在整个缓和曲线内完成,超高进入直线段,会引起轨道不平顺;若顺入圆曲线,会引起超高不足。因此,应在整个缓和曲线范围内完成超高顺接。

新建铁路外轨超高应在缓和曲线全长范围内递减顺接,超高顺坡率最大值应符合表 2-6 的规定,且不应大于 2‰。

超高顺坡率最大值　　　　　　　　　表 2-6

铁 路 等 级	一 般 条 件	困 难 条 件
高速铁路	$1/(10v_{\max})$	$1/(9v_{\max})$
城际铁路	$1/(10v_{\max})$	$1/(8v_{\max})$
客货共线铁路	$1/(10v_{\max})$	$1/(9v_{\max})$
重载铁路	$1/(9v_{\max})$	$1/(7v_{\max})$

注:客货共线铁路设计时速为 80km 及以下时,超高顺坡率最大值,一般条件取 $1/(9v_{\max})$,困难条件取 $1/(8v_{\max})$。

改建铁路外轨超高宜在缓和曲线全长内递减顺接。特殊困难条件下,保留复曲线时应在正矢递减范围内,从较大超高向较小超高均匀顺坡。

任务二　小半径曲线轨距加宽设置

机车车辆进入曲线轨道时,仍然保持了其原有行驶方向的惯性,只是受到外轨的引导作用方才沿着曲线轨道行驶。具有一定固定轴距的机车车辆走行部在曲线上运行时,转向架的纵向中心线与曲线轨道中心线不一致,引起转向架前一轮对外侧车轮轮缘和后一轮对的内侧车轮轮缘挤压钢轨,增加走行阻力。设计中要尽量采用较大半径的曲线,当既有线改建困难或站场线路中采用小半径曲线时,为使机车车辆顺利通过曲线而不致被楔住或挤开轨道,尽量减少轮轨间的横向水平力,减少轮轨磨耗和轨道变形,轨距要适当加宽。加宽轨距的方法,是将曲线轨道内轨向曲线中心方向移动,曲线外轨的位置则保持与轨道中心半个轨距的距离不变。曲线轨道的加宽值与机车车辆转向架在曲线上的几何位置有关。

一、转向架的内接形式

由于轮轨游间的存在,机车车辆的车架或转向架与曲线轨道之间可以有不同的内接形式。随着轨距大小的不同,机车车辆转向架在曲线上可以出现四种内接形式。

(1) 斜接。机车车辆车架或转向架的外侧最前位车轮轮缘与外轨作用边接触,内侧最后位车轮轮缘与内轨作用边接触,如图 2-3a) 所示。

(2) 自由内接。机车车辆车架或转向架的外侧最前位车轮轮缘与外轨作用边接触,其他车轮轮缘与钢轨无接触地在轨道上自由行驶,如图 2-3b) 所示。

(3) 楔形内接。机车车辆车架或转向架的最前位和最后位的外侧车轮轮缘同时与外轨作用边接触,内侧中间车轮(轴为奇数时)或最靠近中间的两车轮(轴数为偶数时)轮缘与内轨作用边接触,车轮被楔住在两轨之间,不仅行车阻力大,甚至可能把轨道挤开,如图 2-3c) 所示。

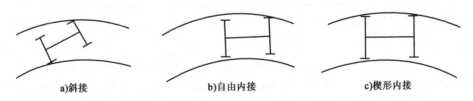

图 2-3　机车车辆通过曲线的内接形式

(4) 正常强制内接。为避免机车车辆以楔形内接形式通过曲线,对楔形内接所需轨距增加一半的游间值,此时转向架在曲线轨道上,称为正常强制内接。

二、曲线轨距加宽的确定原则和方法

根据运营经验自由内接最有利,但机车车辆的固定轴距长短不一,不能全部满足自由内接。为此,确定轨距加宽必须满足如下原则:

(1) 保证占列车大多数的车辆能以自由内接形式通过曲线;
(2) 保证固定轴距较长的机车通过曲线时,不出现楔形内接,但允许以正常强制内接形式通过；

(3) 保证车轮不掉道，即最大轨距不超过容许限度。

因此，确定轨距加宽的方法，首先根据车辆条件确定轨距加宽，然后机车条件检算轨距加宽。通过计算得知，对于半径为 295m 及以上的曲线轨道，轨距无须加宽，机车车辆就可以顺利通过曲线；但通过 295m 以下半径的曲线轨道时，轨距需要加宽。

三、曲线轨道的最大允许轨距

曲线轨道的最大允许轨距，应切实保障行车安全，不使其掉道。在最不利情况下，当轮对的一个车辆轮缘紧贴一股钢轨时，另一个车轮踏面与钢轨的接触点即为车轮踏面的变坡点，如图 2-4 所示。

考虑到轨距的容许偏差不得超过 6mm，所以曲线轨道的最大容许轨距应为 1450mm，即最大允许加宽 15mm。

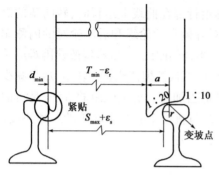

图 2-4 曲线轨道的最大允许轨距

四、曲线轨距加宽标准

根据铁道部运输局《关于对<铁路技术管理规程>第 40 条进行修改的请示》（运基签〔2010〕62 号），对曲线轨距加宽标准进行了修改，采用新的曲线轨距加宽标准（简称新标准），见表 2-7。

曲线轨距加宽值　　　　　　　　　　　　　表 2-7

曲线半径 R(m)	加宽值(mm)	曲线半径 R(m)	加宽值(mm)
$R \geq 295$	0	$245 > R \geq 195$	10
$295 > R \geq 245$	5	$R < 195$	15

新标准缩小了需加宽轨距的曲线半径，克服了轮对游间过大的缺点，提高了旅客列车的舒适度；结合最大线间距 5m 进行考虑，同心圆曲线半径最大差为 5m，将曲线加宽对应的半径统一为 5m 的整数倍，避免了同一位置两条曲线可能出现不同加宽值的情况，有利于加宽值的设置，方便了技术管理；同时在原来加宽值 5mm 和 15mm 两档的基础上，增加了 10mm 一档，使加宽值合理递增，方便了曲线钢轨磨耗后对轨距的调整，有利于提高养护维修质量。既有曲线轨距加宽值不符合新标准规定时，应有计划地进行改造。表 2-7 中涉及 195m 以下小曲线半径，主要适用于既有线改建困难仍沿用小半径曲线时或站场内的 9 号道岔中。

五、曲线轨距加宽递减

由于对小半径曲线的轨距进行了加宽，因此，在加宽的曲线轨距和直线轨距之间，需要有一定的过渡段，使轨距递减均匀，能保持较好的轨向。

(1) 曲线轨距加宽应在整个缓和曲线内递减，使其与超高顺坡和正矢递减同步。如无缓和曲线，则应在直线上递减，递减率一般不得大于 1‰，如图 2-5 所示。

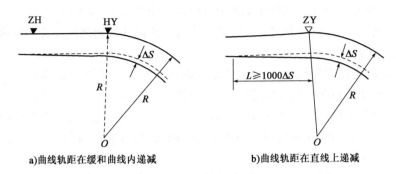

a) 曲线轨距在缓和曲线内递减　　　　b) 曲线轨距在直线上递减

图 2-5　曲线轨距递减

（2）复曲线应在正矢递减范围内，从较大轨距加宽向较小轨距加宽均匀递减，如图 2-6 所示。

（3）两曲线轨距加宽按 1‰ 递减，其终点间的直线长度应不短于 10m。不足 10m 时，如直线部分的两轨距加宽值相等，则直线部分保留相等的加宽；如不相等，则直线部分从较大轨距加宽向较小轨距加宽均匀递减，如图 2-7 所示。

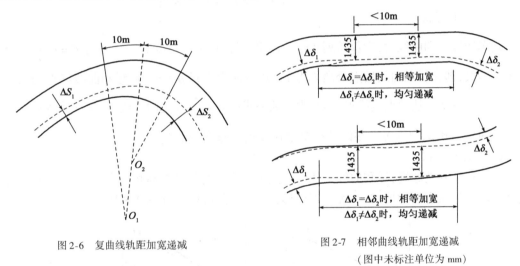

图 2-6　复曲线轨距加宽递减　　　　图 2-7　相邻曲线轨距加宽递减

（图中未标注单位为 mm）

在困难条件下，站线上的轨距加宽允许按 2‰ 递减。

（4）特殊条件下的轨距加宽递减，铁路公司可根据具体情况规定，但不得大于 2‰。

"特殊条件下的轨距加宽递减"既有设备条件特殊。未经改造前不能按前三项的规定进行轨距加宽递减，但也不得大于 2‰。

任务三　缓 和 曲 线

一、缓和曲线的作用及其几何特征

机车车辆行驶于曲线轨道时，出现一些与直线运行显著不同的受力特征，如离心力，外轨超高不连续形成的冲击力等。当机车车辆由直线运行至曲线时,为使上述诸力不致突然产生和消失,以保持列车曲线运行的平稳性,需要在直线与圆曲线轨道之间设置一段曲率半径逐渐变化的曲线,称之为缓和曲线。

圆曲线上的轨道设有外轨超高,而直线地段轨道无超高。外轨超高需要在一段相当长的距离来顺坡,而超高与曲线半径要相适应,否则钢轨磨耗不均匀,旅客产生不舒适。所以,在超高顺坡范围内,即直线和圆曲线之间设置缓和曲线,使外轨超高能随缓和曲线的曲率半径减小而增大。另外,当缓和曲线连接设有轨距加宽的圆曲线时,缓和曲线的轨距呈线性变化,在其上完成轨距加宽递减。

缓和曲线是一条曲率和超高均逐渐变化的三维空间曲线,可从平面和立面两方面加以描述。在设置上,要求缓和曲线不能与竖曲线重合。

二、缓和曲线线型要求

根据缓和曲线的设置目的,缓和曲线的线型应符合如下要求。

(一)平面形状

列车经过缓和曲线时,为保持列车运行的平稳性,应使车体受到的离心力 $F = m\dfrac{v^2}{\rho}$ 不突然产生和消失,即在缓和曲线始点处离心力 $F = 0$ 或曲率半径 $\rho = \infty$;在缓和曲线终点处离心力 $F = m\dfrac{v^2}{R}$ 或 $\rho = R$。从始点至终点,离心力和曲率半径是连续变化的。因此,缓和曲线在平面上是一条曲率半径 ρ,由无穷大逐渐减小至半径 R 的一条变径曲线。

(二)立面形状

由于存在外轨超高,缓和曲线上任何一点的曲率应与外轨超高相配合。在纵断面上,外轨超高顺坡的形状有两种形式,一种是直线形,另一种是曲线形,如图2-8所示。

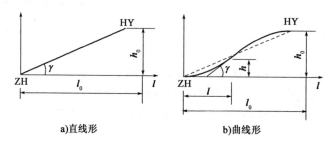

图2-8 超高顺坡

直线形超高顺坡在 ZH、HY 点处,存在折角,列车经过时,对外轨都会产生冲击。行车速度不高、超高顺坡相对平缓时,列车对外轨的冲击不大,可以采用直线形顺坡。直线形顺坡的缓和曲线,在始点处 $\rho = \infty$;终点处 $\rho = R$,即可满足曲率与超高相配合的要求。

当行车速度较高时,为了消除列车对外轨的冲击作用,应采用曲线形超高顺坡。其几何特征是缓和曲线始点及终点处的超高顺坡倾角 $\gamma = 0$。

另外,由于超高的存在,列车在缓和曲线上运动时,其车轴与水平面倾斜角 ψ 不断变化,即车体发生侧滚。要使钢轨对车体倾转的作用力不突然产生和消失,在缓和曲线始、终点应使倾转的角加速度为零,即 $\dfrac{d^2\psi}{dt^2}=0$;在缓和曲线始、终点之间 $\dfrac{d^2\psi}{dt^2}$ 应连续变化。

三、缓和曲线线型

满足直线形超高顺坡的缓和曲线线型是放射螺旋线,为计算简便,常采用近似的三次抛物线,方程式如下。

$$y = \dfrac{x^3}{6Rl_0} \tag{2-16}$$

该方程是我国铁路常采用的缓和曲线方程式,故称为常用缓和曲线。

采用曲线形超高顺坡的缓和曲线称为高次缓和曲线,缓和曲线上各点,包括始、终点都是光滑连续的,适合高速行车。国内外可用于高速铁路的高次缓和曲线有七次式、半波正弦形、全波正弦形等。

《铁路线路设计规范》(TB 10098—2017)普速铁路采用直线形顺坡、三次抛物线的缓和曲线线型。另外根据研究报告,考虑到三次抛物线线型简单、设计方便,平立面有效长度长,现场运用、养护经验丰富等特点,高速铁路仍以三次抛物线缓和曲线为首选线型。

四、缓和曲线的长度

缓和曲线长度是高速铁路线路平面设计的主要参数之一。为保证列车运行的安全和旅客乘坐舒适度的要求,缓和曲线应有足够的长度。但过长的缓和曲线将影响平面选线和纵断面设计的灵活性,引起工程投资增大。因此,缓和曲线长度的选择应因地制宜、从长到短、合理选用。

缓和曲线长度的计算,取决于超高顺坡率允许值、未被平衡的横向加速度时变率允许值(欠超高时变率允许值)、车体倾斜角速度允许值(超高时变率允许值)等相关参数的取值。

满足脱轨安全要求(超高顺坡率允许值)的缓和曲线长如下。

机车车辆行驶在缓和曲线上,若不计轨道弹性和车辆弹簧作用,则转向架一端的两车轮贴着钢轨顶面;另一端的两车轮,在外轨上的车轮贴着钢轨顶面,而在内轨上的车轮是悬空的,如图 2-9 所示。

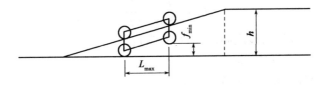

图 2-9 转向架上四个车轮在轨道上可能形成的三点支承

为保证行车安全,应使车轮轮缘不爬越内轨顶面。设外轨超高顺坡率为 i_0,最大固定轴距为 L_{max},则车轮离开内轨顶面的高度为 $i_0 L_{max}$。当悬空高度大于轮缘最小高度 f_{min} 时,车轮就有脱轨的危险,因此必须保证:

$$i_0 L_{\max} \leqslant f_{\min}$$

即外轨超高顺坡率为：

$$i_0 \leqslant \frac{f_{\min}}{L_{\max}} \tag{2-17}$$

其中，超高顺坡率允许值受车辆脱轨安全性的控制，根据我国铁路运营机车、车辆的基本参数，现行有关规范规定最大超高顺坡率（$i_{\max}$）不大于 2‰即 1/500。因此对于超高按线性变化的三次抛物线缓和曲线，由车辆脱轨安全性因素决定的缓和曲线长度为：

$$L_1 \geqslant \frac{h}{i_{\max}} = 0.5h \quad (\text{m}) \tag{2-18}$$

由上式不难看出，对于缓和曲线普遍较长的高速铁路，按脱轨安全要求计算的缓和曲线长度显然不起控制作用，故设计高速铁路缓和曲线长度主要考虑以下两个条件。

（1）乘坐舒适度允许的未被平衡横向加速度时变率（欠超高时变率允许值）要求的缓和曲线长度

根据允许未被平衡的横向加速度变化率（欠超高时变率）的要求，有：

$$\beta = \frac{h_q}{t} = h_q \Big/ \frac{3.6 L_2}{v_G} = \frac{v_G h_q}{3.6 L_2} \leqslant [\beta]$$

所以缓和曲线长度应满足：

$$L_2 \leqslant \frac{v_G}{3.6} \cdot \frac{h_q}{[\beta]} \tag{2-19}$$

式中：v_G——设计速度（或该曲线限制速度）（km/h）；

$[\beta]$——欠超高时变率允许值（mm/s）；

h_q——圆曲线设计欠超高（mm）。

欠超高时变率 β，高速铁路取 23mm/s、38mm/s，客货共线铁路取 40mm/s、45mm/s、52.5mm/s，城际铁路取 23mm/s、38mm/s。

（2）乘坐舒适度允许的车体倾斜角速度（超高时变率）要求的缓和曲线长度

行驶在缓和曲线的列车，沿外轨滚动的车轮逐渐升高（或降低）。为满足旅客舒适度条件，这个外轮升高的速度（或称为超高时变率）应不超过某一规定值，即

$$f = \frac{h}{t} = \frac{h}{L_3(v_G/3.6)} = \frac{v_G h}{3.6 L_3} \leqslant [f]$$

所以缓和曲线长度应满足：

$$L_3 \leqslant \frac{v_G}{3.6} \cdot \frac{h}{[f]} \tag{2-20}$$

式中：v_G——设计速度（或该曲线限制速度）（km/h）；

$[f]$——超高时变率允许值（mm/s）；

h——圆曲线设计欠超高（mm）。

超高时变率 f，高速铁路取 25mm/s、28mm/s、31mm/s；客货共线铁路取 28mm/s、32mm/s、36mm/s；城际铁路取 28mm/s、35mm/s；重载铁路取 28mm/s、36mm/s。《地铁设计规范》（GB 50157—2013）取 40mm/s。

设计缓和曲线长度上式中之大值，并取整为 10m 的整数倍。经计算分析，多以式（2-20）

计算的 L_3 控制缓和曲线长度值。

《铁路线路设计规范》(TB 10098—2017)对各类型线路的缓和曲线取值要求:高速铁路根据设计速度、曲线半径和地形条件合理选用缓和曲线长度;城际铁路根据设计速度、曲线半径和工程条件合理选用缓和曲线长度;客货共线铁路、重载铁路缓和曲线长度不得小于规范规定的具体值。

任务四 缩短轨的配置

线路上两股钢轨的接头应采用相对式,曲线上由于外股轨线要比里股轨线长一些,所以若里外股均铺设标准长度的钢轨,里股钢轨接头必然比外股钢轨接头超前。为了满足接头对接要求,在曲线里股应铺设缩短轨,因此需要进行缩短轨计算。厂制缩短轨中,12.5m 标准轨缩短量有 40mm、80mm、120mm 三种,25m 标准轨缩短量有 40mm、80mm、160mm 三种。

一、确定缩短轨类型

曲线布置缩短轨类型时,缩短轨的长度可参照下式确定:

$$L_0 \leq L\left(1 - \frac{S_1}{R}\right) \tag{2-21}$$

式中:L_0——标准缩短轨长度(m),按计算结果选用缩短量较小的缩短轨;
  L——标准钢轨长度(m),25m 或 12.5m;
  S_1——两股钢轨中心距离(m),一般取 1.5m;
  R——曲线半径(m)。

另外,还可以根据半径 R,参照表 2-8 选用。

标准缩短轨选择参照表   表 2-8

曲线半径 (m)	25m 钢轨		12.5m 钢轨	
	缩短轨长(m)	缩短量(mm)	缩短轨长(m)	缩短量(mm)
1000~4000	24.96	40	12.46	40
	24.92	80		
500~800	24.92	80	12.46	40
	24.84	160		
250~450	24.84	160	12.42	80
200	—	—	12.38	120

注:1. 按表列缩短量宜选用较小的一种。
  2. 为了不影响直线接头质量,允许在曲线尾部按实际情况插入个别相应的缩短轨。

曲线上内外两股钢轨接头的相错量,在正线和到发线上,容许为 40mm 加所用缩短轨缩短量的一半;在其他站线、次要线和使用非标准长度钢轨的线路上,容许再增加 20mm。

二、确定缩短轨根数

（一）确定曲线内股轨线缩短量

圆曲线内股轨线的缩短量用 ε_y 表示：

$$\varepsilon_y = \frac{S_1 l_c}{R} \tag{2-22}$$

式中：S_1——两股钢轨中心距离（mm），一般取 1500mm；

l_c、R——圆曲线长度、半径（m）。

缓和曲线内轨缩短量用 ε_H 表示：

$$\varepsilon_H = \frac{S_1 l_0}{2R} \tag{2-23}$$

式中：l_0——一端缓和曲线长度（m）。

如果两端缓和曲线长度不等，则按上式分别计算缩短量；复心曲线根据不同半径分别进行计算。

则整个曲线（包括一条圆曲线和两条缓和曲线）的总缩短量为：

$$\varepsilon_\text{总} = \varepsilon_y + 2\varepsilon_H = \frac{S_1 l_c}{R} + 2\frac{S_1 l_0}{2R} = \frac{S_1(l_c + l_0)}{R} \tag{2-24}$$

（二）确定缩短轨根数

计算出总缩短量后，若选用缩短量为 K 的缩短轨，则可求出整个曲线上所需的缩短轨根数 N：

$$N = \frac{\varepsilon_\text{总}}{K} \tag{2-25}$$

而外股轨线所需标准轨的根数 N_0 为：

$$N_0 = \frac{2l_0 + l_c}{L + \delta} \tag{2-26}$$

式中：δ——轨缝。

N 应按四舍五入取整，且不能大于外股轨线上铺设的标准轨根数 N_0，即：

$$N \leq N_0$$

否则，应改用缩短量更大的缩短轨。

三、配置新线缩短轨

在新线铺轨或线路大修组装轨排工程中，只能通过计算来配置缩短轨。为此，必须逐根计算里、外股轨线接头的错开量，按规定的容许错开量，安排缩短轨。考虑到缓和曲线和圆曲线缩短量计算不同，需分段计算，每个接头累积缩短量计算如下：

（1）第一缓和曲线（ZH～HY）：将坐标原点置于 ZH 点，则任一接头处里股轨线累积缩短量为：

$$\varepsilon = \frac{1500 l^2}{2R l_0} \quad (\text{mm}) \tag{2-27}$$

式中：l——第一缓和曲线上任一接头至缓和曲线起点 ZH 点的距离(m)。

(2)圆曲线(HY～YH)：坐标原点仍在 ZH 点，则任一接头处里股轨线累积缩短量为：

$$\varepsilon = \frac{1500 l_0}{2R} + \frac{1500 l}{R} \quad (\text{mm}) \tag{2-28}$$

式中：l——圆曲线上钢轨接头距圆曲线起点 HY 点的距离(m)。

(3)第二条缓和曲线(YH～HZ)：坐标原点置于缓和曲线终点 HZ 点，计算出每个钢轨接头的里股轨线缩短量，再由总缩短量减去该值，则得该钢轨接头至缓和曲线起点 ZH 的里股轨线累积缩短量为：

$$\varepsilon = \varepsilon_{\text{总}} - \frac{1500 l^2}{2R l_0} \quad (\text{mm}) \tag{2-29}$$

式中：l——第二缓和曲线上任一钢轨接头至缓和曲线终点 HZ 的距离(m)。

这样，即可从曲线始点开始，计算外股轨线每一钢轨接头处里股应有的累积缩短量。当曲线里股铺设缩短轨产生的实际缩短量小于计算所得应有缩短量，且差值大于所用缩短轨缩短量的一半时，就应该在该处布置一根缩短轨。每个接头计算累积缩短量与实际累积缩短量之差为接头错开量，接头错距不大于缩短轨缩短量的一半。

利用表格计算，如例题 2-1 所示。

【例题 2-1】 某曲线，圆曲线半径 $R = 1000$m，圆曲线长度为 $l_c = 130.87$m，两端缓和曲线各长 $l_0 = 80$m，铺设标准轨长度 $L = 25$m，直线段顺序铺设的最后一根钢轨进入缓和曲线的长度为 7.5m，试进行配轨计算。

解：

(1)确定缩短轨类型

$$L_0 \leqslant L\left(1 - \frac{S_1}{R}\right) = 25\left(1 - \frac{1.5}{1000}\right) = 24.9625(\text{m})$$

选用 $L_0 = 24.96$m 的缩短轨，即 $K = 40$mm。

(2)确定曲线内股轨线的总缩短量

$$\varepsilon_{\text{总}} = \frac{S_1(l_c + l_0)}{R} = \frac{1500 \times (130.87 + 80)}{1000} = 316(\text{mm})$$

(3)确定缩短轨根数

$$N = \frac{\varepsilon_{\text{总}}}{K} = \frac{316}{40} = 7.9(\text{根})，采用 8 根。$$

外股轨线所需标准轨的根数(预留轨缝按 8mm 计算)为：

$$N_0 = \frac{2l_0 + l_c}{L + \delta} = \frac{2 \times 80 + 130.87}{25 + 0.008} = 11.6(\text{根}) > N$$

说明选配的缩短轨类型满足要求。

(4)缩短轨的配置

缩短轨配置用表 2-9 进行计算。

曲线缩短轨配置计算表　　　　　　　　　　　表 2-9

位置	接头编号	钢轨长度含一个轨缝（m）	曲线始点至计算点距离（m）	应有缩短量计算（mm）	判定是否铺缩短轨	钢轨类型	实际缩短量（mm）	接头错开量（mm）
1	2	3	4	5	6	7	8	9
第一缓和曲线	1	7.500	7.500	$\frac{1500}{2\times1000\times80}\times7.5^2 = 0.009375\times7.5^2 = 0.5$	$0.5<\frac{40}{2}$	○	0	+0.5
第一缓和曲线	2	25.008	32.508	$0.009375\times32.508^2=10$	$10-0<20$	○	0	+10
第一缓和曲线	3	25.008	57.516	$0.009375\times57.516^2=31$	$31-0>20$	×	40	-9
圆曲线	4_1	22.484	80.000	$0.009375\times80^2=60$				
圆曲线	4_2	2.524	82.524	$60+\frac{1500}{1000}\times2.524=64$	$64-40>20$	×	80	-16
圆曲线	5	25.008	107.532	$64+1.5\times25.008=101$	$101-80>20$	×	120	-19
圆曲线	6	25.008	132.540	$101+1.5\times25.008=139$	$139-120<20$	○	120	+19
圆曲线	7	25.008	157.548	$101+1.5\times25.008=176$	$176-120>20$	×	160	+16
圆曲线	8	25.008	182.556	$176+1.5\times25.008=214$	$214-160>20$	×	200	+14
圆曲线	9	25.008	207.564	$214+1.5\times25.008=251$	$251-200>20$	×	240	+11
第二缓和曲线	10_1	3.306	210.870	$251+1.5\times3.306=256$	$284-240>20$	×	280	+4
第二缓和曲线	10_2	21.702	232.572 (58.298)	$316-0.009375\times58.298^2=284$				
第二缓和曲线	11	25.008	257.580 (33.290)	$316-0.009375\times33.290^2=306$	$306-280>20$	×	320	-14
第二缓和曲线	12	25.008	282.588 (8.282)	$316-0.009375\times8.282^2=315$	$315-320<20$	○	320	-5

注：第7列中的"○"表示标准轨，"×"表示缩短轨；第9列中的"+"表示内轨接头超前量，"-"表示内轨接头落后量。

本章课后习题

1. 简述曲线外轨超高的目的及其设置方法。
2. 简述外轨超高的计算方法。什么是欠超高和过超高，对其有什么要求？
3. 小半径曲线上为什么要设置轨距加宽，原则是什么，如何设置？
4. 外轨超高的最大值是怎样规定的？怎么计算曲线轨道上的超高限速？
5. 缓和曲线设置的目的是什么？我国常用缓和曲线的线型是哪种？

6. 缓和曲线长度的计算方法是什么？

7. 已知某曲线半径 $R=800$m，缓和曲线长 $l_0=80$m，圆曲线长 $l_c=135.78$m，铺设标准钢轨长度 $L=25$m，直线段顺序铺设的最后一根钢轨进入缓和曲线的长度为 8.5m。试确定缩短轨类型、数量，并布置缩短轨。

项目三 道 岔

知识目标：
1. 了解道岔的种类及作用；
2. 掌握单开道岔的构造及技术特点；
3. 掌握单开道岔各部分尺寸的要求；
4. 掌握我国高速铁路道岔的主要型号及技术特点。

能力目标：
1. 能够判断道岔类型，并画出平面示意图；
2. 能够现场辨认单开道岔的各组成部件，并说出其构造及作用；
3. 能够回答出单开道岔各部分的尺寸要求；
4. 能够说出我国高速铁路道岔的主要型号及技术特点。

任务一 道岔的构造认知

一、道岔的类型

机车车辆在运行过程中，常常需要由一条线路转入另一条线路，或跨越其他线路，我们把两条或两条以上的轨道在平面上进行相互连接或交叉的设备，称为道岔。道岔是铁路轨道的重要组成部分。在车站内大量铺设，用得最多的是普通单开道岔。由于道岔数量多、使用寿命短、限制列车速度、行车安全性低，其与曲线、接头并称为轨道的三大薄弱环节。

根据道岔的用途和构造形式的不同，基本上可分为连接设备、交叉设备和连接与交叉组合设备。铁路轨道常用的线路连接设备有各种类型的单式道岔和复式道岔；交叉设备有直角交叉道岔和菱形交叉道岔；连接与交叉的组合设备有交分道岔和渡线等。

根据用途和平面形状，道岔有如下 5 种标准类型：①普通单开道岔；②双开道岔；③三开道岔；④交分道岔；⑤交叉渡线。

(1) 普通单开道岔，是最简单、最常用的一种道岔，简称单开道岔。将一条线路分为两条，其中主线为直线，侧线为向主线的左侧或右侧分开的道岔，如图 3-1 所示。

(2) 双开道岔：整个道岔对称于主线的中线或辙叉角的中分线，两条线路的曲线半径相同，列车通过时无直向之分，因此两条线运行条件相同，如图 3-2 所示。双开道岔增大导曲线半径，提高侧线通过速度，并可缩短站场长度。

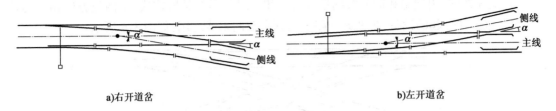

图 3-1　普通单开道岔

（3）三开道岔,是将一个方向通向三个方向的道岔,即将一条线分为三条线的道岔。其中主线为直线,侧线为向左、右侧对称（图 3-3）或不对称分开。三开道岔相当于两组异侧顺接的单开道岔,但其长度却远小于两组单开道岔长度之和;当需要连接的线路较多,而地形又受到限制,不能在主线上连续铺设两个单开道岔时铺设的一种道岔。常用于铁路轮渡桥头引线、驼峰编组场以及地形狭窄又有特殊要求的地段。

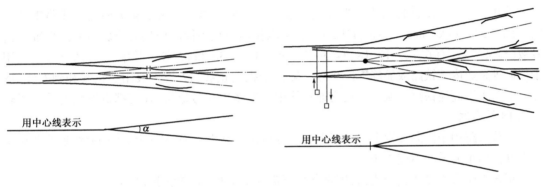

图 3-2　双开对称道岔　　　　　　　图 3-3　三开对称道岔

（4）交分道岔,有单式、复式之分。复式交分道岔是指两直线在平面斜交成菱形交叉（图 3-4）的基础上,增设两组转辙器和两条方向不同的侧线,使列车既可顺交叉轨道直向运行,也可沿曲线转入侧线运行的道岔,如图 3-5 所示。复式交分道岔相当于两组对向铺设的单开道岔,可实现不平行股道的交叉,不但具有道岔长度短、开通进路多及两个主要行车方向均为直线等优点,而且节约用地,提高调车能力并改善列车运行条件。

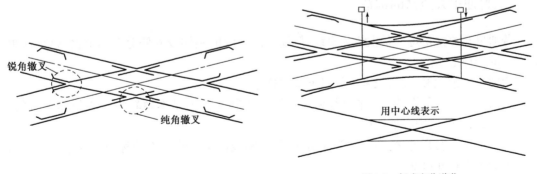

图 3-4　菱形交叉　　　　　　　图 3-5　复式交分道岔

复式交分道岔（图 3-5）可开通 4 个方向,有 4 个辙叉（2 个钝角辙叉、2 个锐角辙叉）。复式交分道岔缩短了线路连接长度,但两钝角辙叉处存在无护轨的有害空间。

(5)交叉渡线:由四组相同号数的单开道岔和一组菱形交叉所构成,是两组方向相反的单渡线交叉重叠在一起的设备,供两条线路上的列车双向串线之用,如图3-6所示。

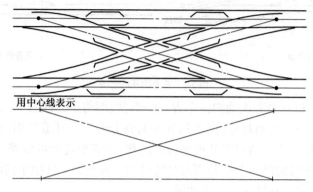

图3-6 交叉渡线

单开道岔一般以它的钢轨每米质量及辙叉号数来分类。道岔钢轨类型应与线路钢轨相同,有75kg/m、60kg/m、50kg/m、43kg/m等类型,钢轨类型不同时应用异型轨过渡。标准道岔号数(辙叉号数)有6、7、9、12、18、24、30、38、39、41、42、50和62等。其中,6、7两个号数仅用于厂矿等企业内部铁路或驼峰❶下,9号一般用于铁路正线,12号一般用于正线和到发线,18号以上多用于高速铁路。城市轨道交通正线中一般多用9号道岔,在首都机场线也采用了较大的18号道岔。

重载铁路用于侧向接发万吨及以上列车的道岔不宜小于18号,正线上的渡线道岔及用于接发其他列车的道岔不应小于12号。

正线不应采用复式交分道岔,困难条件下需要采用时,不应小于12号。

正线跨区间无缝线路及设计速度不小于160km/h的路段,不应采用交叉渡线。路段设计速度小于160km/h时,不宜采用交叉渡线;困难条件下,可采用交叉渡线。

国内铁路道岔按设计年代分类有"55型""57型""62型""75型""92型""提速型""客运专线道岔"等;按速度不同,可以分为客运专线道岔(容许通过速度>250km/h)、提速道岔(容许通过速度120~200km/h)和普通道岔(容许通过速度≤120km/h)。

二、普通单开道岔的构造

普通单开道岔是将一条主线为直线,侧线为向主线的左侧或右侧分开的道岔,是最简单、最常用的一种道岔。

为便于分析理解,我们先来了解以下基本概念。

道岔始端与道岔终端(或称为岔头与岔尾):尖轨尖端前基本轨轨缝中心处称为道岔始端,而辙叉跟端轨缝中心处则称为道岔终端。

左开道岔与右开道岔:站在岔头面向岔尾,凡侧线位于直线左方的称为左开道岔,位于直线右方的称为右开道岔。

---

❶ 驼峰是编组站的主要特征,它是地面上修筑的犹如骆驼峰背形状的小山丘,设计成适当的坡度,上面铺设铁路,利用车辆的重力和驼峰的坡度所产生的位能辅以机车推力来解体列车的一种调车设备,是编组站解体车列的一种主要方法。

顺向过岔与逆向过岔:列车通过道岔时,凡由道岔终端驶向道岔始端,称为顺向通过道岔;反之由始端驶向终端,称为逆向通过道岔。

普通单开道岔由转辙器、辙叉及护轨、连接部分组成,如图3-7所示。8个主要组成部件:转辙器部分的基本轨、尖轨、转辙机械;连接部分的直轨、导曲线轨;辙叉及护轨部分的护轨、翼轨、辙叉心(心轨)。

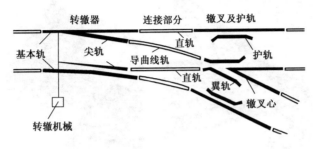

图3-7 普通单开道岔示意图

(一)单开道岔的转辙器

转辙器部分,是指岔头至尖轨跟端的范围,通过将尖轨扳动到不同的位置,引导机车车辆进入直线或侧线运行的线路设备。其由两根基本轨、两根尖轨、各种联结零件及道岔转换设备组成,如图3-8所示。

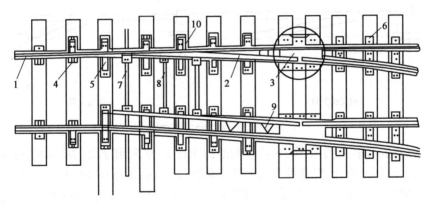

图3-8 转辙器构造

1-基本轨;2-尖轨;3-跟端结构;4-辙前垫板;5-滑床板;6-辙后垫板;7-拉杆;8-连接杆;9-顶铁;10-轨撑

1. 基本轨

基本轨是指直股或侧股中保持道岔基本几何形位的钢轨。基本轨承受车轮的垂直压力并经过垫板将其传递于岔枕外,还与尖轨共同承受车轮的横向推力并保持尖轨位置的稳定。基本轨由标准断面的钢轨制成,主股为直线,侧股按转辙器各部分的轨距在工厂事先弯折成规定的折线型或采用曲线型。为防止基本轨产生横向移动,可在其外侧设置一定数量的轨撑。为增加钢轨表面硬度、提高耐磨性并保持与尖轨良好的密贴状态,基本轨轨头顶面一般还进行淬火处理。

普通道岔中不设轨底坡,在道岔前后2~3根轨枕上实现与区间线路轨底坡的过渡。为改善钢轨的受力条件及行车平稳性,提速及高速铁路道岔中的基本轨设有1:40轨底坡。

2. 尖轨

尖轨，如图3-9所示，是转辙器中的重要部件，依靠尖轨的扳动，引导列车进入直股或侧股线路上。

图3-9 尖轨

(1) 尖轨的平面形状

尖轨在平面上分为直线型和曲线型，如图3-10所示。

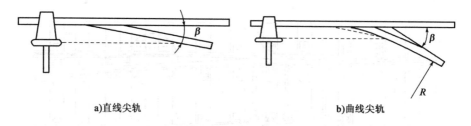

a) 直线尖轨　　　　b) 曲线尖轨

图3-10 直线尖轨与曲线尖轨

直线尖轨制造简单，便于更换，尖轨前端的刨切较少，横向刚度大，尖轨的摆度和跟端轮缘槽较小，可用于左开或右开，但这种尖轨的转辙角较大，列车对尖轨的冲击力大，影响列车运行的平稳性，且尖轨尖端易于磨耗和损伤。我国铁路大部分12号及12号以下的道岔，均采用直线型尖轨。

我国新设计的12号及以上大号码道岔直向尖轨为直线型，侧向尖轨采用曲线型。这种尖轨可减小冲击角，增大导曲线半径，列车进出侧线比较平稳，有利于机车车辆的高速通过。但尖轨制造比较复杂，前端刨切较多，并且左右开不能通用。

(2) 尖轨的断面

尖轨是用与基本轨同类型的标准钢轨或高型特种断面钢轨、矮型特种断面钢轨刨制而成，如图3-11所示。普通断面钢轨制成的尖轨，为了加强尖轨的水平刚度，须在尖轨轨腰两侧增加两块条形补强钢板，其长度应与轨底的刨切长度相同。用特种断面制成的尖轨，其断面面积大、整体性强、刚度大，稳定性比普通断面钢轨好。尖轨与基本轨高度相同的称为高型特种断面尖轨，与基本轨相比较矮者称为矮型特种断面尖轨。特种断面尖轨还有对称与不对称、设轨顶坡和不设轨顶坡之分。

我国广泛采用矮型特种断面尖轨(简称 AT 轨),AT 轨整体性强,刚度大,易于维修,减小了列车过岔时的垂直不平顺,有利于提高过岔速度,同时采用高滑台扣住基本轨轨底,增加基本轨的稳定性和道岔整体性。

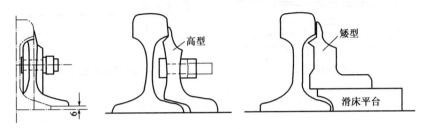

图 3-11　普通断面尖轨和特种断面尖轨(尺寸单位:mm)

特种断面尖轨,无论高型或矮型,都需要将它的跟端加工成普通断面钢轨,这样才能与后面的连接轨用标准的跟端结构相连;否则需要采用特殊的跟端结构。

(3)尖轨的贴靠形式

为使转辙器正确引导列车的行驶方向,尖轨尖端必须与基本轨紧密贴靠。从尖轨尖端开始,尖轨的断面宽度逐渐增大,其非作用边与基本轨作用边应紧密贴合,保证直向尖轨作用边为一直线,侧向尖轨作用边与导曲线作用边为一圆曲线。尖轨与基本轨贴靠的方式有爬坡式(贴尖式)与藏尖式两种,如图 3-12 所示。

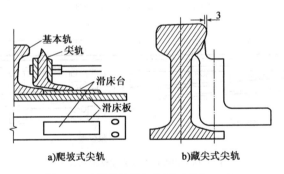

图 3-12　尖轨的贴靠方式(尺寸单位:mm)

当采用普通钢轨刨切尖轨时,一般将头部经过刨切的尖轨置于比基本轨高出 6mm 的滑床板上,使尖轨叠盖在基本轨的轨底,形成爬坡式尖轨。当采用矮型特种断面钢轨加工时,一般在轨头下颚轨距线以下做 1:3 的斜切,使尖轨尖端藏于基本轨的轨距线之下,形成藏尖式结构,保护尖轨尖端不被车轮扎伤,使尖轨在动荷载作用下保持良好的竖向稳定性。

在与尖轨密贴的区段,75 型及其以前各类型道岔尖轨采用爬坡式;92 型及以后设计的道岔尖轨采用藏尖式。

刨切后的尖轨,其顶面高度变化应符合图 3-13。

(4)尖轨跟端结构

尖轨与导曲线连接的一端称为尖轨跟端。尖轨跟端结构必须保证尖轨能根据不同的转辙要求在平面上左右摆动,其具有坚固稳定、制造简单、维修方便的特点。我国道岔主要采用间隔铁鱼尾板式跟端结构和弹性可弯式跟端结构,如图 3-14、图 3-15 所示。

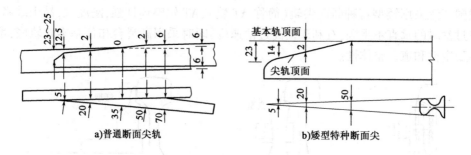

图 3-13　尖轨顶面高度变化示意图(尺寸单位:mm)

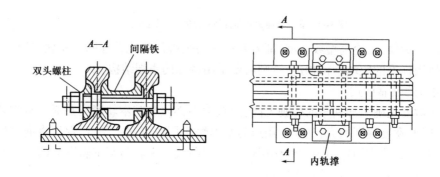

图 3-14　间隔铁鱼尾板式跟端结构

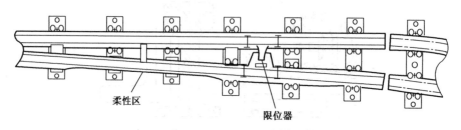

图 3-15　弹性可弯式跟端结构示意图

间隔铁鱼尾板式(也称为活接头)结构主要由大垫板、间隔铁、跟端夹板、跟端轨撑、防爬卡铁及联结螺栓等组成。在钢轨为 75kg/m 类型的道岔中,防爬卡铁已改为内轨撑。这种结构,零件较少、结构简单、尖轨扳动灵活,但稳定性比弹性可弯式差,容易出现病害。

在新设计的 60kg/m 钢轨 12 号道岔及大号码道岔上采用了弹性可弯式跟端结构。尖轨跟端采用普通钢轨接头型式,通过间隔铁或支距垫板保持与基本轨的距离,并利用轨撑或扣件保持跟端位置和稳定性。为减少扳动力,在弹性可弯中心(跟端前 2~3 根轨枕处)AT 轨的一侧或两侧轨底切掉一部分,使轨底与轨头同宽(长度一般 1~2m),形成柔性部位,尖轨即可在较小的扳动力扳动下围绕该点转动和弹性弯曲。弹性可弯式跟端结构结构简单、坚固,易于现场维修保养,如图 3-16 所示。

无缝道岔中,为限制尖轨尖端的伸缩位移,在尖轨跟部的基本轨和尖轨轨腰上可安装一个至数个限位器,如图 3-17 所示。里股伸缩超过限值后,限位器将继续增加的温度力传递给外侧基本轨。

为保证尖轨能够转换到位,通常需设置一定数量的牵引点。尖轨越长,所需要的牵引点数量越多,如 12 号道岔尖轨便设置了两个牵引点,法国 65 号道岔尖轨上设置了六个牵引点。

图 3-16 弹性可弯式跟端结构

图 3-17 限位器

尖轨转换有联动和分动两种型式,联动转换中直曲尖轨通过转辙连杆形成框架结构,并与转辙机相联;分动转换中直曲尖轨分别通过转辙机相连。各牵引点动程近似与其距尖轨跟端的距离成正比。

3. 其他零部件

转辙器上的零部件有滑床板、轨撑、顶铁、各种特殊型式的垫板、道岔拉杆和连接杆、转辙机械等。

(1) 滑床板

在整个尖轨长度范围内的岔枕垫板面,在其上焊有滑床台的垫板,如图 3-18 所示。尖轨放置在滑床板上,与滑床板间无扣件连接,可在形成基本轨内侧扣压、固定基本轨横向位移的同时,为尖轨提供横向扳动时的滑动支撑。滑床板有分开式和不分开式两类。不分开式:用道钉或锚固螺栓将轨撑、滑床板直接与岔枕连接。分开式:轨撑由垂直螺栓先与滑床板连接,再用道钉或锚固螺栓将垫板与岔枕连接。不分开式易于松动,仅用于次要线路,目前干线铁路主要采用分开式的联结型式。

普通道岔中,滑床台扣压尖轨一侧的基本轨轨底;提速道岔中,滑床板通过内设穿销式弹性扣压件对基本轨实施弹性扣压;客运专线道岔中,滑床板通过内设"几"字形弹性扣压件对基本轨实施弹性扣压,扣压力大,基本轨横向稳定性好,可取消基本轨外侧轨撑。

采用减摩滑床板或通过设置辊轮滑床板(图 3-19)可大大降低尖轨转换中的摩阻力,使尖轨转换灵活。

(2) 轨撑

轨撑用来防止基本轨倾覆、扭转和纵横向移动,安装在基本轨的外侧。轨撑分为固定式轨撑、弹性轨撑和可调式轨撑三类。固定式轨撑用螺栓与基本轨相连,并用两个螺栓与滑床板连接。根据其斜墙数量的不同,可分为单墙式轨撑和双墙式轨撑,如图 3-20 所示。目前道岔轨撑多采用双墙式。提速道岔及客运专线道岔中由于扣件扣压力足够大,未设轨撑。

图3-18 普通滑床板

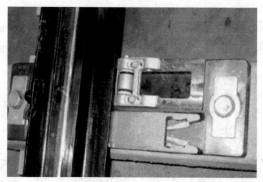

图3-19 辊轮滑床板

a)双墙式　　　b)单墙式

图3-20 轨撑

（3）顶铁

在尖轨未刨切部位,将尖轨承受的横向水平力传递给基本轨,防止尖轨受力时弯曲。为保持尖轨与基本轨的正确位置,应在尖轨外侧腹部安装顶铁,要求顶铁长度应做到尖轨贴靠基本轨时,顶铁也恰好与基本轨轨腰贴靠。顶铁有多种型式,有铁板制成的半圆形顶铁、锥体螺栓形顶铁和等腰梯形顶铁等。顶铁形式如图3-21所示。

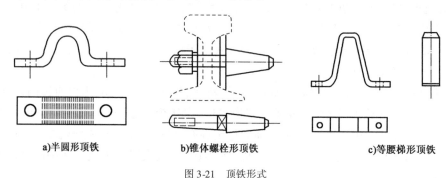

a)半圆形顶铁　　　b)锥体螺栓形顶铁　　　c)等腰梯形顶铁

图3-21 顶铁形式

（4）垫板

例如普通道岔中铺设在尖轨之前的辙前垫板和之后的辙后垫板;铺设在尖轨尖端和尖轨跟端的通长垫板;为保持导曲线的正确位置而设置的支距垫板等。

（5）道岔拉杆和连接杆

如图3-22a)所示,道岔拉杆连接两根尖轨,并与转辙设备相连,以实现尖轨的扳动,故又叫作转辙杆,由于所受推力较大,须用方钢制造;连接杆为连接两根尖轨的杆件,其作用是加强尖轨间的联系,提高尖轨的稳定性,多用扁钢制成。在有轨道电路的道岔上,连接杆中部必须有绝缘装置。

a) 道岔拉杆和连接杆

b) 转辙机械

图 3-22　道岔拉杆、连接杆和转辙机械

(6) 转辙机械

转辙机械的作用是扳动尖轨到不同的位置上,使道岔准确向直线或侧线开通。

最常用的道岔转换设备分为机械式和电动式。按操纵方式分类,有集中式和非集中式两类。机械式转换设备可以分为集中式或非集中式,电动式转换设备为集中式。道岔转换设备必须具备转换(改变道岔开向)、锁闭(对于锁闭道岔,在转辙杆中心处尖轨与基本轨之间,不允许有 4mm 以上的间隙)和显示(显示道岔正位或反位)三种功能。

尖轨转换有一机多点或多机多点两种模式。法国主要采用第一种转换方式,即一台转辙机通过曲拐轴连杆与各牵引点相连,总转换力较小,对各转换杆件间的配合精度要求较高;我国及德国则主要采用后一种转换方式,每个牵引点处均设置一台转辙机,造价较高,如图 3-22b) 所示。

(7) 密贴检查器

高速铁路道岔中为了保证尖轨与基本轨的密贴,在牵引点间设置了密贴检查器,对尖轨完成转换、锁闭及运营过程中可能出现的缝隙、异物进行检查,同时对非工作尖轨在第一牵引点处的开口和最小间距部位进行检查,确保道岔可动部件处于最佳技术状态。

(8) 锁闭机构

锁闭机构有内锁和外锁两种形式:内锁通过转辙连杆在转辙机内部锁定,因轮轨横向力由转辙机承受,故障率较高;外锁通过楔型燕尾锁、拐肘锁及钩型锁等实现尖轨与基本轨在牵引点处锁闭,可靠性高,列车荷载由锁闭器传递给基本轨共同承受。

锁闭机构应具有使尖轨牢固锁闭和满足无缝线路尖轨伸缩的双重功能要求。我国时速 120km 以上道岔采用的是分动钩形外锁转换机构,120km/h 及以下的道岔基本上采用的是联动内锁转换机构。

(9) 融雪设备

在基本轨轨底、轨腰或滑床板上安装热条,在冬天下雪或下雨时启动加热设备,可及时除去尖轨转换范围内的积雪和积冰,确保道岔可动部件的正常转换,目前已在北方寒冷地区使用。

(10)道岔监测系统

道岔监测系统可对道岔及其转换设备的各种数据和道岔环境数据实时进行、在线综合状态和安全运行监测,为道岔的维护和使用提供数据。监测参数主要有轮缘槽、转辙机转换阻力、转换时间、转辙机动态力、转辙机工作电流和电压、道岔环境温度和环境湿度、振动加速度等。该系统不是道岔功能所必需的,但可为道岔实现科学养护提供支持。

(二)连接部分

在单开道岔中,连接转辙器和辙叉之间的线路称为连接部分,包括直股连接线和曲股连接线。直股连接线与区间线路构造基本相同,曲股连接线又称为导曲线。导曲线的平面形式有圆曲线、缓和曲线及变曲率曲线三种。后两种用于需要侧向高速通过的大号道岔,普通线路一般只采用圆曲线型。与直线尖轨配合的圆曲线型导曲线,其切点可选在跟端或端后的适当位置。与曲线尖轨配合的圆曲线型导曲线,其半径常与尖轨曲线半径相等,此时,尖轨本身就是导曲线的一部分。

导曲线由于长度及界限的限制,一般不设轨底坡和超高。但与有轨顶横坡的特种断面尖轨和整铸辙叉配合时,导曲线应铺设带坡度的垫板。提速道岔的轨顶横坡采用1:40。在构造及限界许可的条件下,设置少量的超高,有利于防止反超高的出现、保持轨距、减少列车摇晃等。《普速铁路修理规则》规定,导曲线可根据需要设置6mm的超高,并在导曲线范围内按不大于2‰顺坡。

为防止导曲线钢轨在动荷载作用下的外倾及轨距扩大,可在导曲线两股钢轨外侧成对地安设一定数量的轨撑或在导曲线上安装一定数量的轨距杆。为减少道岔钢轨爬行,还应按规定安装足够数量的防爬设备,将道岔锁定。

一组单开道岔,除转辙器、辙叉及护轨外,普通道岔有8根连接轨,分4股,每股2根,其中2股为直线,另2股为曲线,如图3-23所示。通过配轨可计算这8根钢轨的长度并确定其接头的位置。配轨时,要注意尽量采用12.5m或25m长的标准钢轨。连接部分的钢轨不宜过短:小号码道岔一般不小于4.5m,大号码道岔不小于6.25m。配轨时,应保证接头对接,并尽量使岔枕布置不发生困难,同时要考虑安装轨道电路绝缘接头的可能性。

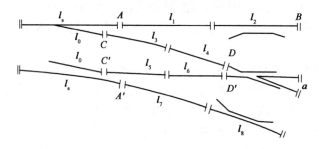

图3-23 道岔连接部分的配轨

(三)辙叉及护轨

辙叉及护轨由心轨、翼轨、护轨、主轨及联结零件组成,如图3-24所示。

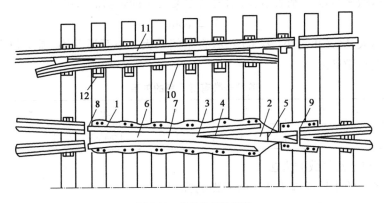

图 3-24 辙叉及护轨构造

1-翼轨;2-心轨;3-理论尖端;4-实际尖端;5-辙叉角;6-辙叉咽喉;7-有害空间;8-辙叉趾端;9-辙叉跟端;10-护轨;11-主轨;12-护轨垫板

1. 辙叉

辙叉是使车轮由一股钢轨越过另一股钢轨的设备,设置在侧线与主线钢轨的相交处。

辙叉按平面形式分为直线型辙叉和曲线型辙叉两类,如图 3-25 所示。直线型辙叉的两条工作边均为直线,曲线型辙叉的工作边一条或两条为曲线。辙叉按构造类型分为固定式辙叉和可动式辙叉两类。在单开道岔中,直线型固定式辙叉最为常用。在提速线路上多为可动式辙叉。

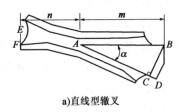
a) 直线型辙叉

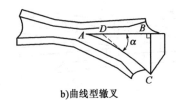
b) 曲线型辙叉

图 3-25 辙叉平面形式

(1) 辙叉构造及号数

辙叉由翼轨、心轨(叉心)组成(图 3-26)。翼轨的始端称为辙叉趾端;叉心的末端称为辙叉跟端;叉心两侧工作边的延长线的交点称为辙叉理论中心(理论尖端);由于制造工艺的原因,实际上叉心尖端有 6~10mm 的宽度,称为辙叉实际尖端;叉心两个工作边的夹角称为辙叉角 α。辙叉趾端处两个工作边之间的宽度称为辙叉趾宽(前开口)P_n,辙叉跟端两个工作边之间的宽度为辙叉跟宽(后开口)P_m;由辙叉理论尖端至趾端的距离称为辙叉趾距 n;由辙叉理论尖端至跟端距离称为辙叉跟距 m;由趾端至跟端的长度称为辙叉全长。两翼轨两工作边相距最近处称为辙叉咽喉。从辙叉咽喉至心轨实际尖端之间轨线中断的距离,叫作"有害空间"。

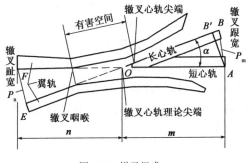

图 3-26 辙叉组成

道岔号数以辙叉号数 N 来表示,可用道岔辙叉角 α 的余切值来确定。

$$N = \cot\alpha \tag{3-1}$$

道岔号数越大,辙叉角越小(表3-1),有害空间越大。单开道岔中,辙叉角小于 $90°$,所以称这类辙叉为锐角辙叉。

道岔号数有辙叉角的关系　　表3-1

道岔号数 N	9	12	18	30	38	41
辙叉角 α	$6°20'25''$	$4°45'49''$	$3°10'47''$	$1°54'33''$	$1°30'26.8''$	$1°23'39.8''$

(2)现场鉴别道岔号数的方法

①查看设备上的出厂或施工竣工时所做的标记。

②分别量出前开口、后开口及辙叉全长,则:

$$N = \frac{全长}{前开口 + 后开口}$$

③在心轨上找出顶面宽为 100mm 及 200mm 两处点,并分别划上两条线,然后再量测两条线间的距离,这个距离是 100mm 的几倍,就是几号道岔。

④先在辙叉心轨顶面上找出一脚长的宽度处,再由该处向前量至辙叉心轨理论尖端处,实量几脚就是几号道岔。

(3)固定式辙叉

直线型固定式辙叉分为钢轨组合式辙叉、拼装式合金钢辙叉、整铸式辙叉。

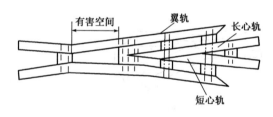

图3-27　钢轨组合式辙叉

①钢轨组合式辙叉。

其用普通钢轨弯折、刨切加工而成,由长心轨、短心轨、翼轨、间隔铁、辙叉垫板及其他零件构成,如图3-27所示。辙叉心由长、短心轨拼装而成,长心轨铺设在正线或运量大较大的线路上。尽量保持长心轨断面完整,需将短心轨的头部及轨底刨去一部分,使其轨底叠盖在长心轨轨底上,以保持辙叉结构的坚固稳定。但钢轨组合式辙叉零件多、维修量大、稳定性差,目前仅在一些次要线路上使用。

②拼装式合金钢辙叉。

拼装式合金钢辙叉是一种新近发展的辙叉制造技术,即根据辙叉各部位受力情况的不同,用不同的材料组合拼装或焊接而成,其受力最恶劣的心轨部位采用由特殊工艺制作的耐磨合金钢(图3-28),具有高强度、高韧性、高硬度、可焊性好等特点。贝氏体锻焊辙叉即属于拼装式合金钢辙叉。

③整铸式辙叉。

整体式辙叉采用含锰12.5%、含碳1.2%的高锰合金钢,把翼轨和心轨铸造成一个整体辙叉,如图3-29所示。整体式辙叉有较高的强度和冲击韧性,并具有坚固耐磨、整体稳定性好、维修工作量少、使用寿命长等优点,广泛用于正线道岔上;缺点是在局部损坏时需更换整个辙叉。

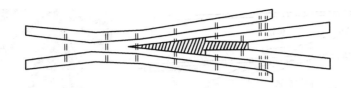

图 3-28 拼装式合金钢辙叉

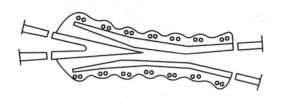

图 3-29 整铸式辙叉

(4)可动式辙叉

可动式辙叉是指个别部件可以移动的辙叉。其作用是保证列车过岔时轨线连续,消除固定辙叉上存在的有害空间,并可取消护轨,同时大大减少辙叉在纵断面上的几何不平顺,从而显著降低辙叉部位的轮轨相互作用力,提高运行的平稳性,延长辙叉的使用寿命。可动式辙叉的类型有可动心轨式辙叉、可动翼轨式辙叉、其他消灭有害空间的辙叉三种形式。

①可动心轨式辙叉。

可动心轨式辙叉即心轨可动,翼轨固定。优点是列车作用于心轨的横向力能直接传递给翼轨,保证了辙叉的横向稳定。由于心轨的转换与转辙器同步联动,不会在误认进路时发生脱轨事故,因此能保证行车安全。缺点是制造比较复杂,并且比固定式辙叉长。

可动心轨式辙叉按心轨跟端分为铰接式(又被称作回转式心轨)和弹性可弯式两种。

铰接式心轨可通过整铸或用特种尖轨钢轨制成,通过高强度螺栓固定在翼轨上的间隔铁能保证心轨与翼轨的相对位置,传递水平力。该辙叉便于铸造,转换力较小,可以与原有固定式辙叉的长度相同。铺设这种辙叉不致引起车站平面的变动,尤其适用于既有线大站场的技术改造。但在辙叉范围内会出现活接头,因此不如弹性可弯式结构稳妥可靠。

弹性可弯式心轨用特种截面钢轨制成,心轨的一肢跟端为弹性可弯式,另一肢跟端为活动铰接式;或是心轨的两肢均为弹性可弯式。前一种形式联结可靠,构造简单,辙叉转换力较小,是我国广泛采用的可动心轨辙叉形式,如图 3-30 所示;后一种形式心轨较长,并且转换力较大,转换时长短心轨接合面上产生少量的相对滑动。

②可动翼轨式辙叉。

可动翼轨式辙叉即轨固定,心轨可动。其分为单侧翼轨可动或双侧翼轨可动两种形式。这类辙叉可以设计成与既有固定辙叉互换的尺寸,铺设时可以避免引起站场平面的变动,同时消灭了有害空间。缺点是可动翼轨的横向稳定性较差,翼轨的固定装置结构复杂。

③其他消灭有害空间的辙叉。

其他消灭有害空间的辙叉,如德国的 UIC60 型钢轨道岔,利用滑动的滑块填塞辙叉有害空间处的轮缘槽来消灭有害空间。

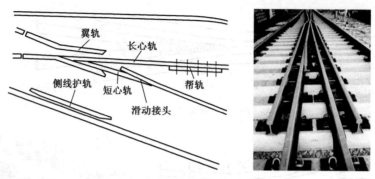

图 3-30 弹性可弯式可动心轨辙叉

(5) 翼轨与心轨的高度

锥形车轮由翼轨滚向心轨时,因轮缘逐渐离开翼轨工作边,车轮滚动圆周逐渐减小,致使车轮逐渐下降,当车轮完全滚上心轨时,车轮又上升至原来高度;反之,由心轨滚向翼轨时,也有类似情况,产生垂直不平顺。因此,为了消除垂直不平顺,避免车轮从翼轨滚向心轨时撞击心轨前部,应将心轨前端顶面适当降低。同时,为了避免车轮从心轨滚向翼轨时突然降低而冲击翼轨,应将翼轨顶面提高,并在翼轨顶面做出 1:20 的横坡,使翼轨与心轨顶面之间保持必要的相对高差。

对于整铸式辙叉,在理论尖端至心轨顶面宽 40mm 一段,将翼轨提高 3mm;然后向两侧顺坡至咽喉和心轨顶面宽 50mm 断面处。

对于钢轨组合式辙叉,规定叉心顶面 40mm 及其以上部分承受全部车轮压力,而在 30mm 及其以下部分则完全不受力。而制作时堆焊翼轨有困难,设计中未将翼轨提高,只将心轨轨面降低。对磨耗的辙叉进行焊修时,可将翼轨顶面焊高。

2. 护轨

护轨一般设于固定辙叉的两侧,用于控制车轮的运行方向,使之正常通过"有害空间"而不错入轮缘槽;保护辙叉尖端不被轮缘冲击撞伤。

护轨的防护范围是由辙叉咽喉至叉心顶宽为 50mm 处的一段,两端有适当富余。护轨主要由中间平直段($L_平$)、两端缓冲段(B)和开口段(A)组成,如图 3-31 所示。平直段主要起防护作用,缓冲段和开口段使车轮进入护轨时平顺。目前我国护轨结构的主要类型有钢轨间隔铁型、H 型和槽型三种。

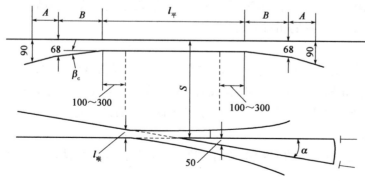

图 3-31 护轨(尺寸单位:mm)

(四)岔枕

岔枕分为木岔枕和混凝土岔枕,其规格可参考前面项目一任务二中的介绍。现在线路上均更换成了混凝土岔枕。

木岔枕采用螺纹道钉与垫板联结。木岔枕间距尽量均匀一致,转辙器和辙叉范围内的岔枕间距一般可采用区间轨枕间距的 0.9~1 倍;个别因构造需适当增大,如连接杆处定为 615cm,接头处间距与区间轨道的接头轨枕间距相同。

岔枕有全部垂直于直线外股和在辙叉部分扭转过渡两种情况。对于在辙叉部分扭转过渡岔枕间距的计算,在转辙器部分按直线上股计量,连接部分及扭转过渡部分按直线下股计量,辙叉及岔后部分按辙叉角平分线方向计算。

任务二　普通单开道岔各部尺寸检查

一、道岔各部分轨距

(一)轨距加宽

直线上轨距为标准轨距为 1435mm。为了缓冲列车通过道岔时对钢轨的挤压和冲撞,在道岔的尖轨尖端、尖轨跟端及导曲线部分轨距要适当加宽。考虑机车车辆以正常强制内接方式、一定余量通过道岔,可计算出各部分所需的轨距值。

尖轨尖端轨距见表 3-2,尖轨跟端轨距见表 3-3。导曲线中部轨距按标准图设置,辙叉部位直、侧向轨距均为 1435mm。

尖 轨 尖 端 轨 距　　　　　　　　表 3-2

尖 轨 类 型	尖轨长度(mm)	轨距(mm)	附　　注
直线型尖轨	6250 以下	1453	—
	6250~7700 以下	1450	
	7700	1445	
12 号道岔 AT 弹性可弯式尖轨	—	1437	道岔允许速度大于 120km/h 时为 1435mm
其他曲线型尖轨	—	按标准图办理	无标准图时按设计图办理

尖 轨 跟 端 轨 距　　　　　　　　表 3-3

尖 轨 类 型	直向(mm)	侧向(mm)	附　　注
直线型尖轨	1439	1439	—
12 号道岔 AT 弹性可弯式尖轨	1435	1435	尖轨轨头刨切范围内曲股轨距构造加宽除外
其他曲线型尖轨	1435	按标准图办理	无标准图时按设计图办理

我国新设计的道岔中,除尖轨尖端宽 2mm 处因刨切引起的轨距构造加宽外,其余部分轨距均为标准轨距 1435mm。

各部分轨距应符合标准规定,如有误差,不论是正线、到发线、站线或专用线,一律不超过相关规定,同时可考虑轨距在列车作用下的 2mm 弹性扩张,由此可计算出道岔各部位轨距的最大、最小和正常值。

(二)轨距加宽递减

(1)尖轨尖端轨距加宽,允许速度不大于 120km/h 的线路应按不大于 6‰ 的递减率向基本轨接头递减至 1435mm。

(2)尖轨尖端向尖轨跟端的递减,直尖轨应在尖轨全长范围内均匀递减,曲尖轨按标准图或设计图办理。

(3)尖轨跟端直向轨距加宽,向辙叉方向递减,距离为 1.5m。

(4)导曲线中部轨距加宽,直尖轨道岔时向两端递减至距尖轨跟端 3m 处,距辙叉前端 4m 处;曲尖轨道岔按标准图或设计图办理。

(5)对口道岔。两尖轨尖端距离小于 6m,两尖端处轨距相等时不作递减,不相等时均匀递减;两尖轨尖端距离大于 6m、允许速度不大于 120km/h 的道岔,按不大于 6‰ 的递减率递减,但中间应有不短于 6m 的相等轨距段。

(6)首尾相连的道岔。允许速度不大于 120km/h 的道岔:尖轨尖端轨距递减率原则上不应超过 6‰;如不能按 6‰ 递减时,可以加大前面道岔的辙叉轨距为 1441mm;仍不能解决时,旧有道岔允许超过 6‰ 的递减率。

二、转辙器部分的间隔尺寸

道岔转辙器需要确定的几何尺寸主要有最小轮缘槽 t_{min} 和尖轨动程 d_0。

(一)尖轨的最小轮缘槽 t_{min}

当列车直向过岔时,应保证在最不利条件下,具有最小宽度的轮对一侧的车轮轮缘紧贴直股尖轨时,另一侧车轮轮缘能顺利通过而不冲击曲线尖轨的非作用边,如图 3-32 所示。此时,曲线尖轨在其最突出处的轮缘槽,比其他任何一点的轮缘槽小,称为曲线尖轨的最小轮缘槽 t_{min}。其控制曲线尖轨长度的因素之一,不宜定得过宽。

$$t_{min} \geqslant (S_{max} + e + \Delta S) - (T_{min} + h_{min}) \tag{3-2}$$

式中:S_{max}——曲尖轨突出处直向轨距的最大值;

ΔS——道岔允许正误差;

e——轨道的弹性扩张量。

代入各数值即可计算出 $t_{min} \geqslant 68mm$,如有必要缩短时,可将 t_{min} 减小至 65mm 左右。

对于直线尖轨来说,t_{min} 在尖轨的跟端。尖轨跟端槽宽是指尖轨跟端非工作边至基本轨工作边的宽度,其计算条件是使具有最小内侧距和最薄轮缘的轮对通过时,轮缘背面不应挤压尖轨跟端非工作边,如图 3-33 所示。直线尖轨跟端槽宽 t_0 不得小于 74mm。跟端支距 y_g 为尖轨跟端槽宽 t_0 与尖轨跟端处钢轨头部的宽度 b 之和。

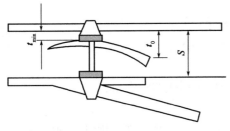
图3-32 曲线尖轨最小轮缘槽

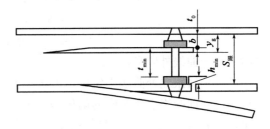
图3-33 直线尖轨跟端槽宽及跟距

(二)尖轨动程 d_0

尖轨动程是各牵引点处,为尖轨非作用边与基本轨作用边之间的拉开距离,在尖轨(可动心轨)各牵引点中心处量取。尖轨动程须保证尖轨扳开后具有最小内侧距和最薄轮缘的轮对,在尖轨尖端处轨距最大时,能自由通过而不推挤尖轨。

因为目前各种转辙机的动程已经定型,故尖轨的动程应该与转辙机的动程配合。《普速铁路修理规则》规定了尖轨在第一拉杆处的最小动程:直尖轨为142mm,曲尖轨为152mm;AT型弹性可弯尖轨12号普通道岔为160mm或180mm,12号提速道岔为160mm;18号道岔允许速度大于160km/h时为160mm,允许速度不大于160km/h时为160mm或180mm;在其他型号道岔按标准图或设计图办理。可动心轨第一拉杆中心处的动程按标准图或设计图办理。

特殊道岔不符合上述规定者,按标准图或设计图要求办理。

(三)导曲线支距

道岔中的导曲线因其半径较小、长度甚短,在铺设、更换和养护道岔时,尤其注意保持导曲线位置正确、方向圆顺,使列车安全平顺通过。其位置、圆顺度一般按支距设置和检查。在单开道岔上,导曲线支距是指以直股基本轨作用边为横坐标轴,导曲线外轨工作边上各点距此轴的垂直距离。计算导曲线支距有各种方法,下面介绍圆曲线型的曲线尖轨单开道岔的导曲线支距计算方法。

取直股基本轨工作边正对尖轨跟端的 O 点作为坐标原点(导曲线起点),如图3-34所示。这时,导曲线始点的横坐标 x_0 和纵坐标(即支距) y_0 分别为:

$$\begin{cases} x_0 = 0 \\ y_0 = y_g \end{cases} \quad (尖轨跟端支距) \quad (3-3)$$

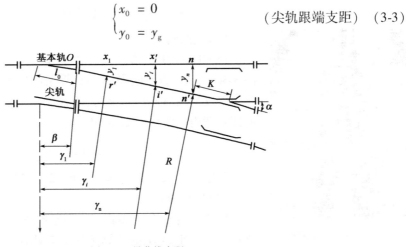

图3-34 导曲线支距

导曲线终点的横坐标 x_n 和支距 y_n 分别为:

$$\begin{cases} x_n = R(\sin\gamma_n - \sin\beta) \\ y_n = y_g + R(\cos\beta - \cos\gamma_n) \end{cases} \quad (3-4)$$

式中:R——导曲线外股半径;

β——尖轨跟端处曲线尖轨作用边与基本轨作用边形成的转辙角;

γ_n——导曲线终点所对应的偏角,$\gamma_n = \alpha$。

导曲线中间各测点 i 的横坐标为 x_i,通常每隔 2m 取一个测点,则相应的支距 y_i 为:

$$y_i = y_0 + R(\cos\beta - \cos\gamma_i) \quad (3-5)$$

其中,γ_i 的数值,可由下式计算:

$$\sin\gamma_i = \sin\beta + \frac{x_i}{R} \quad (3-6)$$

另外,计算所得的支距 y_n 可用下式进行校核:

$$y_n = S - K\sin\alpha \quad (3-7)$$

式中:K——导曲线后插入直线长。

三、辙叉及护轨间隔尺寸计算

(一)固定辙叉及护轨

固定辙叉及护轨需要确定的几何形位间隔尺寸主要是辙叉咽喉轮缘槽 t_1、查照间隔 D_1 及 D_2、护轨轮缘槽 t_g、翼轨轮缘槽 t_w 和有害空间 l_h。

1. 辙叉咽喉轮缘槽宽 t_1

辙叉咽喉轮缘槽宽 t_1(图 3-35),应保证车辆顺利通过辙叉咽喉,在最不利的条件下,即最小轮对一侧车轮轮缘紧贴基本轨时,另一侧车轮轮缘不撞击翼轨。考虑到道岔轨距容许最大误差为 3mm,轮对车轴弯曲后,内侧距减小 2mm,这时最不利组合为:

$$t_1 \geq (S_{max} + 3) - (T - 2 + d)_{min} \quad (3-8)$$

其中,$(S_{max} + 3) - (T - 2 + d)_{min} = (1435 + 3) - (1350 - 2) - 22 = 68(\text{mm})$。

2. 查照间隔 D_1 和护背距离 D_2

(1)查照间隔

查照间隔 D_1 是指辙叉心轨工作边至护轨头部外侧的距离,如图 3-36 所示。查照间隔 D_1 的计算条件是使具有最大内侧距和最大轮缘厚度的轮对通过辙叉时,不撞击辙叉心轨尖端,考虑到车轴弯曲使轮背内侧距增大 2mm,即

$$D_1 \geq (T + 2 + d)_{max} \quad (3-9)$$

其中,$(T + 2 + d)_{max} = (1356 + 2) + 33 = 1391(\text{mm})$。

(2)护背距离

护背距离 D_2 是指翼轨工作边至护轨头部外侧的距离,如图 3-36 所示。护背距离 D_2 的计算条件是使具有最小内侧距的轮对通过辙

图 3-35 辙叉咽喉轮缘槽宽 t_1

叉时不被楔住,考虑车轴上弯后轮对内侧距的减小值 2mm,则:

$$D_2 \leq T_{\min} - 2 \tag{3-10}$$

其中,$T_{\min} - 2 = 1350 - 2 = 1348(\text{mm})$。

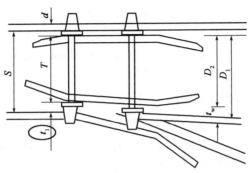

图 3-36　查照间隔 D_1 和护背距离 D_2

D_1、D_2 是保证车辆的轮对在最不利的情况下,安全通过辙叉的两个重要尺寸,也是铺设和维修道岔必须严格遵守的标准。一方面要使 $D_1 \geq 1391$mm,但不能过大,否则会形成护轨槽宽过小或轨距过大的现象,使得 1348mm 值反而超过限度。因此,D_1 值保持在 1391~1394mm。另一方面要使 $D_2 \leq 1348$mm,但不能过小,否则会形成护轨槽过大或轨距过小的现象,使车轮轮缘通过时有撞击辙叉尖的危险。因此,D_2 值保持在 1346~1348mm。

D_1 和 D_2(简称 91、48),如图 3-37 所示,是既相互矛盾又相互制约的两个尺寸,必须经常检查并保持规定的数值,它们对确保行车安全和延长辙叉使用寿命都有重要意义。在检查辙叉中部轨距时,应同时仔细检查 91、48。测量位置按设计图纸规定确定。

图 3-37　查照间隔 D_1 和护背距离 D_2 的取值

3. 护轨平直段轮缘槽宽 t_{g1}

确定护轨平直段轮缘槽宽 t_{g1} 的原则:在标准轨距条件下,保证 D_1 值不小于 1391mm,防止车轮撞伤辙叉心轨尖端,即:

$$t_{g1} = S - D_1 - 2 \tag{3-11}$$

式中:2——护轨侧面磨耗限度 2mm。

取 $S = 1435$mm,$D = 1391$mm,则 $t_{g1} = 42$mm。《普速铁路修理规则》规定,护轨平直段轮缘槽标准宽度为 42mm。侧向轨距为 1441mm 时,侧向轮缘槽标准宽度为 48mm,容许误差

为 $-1\sim3$ mm。

为使车轮轮缘能顺利进入护轨轮缘槽内,在护轨平直段两端设置了缓冲段及开口段。缓冲段的角度与尖轨冲击角相同,其终端轮缘槽宽 t_{g1} 应保证有与辙叉咽喉轮缘槽宽 t_1 相同的通过条件,即 $t_{g2} = t_1 = 68$ mm。在缓冲段的外端,再各设开口段,开口段终端轮缘槽 t_{g3} 为 90 mm,用把钢轨头部向上斜切的方法得到。

护轨的平直段,其长度为辙叉咽喉至叉心顶宽为 50 mm 处之间的距离,两端再附加 $100\sim300$ mm;缓冲段长度通过计算确定;开口段长度一般为 150 mm。

4. 辙叉翼轨平直段轮缘槽宽 t_w(简称翼轨槽宽)

翼轨槽宽主要是指翼轨中部与心轨平行部分的槽宽。其范围是由辙叉理论尖端至心轨顶面宽 50 mm 处相对应的一段长度。确定翼轨槽宽的原则是,使具有最小内侧距的轮对正常通过而不挤压翼轨。从查照间隔图中可以明显看出:

$$t_w \geqslant S - t_{g1} - D_2 \tag{3-12}$$

其中, $S - t_{g1} - D_2 = 1435 - 42 - 1348 = 45$ (mm)。

考虑到制造时可能出现负公差,我国定型道岔翼轨槽宽采用 46 mm,《普速铁路修理规则》规定翼轨槽宽为 $45\sim49$ mm。辙叉翼轨轮缘槽也有过渡段和开口段,其轮缘槽宽和护轨一致。

5. 有害空间 l_H

从辙叉咽喉至实际尖端之间的距离为有害空间。其长度可用下式计算:

$$l_H = \frac{t_1 + b_1}{\sin\alpha} \tag{3-13}$$

式中: b_1 ——叉心实际尖端宽度,由于 α 很小,可近似取 $\frac{1}{\sin\alpha} \approx \frac{1}{\tan\alpha} = \cot\alpha = N$,则 $l_H = (t_1 + b_1)N$。

(二)可动心轨辙叉及护轨

可动心轨辙叉的主要几何形位有辙叉咽喉轮缘槽与翼轨端部轮缘槽。可动心轨辙叉与普通固定式辙叉不同,其咽喉宽度不能通过最小轮背距和最小轮缘厚度进行计算,应根据转辙机的参数来确定。

四、直线尖轨、单开道岔的主要尺寸

无论在现场进行道岔的测定、铺设及更换,或在室内进行站场设计以及绘制车站平面图时,都必须对道岔主要尺寸有清楚了解和准确应用。直线尖轨、单开道岔的主要尺寸如图 3-38 所示。

单开道岔的主要尺寸一般是指:道岔理论长度 $L_{理}$、道岔全长 $L_{全}$、导曲线终点至辙叉心轨理论尖端直线段长度 K、导曲线外轨工作边的半径 $R_{外}$ 等。

五、曲线尖轨、单开道岔的主要尺寸

(1)转辙器部分平面尺寸。

曲线尖轨大多为圆曲线型,其半径一般与导曲线半径相同,由侧向过岔速度确定。曲线尖

轨形式有切线型、半切线型、割线型、半割线型等，以切线型最为常见。切线型中又以半切线型尖轨最为常见，如图3-39所示。

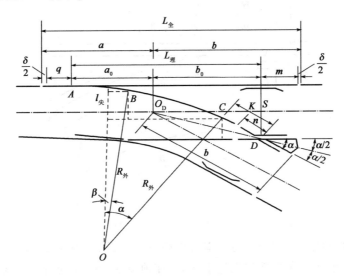

图3-38 直线尖轨、单开道岔的主要尺寸

图中：$L_全$——道岔全长（道岔始端至道岔终端的水平投影长度）；

$L_理$——道岔理论长度（尖轨尖端至辙叉心轨理论尖端的水平投影长度）；

O_D——道岔中心（直线中心线与侧线中心线的交点）；

a——道岔前部实际长度（道岔始端至道岔中心的水平距离）；

b——道岔后部实际长度（道岔中心至道岔终端的水平距离）；

q——尖轨尖端前的基本轨长度；

a_0——道岔前部理论长度（尖轨尖端至道岔中心的水平距离）；

b_0——道岔后部理论长度（道岔中心至辙叉心轨理论尖端的水平距离）；

n——辙叉趾长（辙叉前长）；

m——辙叉跟长（辙叉后长）；

$l_尖$——尖轨长度；

$R_外$——导曲线外轨工作边的半径；

K——导曲线终点至辙叉心轨理论尖端直线段长度，一般要求K为2～4m，最短不得小于辙叉趾端n加上半块夹板长，否则，辙叉趾端接头会落入导曲线内，对养护不利；

D——辙叉心轨理论尖端；

S——标准轨距；

O——导曲线圆心；

$β$——转辙角；

$α$——辙叉角；

$δ$——轨缝宽度。

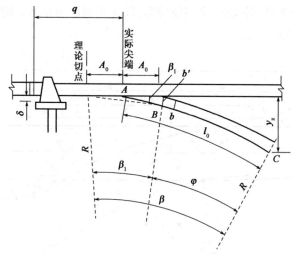

图 3-39　半切线型曲线尖轨

半切线型尖轨曲线的理论起点与基本轨相切,在尖轨顶宽为 b' 处(通常为 20～40mm)开始,将曲线改为切线,为避免尖轨尖端过于薄弱,在顶宽 3～5mm 处再作一斜边。这种形式的曲线尖轨的侧向行车条件比直线尖轨好,且尖轨比较牢固,加工也比较简单,是我国目前大号码道岔的标准尖轨形式。新设计的 50kg/m 钢轨、60kg/m 钢轨、12 号普通道岔及 60kg/m 钢轨可动心轨,均采用这种形式的尖轨。

曲线尖轨转辙器中的主要尺寸包括:曲线尖轨长度 l_0、直向尖轨长度 l'_0、基本轨前端长 q、基本轨后端长 q'、导曲线半径 $R_{外}$、尖轨尖端角 β_1、尖轨转辙角 β 和尖轨跟端支距 y_g。

设侧股轨道中心线的半径为 R_0,则尖轨工作边的曲率半径 $R = R_0 + 717.5$mmn。尖轨尖端角为曲尖轨或导曲线(直线尖轨)工作边的曲线实际起点的半径与垂直线的夹角,又称为始转辙角。A_0 为曲尖轨实际尖端至理论切点的距离。

(2)75、60、50 型曲线尖轨、12 号单开道岔的主要尺寸(图 3-40)。

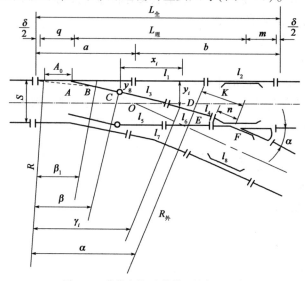

图 3-40　曲线尖轨、直线辙叉的主要尺寸

图中:$L_{全}$——道岔全长(道岔始端至道岔终端的水平投影长度);

$L_{理}$——道岔理论长度(尖轨尖端至辙叉心轨理论尖端的水平投影长度);

O——道岔中心(直线中心线与侧线中心线的交点);

a——道岔前部实际长度(道岔始端至道岔中心的水平距离);

b——道岔后部实际长度(道岔中心至道岔终端的水平距离);

q——尖轨尖端前的基本轨长度;

n——辙叉趾长(辙叉前长);

m——辙叉跟长(辙叉后长);

A_0——曲尖轨尖端至曲尖轨与基本轨理论切点的距离;

A——曲线尖轨尖端,曲尖轨切线部分与基本轨的切点;

B——曲线尖轨切线部分与曲尖轨曲线部分的切点;

F——辙叉心轨理论尖端;

E——导曲线终点;

$R_{外}$——导曲线外轨工作边的半径;

K——导曲线终点至辙叉心轨理论尖端的直线段长度;

D——导曲线上某一点;

S——标准轨距;

γ_i——导曲线上任一点半径与初始半径间的夹角;

β_1——尖轨尖端角;

β——尖轨转辙角;

α——辙叉角;

δ——轨缝宽度。

六、单开道岔总布置图

总布置图是进行道岔施工和检查道岔的主要技术依据。在图中应绘出并标注下列内容:

(1)道岔全长 $L_{全}$,道岔前部实际长度 a,道岔后部实际长度 b,道岔前部理论长度 a_0,道岔后部理论长度 b_0,道岔理论长度 $L_{理}$,尖轨尖端前的基本轨长度 q,导曲线终点至辙叉心理论尖端的直线段长度 K,导曲线外轨工作边半径 $R_{外}$,道岔中心 O。

(2)各部分的钢轨长度 l,尖轨长度 $l_{尖}$,辙叉趾长 n,辙叉跟长 m,护轨长度 $l_{护}$,全部岔枕根数与长度、间距等。

(3)道岔主要控制轨距 S,如尖轨尖端轨距以及其向外递减距离,尖轨跟端直、侧向轨距 $S_{跟}$ 及直股递减距离,辙叉直向、侧向轨距。

(4)导曲线的支距、导曲线内安装轨撑的位置和设置绝缘接头的位置等。

(5)转辙角 β、辙叉角 α 及重点轨缝值 δ。

此外,总布置图中还应列有必要的图注和材料明细表,注明表中各种符号代表的意义,说明各组成部件的名称、数量及规格、重量等。

任务三　高速铁路道岔

为满足国内客运专线建设的需要,2005年6月铁道部组织国内相关单位开展了客运专线道岔的国产化研发,目前可满足时速250km客运专线使用的18号道岔已于2006年12月,在第6次提速的郑武、沪宁线时速250km提速区段,和石太、甬台温、温福、福厦、广珠等客运专线应用。时速350km客运专线道岔已在武广客运专线试验段乌龙泉车站上道4组,2009年1月通过了时速350km动车组的试验,道岔的平稳性、舒适性良好。60-42号道岔已在达成线上道试铺2组,并进行动力试验。2006年3月,铁道部针对11条客运专线的正线用道岔进行招标,中铁山桥集团有限公司与德国BWG公司合资成立了新铁德奥道岔厂,为京津、武广、京沪等客运专线提供道岔。法国科吉富公司对中铁宝桥集团有限公司(简称中铁宝桥)进行了技术转让,为合宁、武合、郑西等客运专线提供了道岔。

截至2014年底,我国高速铁路正在使用的道岔有自主研发的客运专线道岔、技术引进的CN道岔(新铁德奥道岔厂生产的道岔)和CZ道岔(中铁宝桥生产的道岔)共三种,以自主研发的客运专线道岔为主,见表3-4。

自主研发客运专线道岔系列表　　　　表3-4

类　　别	道　岔　号		
	18号道岔	42号道岔	62号道岔
250km/h道岔(无砟)	客运专线(07)001		
250km/h道岔(有砟)	客运专线(07)004		
350km/h道岔(无砟)	客运专线(07)009	客运专线(07)006	客运专线(10)013
350km/h道岔(有砟)	客运专线(08)016	客运专线(07)011	

一、高速铁路道岔特点

高速铁路道岔种类较单一,以单开道岔为主,具有高安全性、高平顺性、高稳定性和较高的容许通过速度的特点。为保证列车平稳、舒适运行,高速铁路道岔均采用18号以上的单开道岔、可动心轨辙叉,电务转换采用外锁闭装置,适用于跨区间无缝线路。

二、高速铁路道岔分类

高速铁路道岔,可以按速度(包括直向容许通过速度和侧向容许通过速度)、轨下基础类型进行分类。

(1)按直向容许通过速度可分为250km/h和350km/h道岔两类。

(2)按技术类型可分为自主技术客运专线、CN、CZ三个系列。其中,自主技术客运专线系列有18号、42号和62号三种号码道岔,对应侧向容许通过速度分别为80km/h、160km/h和220km/h;CN系列有18号、39号、42号和50号四种号码道岔,对应侧向容许通过速度分别为

80km/h、160km/h、160km/h 和 220km/h；CZ 系列有 18 号、41 号两种号码道岔,对应侧向容许速度分别为 80km/h 和 160km/h。

(3)按轨下基础类型可分为有砟道岔和无砟道岔。

①有砟道岔的轨下基础与传统道岔相同,采用碎石道床结构。

②无砟道岔的轨下基础结构分为轨枕埋入式道岔和板式道岔两种,其上部结构完全相同。轨枕埋入式道岔的轨下基础结构自下而上由混凝土支承层、现浇混凝土道床、预制混凝土岔枕(带钢筋桁架的预应力结构)组成。

板式道岔的轨下基础结构自下而上由混凝土底座、自流平混凝土填充层和预制道板组成。

三、高速铁路道岔的平面线型及结构

(一)道岔的平面线型

中国高速铁路道岔系列为 18 号、42 号和 62 号,设计参数及线型见表 3-5。18 号道岔用于正线与到发线的连接；42 号道岔用于渡线和上下高速线,62 号道主要用于上下高速线。18 号道岔采用单圆曲线线型；客货列车混运铁路 250km/h 道岔,采用相离式(尖轨与基本轨切线相离 12mm)半切线尖轨线型,如图 3-41 所示,目的在于增加尖轨尖端截面厚度,提高尖轨的耐磨性能。相离半切线的平面线型是中国高速铁路道岔独有线型。42 号道岔和 62 号道岔采用圆曲线 + 缓和曲线线型(三次抛物线或放射螺旋线)。

我国高速铁路道岔设计参数及线型　　　　表 3-5

道岔号码	18	42	62
道岔直向允许速度(km/h)	250/350	250/350	350
道岔侧向允许速度(km/h)	80	160	220
平面线型	单圆曲线 R1100m	圆缓 R5000m + 三次抛物线	圆缓 R8200m + 三次抛物线
道岔全长(m)	69000	157200	201000
道岔前长(m)	31729	60573	70784
道岔后长(m)	37271	96627	130216

(二)道岔的结构

高速铁路道岔由转辙器、导曲线、辙叉、岔枕(轨下基础)、转换设备、融雪设备和监测设备等组成。

1. 转辙器及主要钢轨件

(1)基本轨、导轨、岔跟轨用中国 60kg/m 钢轨制造。

(2)尖轨、心轨用 60D40 钢轨制造(70kg/m),不采用中国 60AT 钢轨。其优点是高度较小,便于滑床板的结构设计,横向刚度较小,有利于减小振动力。

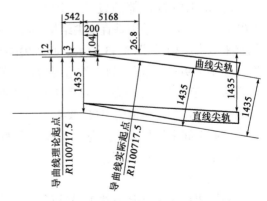

图 3-41　客运专线(07)004 相离半切线尖轨线型及轨距(尺寸单位:mm)

(3)尖轨跟端锻压成60kg/m钢轨断面,成型段长度为450mm,过渡段长度150mm,与提速道岔相同。

(4)钢轨件材质与线路钢轨相同,时速250km客运专线道岔轨头顶面作淬火处理,时速350km客运专线道岔不淬火,尖轨和心轨跟端作淬火处理。尖轨由60D40钢轨制造而成,钢轨件材质为U71Mn或U75V。

(5)为减小扳动和不足位移,尖轨和心轨的滑床台板必须采取减磨措施。在滑床台板表面增设镍基合金自润滑复合镀层。

(6)转辙器部分,间隔设置带施维格辊轮滑床板(图3-19)和防跳限位装置,基本轨内侧采用弹性夹扣压,如图3-42所示,增强了基本轨抗横向倾翻能力,提高了道岔结构的稳定性。辊轮高度可无级调整,最大调高量达6mm,以保证辊轮与滑床板的接触。

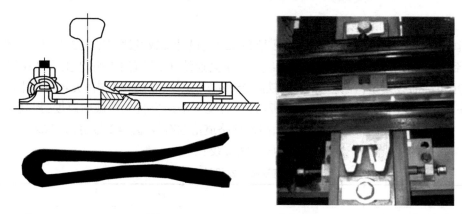

图3-42 弹性夹

(7)尖轨降低值决定轮载在尖轨和基本轨间的过渡范围和过渡比例,与道岔平顺性直接相关。通过优化尖轨降低值能较好保证转辙器的高平顺性。

2.辙叉

(1)心轨

心轨均采用60D40钢轨组合结构,长短心轨拼接。该结构具有制造简单、实现容易的特点,缺点是工电接合部的设计较困难,整体性较差,但具有多年的使用经验,技术成熟。250km/h道岔心轨采用垂直藏尖结构,为进一步提高动车通过的平稳性,350km/h道岔心轨采用水平藏尖结构,如图3-43所示。心轨尖端水平藏入翼轨内,为保证行车安全,心轨实际尖端宽度不小于9mm,同时翼轨工作边要做相应的刨切。18号道岔心轨采用拼装式结构,42号、62号道岔,由于侧向速度较高,心轨采用双肢弹性可弯结构,取消了尖轨后端的斜接头(图3-44),将短心轨直接与线路钢轨连接,改善了列车侧向通过时的运行条件,不足之处是心轨转换力会增大。心轨间采用长大隔铁进行联结,可较好地传递岔后区间无缝线路的温度力,保持辙叉的横向稳定性,防止心轨卡阻。

(2)翼轨

初期250km/h客运专线18号道岔使用锻制翼轨,运营中发现焊缝处产生断裂及磨耗严重等缺陷,后续型号辙叉翼轨均改进为采用60TY特种断面轧制轨,如图3-45所示。翼轨顶面设有1:40轨顶坡,在翼轨趾端进行1:40扭转,轨端450mm范围内形成1:40轨底坡并进行标准轨断面加工。在心轨第一牵引点处,为满足电务锁钩转换空间需要,翼轨内侧轨底需进行刨切,轨底上表面作适量的刨切,心轨轨底刨切10mm并作圆弧倒角,电务锁钩宽度25mm。新型特种断面翼轨为转换装置的安装提供了足够的空间,使心轨第一牵引位置得以提高,有效解决了4mm检查失效的问题。

图3-43 水平藏尖式心轨

a) 心轨跟端斜接头

b) 心轨跟端双肢弹性可弯结构

图3-44 道岔心轨跟端结构

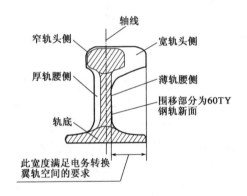

图3-45 翼轨

(3) 护轨

客运专线道岔侧向设置护轨,如图3-46所示。护轨为分开式,由33kg/m槽形钢制造而成,护轨高出基本轨顶面12mm。采用整铸护轨垫板,基本轨内侧利用弹性夹扣压,外侧采用Ⅱ型弹条扣件,如图3-47所示。

(4) 高速铁路道岔扣件系统

高速铁路道岔扣件采用带铁垫板的弹性分开式结构,如图3-48所示,按无螺栓扣件系统和有螺栓扣件系统两种方案进行设计。钢轨与铁垫板之间设轨下橡胶垫板,起缓冲作用;铁垫板与混凝土岔枕间设弹性垫层,起弹性作用。铁垫板与混凝土岔枕通过螺栓与预埋套管联结铁垫板,与螺栓间设置复合定位套,以缓冲铁垫板对螺栓的横向冲击,使螺栓紧固时对铁垫板不产生较大的压力,有利于充分发挥铁垫板下弹性垫层的弹性。

一般地段轨距调整无需配件，调整级别1mm，可实现精细化调整。

图3-46 辙叉及护轨

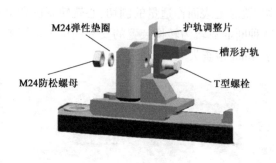

图3-47 护轨结构示意图

图3-48 道岔扣件示意图

（5）岔区刚度匹配及均匀化

岔区刚度的良好匹配及均匀化，是减缓轮轨作用和轨面动态不平顺的关键。高速铁路道岔扣件系统设计采取"上硬下软"的原则，即轨下弹性垫层刚度较大，铁垫板下弹性垫层刚度较小。道岔刚度设计分为7个区段，即尖轨前端、滑床板部位、尖轨跟端支距垫板部位、导曲线部位、辙叉部位、护轨及道岔前后过渡段。铁垫板下弹性垫层采用分块式结构，通过不同刚度的结构达到合理匹配岔区刚度的目的。铁垫板与橡胶弹性垫层通过硫化成为一体。

（6）岔枕

无砟道岔岔枕为底部带桁架钢筋的预应力混凝土岔枕，如图3-49所示，垂直于道岔直股布置，岔枕间距一般为600mm，牵引点处间距为650mm，两侧岔枕间距为575mm。岔枕上宽260mm，下宽290mm，高度130mm。主筋为8根ϕ14mm的螺纹钢筋和4根ϕ7mm的预应力钢丝。除安装转辙机的岔枕分左、右开，其余岔枕不分左、右开。

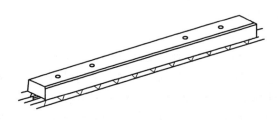

图3-49 无砟道岔岔枕外形

有砟道岔岔枕,如图 3-50 所示,不分左、右开,上宽 260mm,下宽 300mm,高度 220mm。主筋为 16 根 φ7mm 的预应力钢丝,以对称于截面形心的形式布置,布置间距同无砟岔枕。

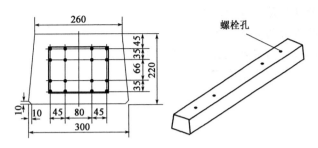

图 3-50　有砟道岔岔枕外形(尺寸单位:mm)

(7)转换锁闭设备

转换锁闭设备主要包括转辙机、外锁闭装置、密贴检查器、安装装置等。

道岔尖轨及心轨转换采用多机多点的牵引方式。18 号道岔尖轨设 3 个牵引点,心轨设 2 个牵引点;42 号道岔尖轨设 6 个牵引点,心轨设 3 个牵引点;62 号道岔尖轨设 8 个牵引点,心轨设 4 个牵引点。尖轨、心轨均为外锁闭。

在尖轨与基本轨密贴段的两牵引点中间位置,用密贴检查器对尖轨与基本轨的密贴情况进行检查。密贴检查器的枕间安装改为岔枕上安装,有利于有砟道岔的捣固作业。

本章课后习题

1. 绘制普通单开道岔示意图,并指出各部分名称。
2. 说明单开道岔的构造部件及其功用、类型。
3. 解释:道岔始端和道岔终端,左开道岔和右开道岔,顺向过岔和逆向过岔。
4. 尖轨的类型有哪些?与基本轨的贴靠方式是什么?各有什么特点。
5. 尖轨跟端结构有几种形式?请说出其构造要求。
6. 转辙器部分联结零件有哪些?各有什么要求。
7. 说明转辙机械的种类及功能。
8. 连接部分的构造特点有哪些?
9. 什么是道岔号数?怎么计算?现场鉴别道岔号数的方法是什么?
10. 单开道岔辙叉的类型及其优缺点是什么?
11. 解释:辙叉趾端、辙叉跟端、理论尖端、实际尖端、辙叉角、辙叉趾宽、辙叉跟宽、辙叉咽喉、有害空间、辙叉趾长、辙叉全长、辙叉跟长。
12. 护轨的作用是什么?护轨由哪几部分组成?
13. 转辙器部分尖轨的最小槽宽和动程的规定值是多少?
14. 什么是导曲线支距?
15. 单开道岔的主要尺寸有哪些?

16. 什么是查照间隔和护背距离，有什么要求？
17. 翼轨各部分槽宽是多少？
18. 护轨各部分槽宽是多少？
19. 有害空间的长度应该怎样计算？
20. 说明高速铁路道岔的分类方法。
21. 说明高速铁路道岔的基本组成部件及特点。
22. 高速铁路道岔的平面线型有哪些？

项目四 无 缝 线 路

知识目标：
1. 掌握无缝线路的基本构造与工作原理；
2. 掌握锁定轨温的含义；
3. 理解无缝线路稳定性的影响因素。

能力目标：
1. 能计算工程中的温度应力式无缝线路的温度力；
2. 能根据轨温的改变，推断出长轨条的受力情况。

任务一 无缝线路的基本原理

一、无缝线路概述

无缝线路(Continuous Welded Rail, CWR)，是把钢轨焊接成没有缝隙的长轨条。施工时首先将钢厂生产的100m定尺长钢轨焊接成500m长，然后将500m长钢轨运到现场焊接成2km长，形成一个管理单位，最后再将相邻2km长钢轨焊联起来，形成无缝线路。以京沪高速铁路为例，从北京至上海1318km长的钢轨没有一个接缝。

与普通线路相比，列车走行在无缝线路连续的钢轨顶面，保证了行进的平顺，减少了对轨道部件的伤损，大幅度减少了现场工作人员的养护维修工作。无缝线路经济效益显著，据有关部门统计，无缝线路至少能节省15%的经常维修费用。同时旅客在乘坐列车过程中，耳畔也不再响起车轮通过钢轨缝隙时发出的"咔嗒、咔嗒"声，提高了乘车舒适性。

我国无缝线路从20世纪50年代开始，经历了无缝线路技术储备、突破四大铺设禁区、跨区间无缝线路试铺、新线一次铺设跨区间无缝线路、全面推广跨区间无缝线路等阶段，并取得了良好效果。这一切为我国铁路发展打下了坚实的基础。

铺设无缝线路的意义：

(1)无缝线路在长钢轨内消灭了钢轨接头，列车通过时高频冲击荷载的动态响应消除，线路相应的病害减少。

(2)据美国统计，无缝线路钢轨寿命延长约40%；据日本统计，采用无缝线路的钢轨(50型)更换周期由原来的400Mt延长到了500Mt。据苏联统计，通过总重500Mt以后的钢轨(P65型)抽换数降低了3倍。据我国统计，无缝线路钢轨使用寿命延长1.25倍。

(3)无缝线路是当今轨道结构的最佳选择,它以无可非议的优越性得到各国铁路部门的认可。几十年来,世界各国竞相发展无缝线路。我国铁路无缝线路近年来在技术上有很大进步,在数量上快速增长。

二、无缝线路的分类

无缝线路按处理温度应力的方式分为放散应力式无缝线路、温度应力式无缝线路。

①放散应力式无缝线路分为自动放散式和定期放散式两种,适用于年轨温差较大的地区铺设,或者温度力较大的特殊地段。

自动放散式无缝线路允许长轨条自由伸缩,在轨条的两端设置钢轨伸缩接头,达到消除和减少钢轨内部的温度力的目的。为防止钢轨爬行,在轨条的中部需使用特制的扣件。由于结构复杂,其使用较少。

定期放散式无缝线路,可参考当地轨温条件,把钢轨内部的温度应力每年调整放散 1~2 次。松开长钢轨的全部扣件,使它自由伸缩,放散内部温度应力,每次放散需消耗大量劳动力,作业不方便,目前已很少使用。

②温度应力式无缝线路,是由一根焊接长钢轨及其两端 2~4 根标准轨组成,并采用普通接头的形式;铺设锁定后,在钢轨内部产生很大的温度力,其值随轨温变化而异。温度应力式无缝线路结构简单,铺设维修方便,应用广泛。

无缝线路按长轨条长度不同,可分为普通无缝线路、全区间无缝线路和跨区间无缝线路。

①普通无缝线路指的是长轨节的长度为 1000~2000m 的无缝线路。

②全区间无缝线路是指跨越分区但不跨越车站,整个区间用一根长钢轨联结的无缝线路;长轨起终点为相邻两车站。

③跨区间无缝线路,也称为超长无缝线路,是指轨节长度跨越车站道岔并贯穿区间的无缝线路,是在全区间无缝线路的基础上,轨节长度进一步延长,其长度可达几十千米甚至几百千米。

无缝线路按 CWR 铺设位置分为路基无缝线路、桥上无缝线路和岔区无缝线路。

三、无缝线路基本原理

无缝线路的特点是轨条长,当轨温变化时,钢轨发生伸缩,但由于线路阻力作用,不能自由伸缩,在钢轨内部要产生很大的轴向温度力。为保证无缝线路的强度和稳定,需要明确长轨条内温度力及其变化规律。为此首先要分析温度力、伸缩位移与轨温变化之间的关系。

一根长度为 l、可自由伸缩的钢轨,当轨温变化 Δt℃时,其伸缩量为:

$$\Delta l = \alpha \cdot l \cdot \Delta t \tag{4-1}$$

式中:α——钢轨的线膨胀系数[mm/(m·℃)],$\alpha = 0.0118$ mm/(m·℃);

l——钢轨长度(m);

Δt——轨温变化幅度(℃)。

如果钢轨两端完全被锁定,不能随轨温变化而自由伸缩,则将在钢轨内部产生温度应力。根据胡克定律,温度应力 σ_t 为:

$$\sigma_t = E \cdot \varepsilon_t = E \frac{\Delta l}{l} = E \cdot \alpha \cdot \Delta t \tag{4-2}$$

式中：E——钢的弹性模量(MPa)，$E = 2.1 \times 10^5$ MPa；

　　　ε_t——(温度应变)钢轨被锁定而限制的单位长度伸缩量。

将 E、α 之值代入上式，则温度应力为：

$$\sigma_t = 2.1 \times 10^5 \times 11.8 \times 10^{-6} \Delta t = 2.50 \Delta t (\text{MPa}) \tag{4-3}$$

则一根钢轨所受的温度力 P_t 为：

$$P_t = \sigma_t \cdot F = 2.50 \Delta t \cdot F(\text{N}) \tag{4-4}$$

式中：F——一根钢轨的断面面积(mm^2)。

分析以上三个公式，可知：

(1)在两端固定的钢轨中所产生的温度应力，仅与轨温变化幅度有关，而与钢轨本身长度无关。因此，从理论上讲，钢轨可焊成任意长度，且对钢轨内温度应力没有影响。

(2)降低钢轨内部温度应力的关键是如何控制轨温化幅度 Δt。

(3)不同类型的钢轨，因为钢轨横截面面积不同，所以同一轨温变化幅度产生的温度力大小不同。对于75kg/m、60kg/m、50kg/m 钢轨，如轨温变化1℃所产生的温度力分别为23.8kN、19.3kN、16.5kN。

四、无缝线路的钢轨温度

无缝线路与普通线路最大的区别在于它承受巨大的温度力，而温度力的大小与轨温之高低相关。无缝线路的钢轨温度力，直接影响轨道的强度和稳定。因此，钢轨温度是无缝线路的设计、施工与日常养护的重要参数。

轨温即钢轨的温度，一般是指钢轨断面的平均温度，也称为有效轨温。轨温由专门的测量工具来测定，测量工具包括但不仅限于：水银温度计、半导体点温计、吸附式温度计、红外数字温度计。

最高轨温和最低轨温的平均值被称为中间轨温，中间轨温 t_z 定义为：

$$t_z = \frac{T_{\max} + T_{\min}}{2} \tag{4-5}$$

中间轨温意味着，由中间轨温升至最高轨温和降至最低轨温时的轨温差幅值相等。也就是说，若在中间轨温时锁定钢轨，当轨温分别升到最高轨温或降至最低轨温时，钢轨内产生的温度压力和温度拉力大小是相等的。这样可保证钢轨不承受过大的拉力或过大的压力。

轨温随气温、气候、风力等的变化而变化。冬季最低轨温与同一地点最低气温基本相等，有时偏低 1~2℃，最低轨温通常出现在黎明之前。一般情况下，最高轨温比最高气温高18~20℃。

河北保定工务段通过多年不间断测试记录，得到各月份最高、最低轨温和气温的关系图(图4-1)。

根据中央气象局资料，按最高轨温高于最高气温20℃，最低轨温与最低气温相等，得到表4-1。

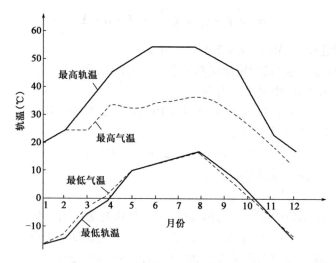

图 4-1 河北保定工务段最高、最低轨温和气温关系图

全国各地区最高、最低及中间轨温表(℃)　　　　表 4-1

地区	最高轨温	最低轨温	中间轨温	地区	最高轨温	最低轨温	中间轨温	地区	最高轨温	最低轨温	中间轨温
北京	62.6	-27.4	17.6	长春	59.5	-36.5	11.5	宜宾	59.5	-3	28.3
天津	65	-22.9	21.1	四平	56.6	-38.7	9	昆明	52.3	-5.4	23.5
石家庄	62.7	-26.5	18.1	延吉	60.3	-37.1	11.6	拉萨	49.4	-16.5	16.5
承德	61.5	-23.3	19.1	通化	55.5	-36.3	9.6	日喀则	58.2	-25.1	16.6
张家口	60.9	-26.2	17.4	哈尔滨	59.1	-41.4	8.9	贵阳	61.3	-7.8	26.8
唐山	63.3	-22.6	20.4	齐齐哈尔	60.1	-39.5	10.3	遵义	58.7	-7.1	25.8
保定	63.3	-23.7	19.8	佳木斯	56.4	-39.6	8.4	安顺	54.3	-7.6	23.4
邢台	61.8	-22.4	19.7	牡丹江	57.2	-39.7	8.8	桐梓	57.5	-6.9	25.3
太原	61.4	-29.5	16	安达	59.5	-44.3	7.6	桐梓	57.5	-6.9	25.3
大同	58	-30.5	13.8	嫩江	58.1	-47.3	5.4	济南	62.5	-19.7	21.4
运城	65	-18.7	23.1	加格达奇	57.3	-45.4	6	延安	59.7	-25.4	17.2
呼和浩特	58	-36.2	10.9	西安	65.2	-20.6	22.3	青岛	56.6	-20.5	18.1
满洲里	58.7	-46.9	5.9	吐鲁番	67.6	-28	19.8	兖州	61	-19	21
二连浩特	59.9	-40.2	9.9	哈密	63.9	-32	16	南京	63	-14	24.5
包头	59.5	-32.8	13.4	库尔勒	60	-28.1	16	徐州	63.3	-22.6	20.4
赤峰	62.6	-31.4	15.6	喀什	60.1	-24.4	17.9	上海	60.3	-12.1	24.1
集宁	55.7	-33.8	11	成都	60.1	-5.9	27.1	杭州	62.1	-10.5	25.8
沈阳	59.3	-33.1	13.1	资阳	59.2	-4	27.6	金华	61.2	-9.6	25.8
本溪	57.3	-32.3	12.5	内江	61.1	-3	29.1	合肥	61	-20.6	20.2
丹东	57.8	-31.9	13	绵阳	57.1	-2.3	27.4	安庆	64.7	-12.5	26.1
锦州	61.8	-24.7	18.6	重庆	64	-2.5	30.8	蚌埠	64.5	-19.4	22.6
大连	56.1	-21.1	17.5	西昌	59.7	-6	26.9	福州	59.8	-2.5	28.7

续上表

地区	最高轨温	最低轨温	中间轨温	地区	最高轨温	最低轨温	中间轨温	地区	最高轨温	最低轨温	中间轨温
邵武	60.4	-7.9	26.3	天水	58.2	-19.2	19.5	长沙	63	-11.3	25.9
厦门	58.5	-2	28.3	西宁	53.5	-26.6	13.5	郑州	63	-17.9	22.6
南昌	60.6	-9.3	25.7	格尔木	53.1	-33.6	9.8	开封	63	-16	23.5
九江	61	-10	25.5	银川	59.3	-30.6	14.4	安阳	61.7	-21.7	20
广州	58.7	-0.3	29.2	中卫	58.5	-29.2	14.7	许昌	61.9	-17.4	22.3
韶关	62	-4.3	28.9	乌鲁木齐	60.7	-41.5	9.6	洛阳	64.2	-20	22.1
深圳	58.7	0.2	29.2	塔城	61.3	-39.2	11.1	南阳	63.2	-21.2	21
湛江	58.1	-2.8	30.5	克拉玛依	62.9	-35.9	13.5	信阳	62	-20	21
汉中	58	-10.1	24	德州	63.4	-27	18.2	宜昌	63.9	-9.8	27.1
宝鸡	61.6	-16.1	22.8	郴州	61.3	-9	26.2	武汉	61.3	-18.1	21.6
安康	61.7	-9.5	26.1	衡阳	61.3	-7.9	26.7	台北	58.6	-2	28.3
兰州	59.1	-23.3	17.9	南宁	60.4	-2.1	29.2	台南	59	2	30.5
玉门	56.7	-28.2	14.3	桂林	59.7	-5	27.4	香港	56.1	0	28.1
酒泉	58.4	-31.6	13.4	柳州	59.2	-3.8	27.7				

五、无缝线路的锁定轨温

无缝线路锁定时的轨温叫作锁定轨温。我们通常把无缝线路全部扣件螺栓包括接头螺栓拧紧时的轨温作为锁定轨温。所谓"锁定",就是用中间扣件(包括防爬设备)把无缝线路钢轨紧扣在轨枕上,用接头扣件把轨端充分夹紧,使之不能自由伸缩。

锁定轨温是"零应力轨温"。显然,在中间扣件和接头扣件拧紧之前,钢轨处于自由伸缩状态,随着轨温的变化,该伸的已经伸足了,该缩的已经缩足了。因而在将扣件拧紧的那个短暂的时间,无缝线路钢轨断面受到的温度力等于零。此时,无缝线路具备最安全的轨温条件。锁定之后,只要轨温等于锁定轨温,无缝线路钢轨断面上承受的温度力都等于零。

锁定轨温是轨温变化度数的依据。计算温度力和钢轨限制伸缩量时,应把锁定轨温作为基数去求取轨温变化度数。所谓"轨温变化度数",就是实际轨温与锁定轨温的差数。

锁定轨温的高低,直接决定无缝线路承受温度力的大小,因而直接决定无缝线路的稳定性。一个地区只有一个最高轨温和一个最低轨温。

如果锁定轨温定得过高,夏天无缝线路承受的温度压力不大,但是到了冬天最低轨温时,无缝线路将承受较大的温度拉力而影响其稳定性。

如果锁定轨温定得过低,冬天最低轨温时无缝线路承受的温度拉力不大,但是到了夏天最高轨温时,无缝线路将承受较大的温度压力,同样影响其稳定性。

设计过程中,根据线路结构的具体条件,通过轨道强度和稳定性的检算所确定的零应力轨温,称为设计锁定轨温。

施工中一段长轨条的锁定需要一定的时间,所以大修施工规定把长轨条始终端落槽就位时的平均轨温称为施工锁定轨温。要求始终端就位时的轨温必须在设计锁定轨温的允许变化范围之内。一旦设计和施工完成,设计和施工锁定轨温不允许随意改变,并记入技术档案,作为日后线路养护维修的依据。

锁定轨温是决定钢轨温度力水平的基准,因此根据强度、稳定条件确定锁定轨温是无缝线路设计的主要内容。

任务二 温度应力式无缝线路的认知

一、温度应力式无缝线路构造

温度应力式无缝线路是我国无缝线路的基本结构形式,其循环单元包含固定区、伸缩区和缓冲区三部分,如图4-2所示。

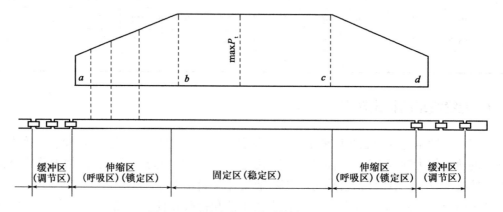

图4-2 温度应力式无缝线路构造与温度力图

固定区:长轨条中间不能伸缩的部分称为固定区,其长度最短不得低于50m。

伸缩区:长钢轨两端能随轨温变化伸缩,伸缩量控制在构造轨缝允许范围内,长度一般为50~100m,宜取标准轨长的整数倍。

缓冲区:长轨条与长轨条或道岔的联结过渡段,由2~4根标准轨或缩短轨组成。其不得设置在平交道口和不作单独设计的无砟桥上,不宜设在曲线上。

二、温度应力式无缝线路阻力

轨温变化时,影响钢轨两端自由伸缩的原因是来自线路纵向阻力的抵抗,它包括接头阻力、扣件阻力及道床纵向阻力。

(一)接头阻力

钢轨两端接头处由钢轨夹板通过螺栓拧紧,产生阻止钢轨纵向位移的阻力,称为接头阻力,它由钢轨夹板间的摩阻力和螺栓的抗剪力提供。为安全起见,我国接头阻力P_H仅考虑钢轨与夹板间的摩阻力s,摩阻力s的大小主要取决于螺栓拧紧后的张拉力P和钢轨与夹板间的摩擦系数f。

$$P_H = n \cdot s \tag{4-6}$$

$$s = \frac{2P}{\sin(\alpha + \varphi)}\cos\varphi \cdot f \tag{4-7}$$

式中：n——接头一端的螺栓数，六孔夹板 $n = 3$；

s——钢轨与夹板间对应 1 根螺栓（4 个接触面）的摩阻力。

根据计算发现，一根螺栓的拉力接近它所产生的接头阻力，在此情况下，接头阻力 P_H 的表达式，可写成：

$$P_H = n \cdot P \tag{4-8}$$

式中：P——一根螺栓拧紧后的拉力（kN）。

摩阻力的大小主要取决于螺栓拧紧后的张拉力和钢轨与夹板之间的摩擦系数。接头阻力与螺栓材质、直径、拧紧程度和夹板孔数有关。在其他条件均相同的情况下，螺栓的拧紧程度是保持接头阻力的关键。

列车通过钢轨接头时产生振动，会使扭力矩下降，接头阻力值降低。根据国内外资料，接头阻力值可降低到静力测定值的 40%～50%。所以，定期检查扭力矩，重新拧紧螺母，保证接头阻力值在长期运营过程中保持不变，是一项十分重要的措施。《普速铁路线路修理规则》规定，无缝线路钢轨接头必须采用 10.9 级螺栓，扭矩应保持在 700～1100 N·m。表 4-2 所示为计算时采用的接头阻力值。

接头阻力 P_H 表   表 4-2

接头条件	接头扭矩 T（N·m）								备注
	300	400	500	600	700	800	900	1000	
50 kg/m 钢轨 10.9 级 $\phi24$ 螺栓	500	200	250	300	370	430	490		
50 kg/m 钢轨 10.9 级 $\phi24$ 螺栓	130	180	230	280	340				普通线路
						490	510	670	无缝线路

注：接头扭矩对应的接头阻力 P_H 单位为 kN。

（二）扣件阻力

中间扣件和防爬设备抵抗钢轨沿轨枕面纵向位移的阻力，称为扣件阻力。为防止钢轨爬行，要求扣件阻力必须大于道床纵向阻力。扣件阻力是由钢轨与轨枕垫板面之间的摩阻力和扣压件与轨底扣着面之间的摩阻力组成。摩阻力的大小取决于扣件扣压力和摩擦系数的大小。

一组扣件的阻力 F 为：

$$F = 2(\mu_1 + \mu_2)P \tag{4-9}$$

式中，P 为扣件一侧扣压件对钢轨的扣压力；μ_1 为钢轨与垫板之间的摩擦系数；μ_2 为钢轨与扣压件之间的摩擦系数。

列车通过时的振动，会使螺母松动，扭矩下降，导致扣件阻力下降。为此，《普速铁路修理规则》规定：扣板扣件扭矩应保持在 80～120 N·m；弹条扣件扭矩应保持在 100～150 N·m。

表 4-3 列出了部分扣件阻力。

部分扣件阻力表 表4-3

扣件	扭矩				扣件阻力	
	初始状态		垫板压缩1mm		以往计算采用值(N)	建议采用值(N)
	70~80N·m	140~150N·m	70~80N·m	140~150N·m		
弹性Ⅰ型	11900	21900	9030	11600		9000
70型	12500	19000	4220	6750	3000	4000
67型	10100	18000	6230	9800	5500	6000
K型	7500	15000			7500	7500
道钉混合式扣件	500				400	500
防爬器	16000				20000	15000

注：扭矩对应的扣件阻力单位为N。

(三)道床纵向阻力

道床纵向阻力是指道床抵抗轨道框架(钢轨和轨枕组装而成，也称为轨排)纵向位移的阻力。一般用每根轨枕的阻力R，或每延厘米分布阻力r表示。它是抵抗钢轨伸缩、防止线路爬行的重要参数。

道床纵向阻力与道床密实度、道砟粒径、材质、道床断面、捣固质量及脏污程度有关。道床在清筛松动后纵向阻力明显下降，随着运营时间的推移，可逐渐恢复正常值。只要钢轨与轨枕间的扣件阻力大于道床纵向阻力，则无缝线路长钢轨的温度应力和温度应变的纵向分布规律将完全由接头阻力和道床纵向阻力确定。

试验表明，混凝土枕位移小于2mm，木枕位移小于1mm，道床纵向阻力呈抛物线增长，此时道床处于弹塑性工作范围；位移超过该值后，纵向阻力的增长趋缓。图为4-3为Ⅰ、Ⅱ、Ⅲ型混凝土枕的道床纵向阻力与纵向位移关系图。

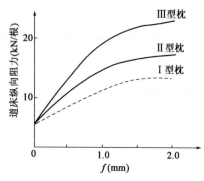

图4-3 Ⅰ、Ⅱ、Ⅲ型混凝土枕的道床纵向阻力与纵向位移关系图

道床纵向阻力与道砟材质、道砟级配、粒径尺寸、道床断面形状、道床脏污状况、道床捣实质量等因素有关。

三、无缝线路温度力图

温度力沿长钢轨纵向分布规律，常用温度力图来表示，温度力图实质是钢轨内力图。在温度力图中，横坐标表示钢轨的长度，纵坐标表示钢轨内部温度力，正值表示拉力，负值表示压力。根据力的平衡关系，钢轨内部的温度力应等于外部阻力，故温度力的计算可转化为外部阻力的计算。

当轨温开始变化时，轨温增(减)幅度较小，由于有接头的约束，轨条不产生收缩(增长)，在长轨条全长范围内产生温度力P_t，接头阻力随着P_t的变化而变化，始终与温度力保持平衡，此时

$$P_t = 2.48\Delta t_H F = P_H \tag{4-10}$$

$$\Delta t_H = \frac{P_H}{2.48F} \tag{4-11}$$

式中：Δt_H——接头阻力能阻止钢轨伸缩的轨温变化幅度。

当轨温继续升高（降低），轨温变化幅度增加，道床纵向阻力开始阻止钢轨伸缩。但道床纵向阻力的产生体现在道床对轨枕的位移阻力，随着轨枕位移的根数的增加，相应的阻力也增加。设单根轨枕的阻力为钢轨单位长度上的阻力 r（常量），则道床纵向阻力以阻力梯度的形式分布，各截面外部阻力并不相等，钢轨内部温度力部分放散，以斜率 r 分布。

为便于说明问题，下面结合温度力图来分析年度温度变化循环中，长轨条温度力的变化过程。假设轨温变化过程是从锁定轨温降到最低轨温，再从最低轨温升高到最高轨温。

(1) 当轨温 t 等于锁定轨温 t_0 时，钢轨内部无温度力，即 $P_t = 0$，如图 4-4 中 AA' 线。

(2) 当 $\Delta t = t - t_0 \leq \Delta t_H$ 时，轨端无位移，温度拉力在整个长轨条内均匀分布，$P_t = P_H$，如图 4-4 中 BB' 线。

(3) 当 $\Delta t = t - t_0 > \Delta t_H$ 时，道床纵向阻力开始发挥作用，轨端开始产生收缩位移，在钢轨发生纵向位移的长度范围内放散部分温度力，如图 4-4 中 CC' 范围内任意截面的温度力为：

$$P_t = P_H + rx \tag{4-12}$$

式中：x——轨端至发生纵向位移的钢轨任一断面之间的距离（mm）。

(4) 当 t 降到最低轨温 $T_{\min}$ 时，钢轨内产生最大温度拉力 $\max P_{t拉}$，如图 4-4 中 DD' 线。这时发生纵向位移的钢轨长度达到最大值 l_s，l_s 称为伸缩区长度。此时 $\max P_{t拉}$ 和 l_s 可按下式计算：

$$\max P_{t拉} = 2.5F\Delta t_{拉.\max} = P_H + rl_s \quad (N) \tag{4-13}$$

$$l_s = \frac{\max P_{t拉} - P_H}{r} \quad (mm) \tag{4-14}$$

(5) 轨温从最低轨温开始回升时，钢轨有伸长的趋势，要是轨端能产生伸长位移，则温度力必须首先抵消原降温形成的接头阻力 P_H。此时温度力图分布如图 4-5 中 AEE'。

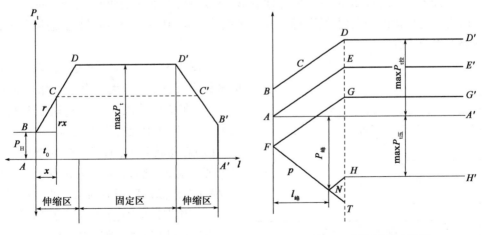

图 4-4 降温过程温度力图　　　　图 4-5 升温过程温度力图

(6) 轨温继续回升，反向克服接头阻力，此时温度力分布如图 4-5 所示的 FGG'。在此之前，轨端无位移，温度力随着轨温的变化呈完全平行的移动。

(7)轨温继续回升,正、反向接头阻力已被完全克服完,钢轨要开始伸长,这时道床纵向阻力起作用,部分长度上温度力梯度反向,在伸缩区温度压力以斜率 r 而增加,如图4-5中 FT 所示。

(8)当达到最高轨温时,固定区温度压力达到 $\max P_t$ 后,由于 $\Delta t_{拉\max} > \Delta t_{压\max}$,固定区温度力平行下移到 HH',则 HN 与 FT 的交点,出现了温度压力峰 $P_峰$,其值大于固定区的温度压力。温度压力峰等于固定区最大温度拉力与最大温度压力的平均值,即:

$$P_峰 = \frac{1}{2}(\max P_{t拉} + \max P_{t压}) \tag{4-15}$$

$$l_峰 = \frac{(\max P_{t拉} + \max P_{t压}) - 2P_H}{2r} \tag{4-16}$$

t_0 与 $t_中$ 的差异会形成温度力峰值 $P_峰 = 0.5(\max P_{t拉} + \min P_{t压})$。当 $t_0 > t_中$ 时,在伸缩区出现温度压力峰值;当 $t_0 < t_中$ 时,在伸缩区出现温度拉力峰值;当 $t_0 = t_中$ 时,在伸缩区不会出现温度压力峰值,在轨温上升过程中,在伸缩区会出现温度力峰值,但小于 $P_峰$。

温度压力峰值是引起无缝线路失稳的重要隐患,特别是在春夏之交,发生的概率最大,所以在线路养护维修作业时,应特别注意伸缩区无缝线路的稳定性。

任务三　无缝线路的稳定性

一、无缝线路稳定性的概念

无缝线路的稳定性,指无缝线路在温度压力作用下不致发生胀轨、跑道的性能。它是一个和胀轨、跑道相对的概念。我们通常把轨道在温度压力作用下,横向变形2mm作为无缝线路稳定与否的分界点。超过2mm的横向弹性变形,恢复后要留下残余变形,更重要的是,它还将使线路阻力随变形量的增大而急剧下降,相应地就使临界温度压力和临界轨温急剧降低,加速无缝线路的失稳进程。

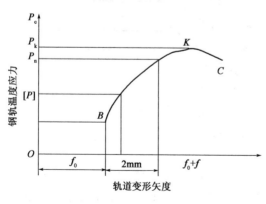

图4-6　无缝线路胀轨跑道过程

如图4-6所示,纵坐标表示钢轨温度压力,横坐标为轨道变形矢度,f_0 代表初始弯曲矢度。

(1)在持稳阶段(AB 段),轨温升高,温度压力增大,但轨道没有发生变形。

(2)在胀轨阶段,随着轨温的增加,温度压力也随之增加,此时轨道开始出现微小变形,此后,横向变形随温度压力的增加非线性变大。

(3)当温度压力达到临界值 P_k 时,轨温稍有升高或出现外部干扰,轨道将会突然发生膨胀弯曲,道砟跑出,轨枕破损,钢轨发生较大变形(图4-7),此为跑道阶段(KC),稳定性完全丧失。

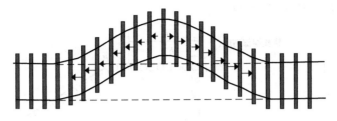

图 4-7 轨道失稳变形

二、稳定性的影响因素

为保持无缝线路稳定性,发挥其优越性,现对保持线路稳定因素和加剧失稳因素进行分析。

(一)保持稳定性的因素

1. 道床横向阻力

道床抵抗轨道框架横向位移的阻力称为道床横向阻力。它是防止无缝线路胀轨跑道,保证无缝线路稳定性的主要因素。铁路工程经验表明,在稳定轨道框架的因素中,道床的贡献约为 65%,钢轨约为 25%,扣件约为 10%。维修作业中,因不当操作,导致道床横向阻力降低而发生的失稳现象时有发生。

图 4-8 为道床横向阻力与轨枕位移关系图,可知:阻力随着横向位移的增大非线性增加,当位移达到一定值时,阻力接近常量不再增加直至道床失稳破坏,且道床横向阻力与轨枕类型有关,宽轨枕线路横向道床阻力最高,混凝土轨枕线路次之,木枕线路最低。

道砟材料:不同材质的道砟提供的阻力也不一样。据国外资料可知,砂砾石道床比碎石道床阻力低 30%~40%;道床粒径较大,提供的横向阻力也较大,如粒径由 25~65mm 减小到 15~30mm,横向阻力将降低 20%~40%。

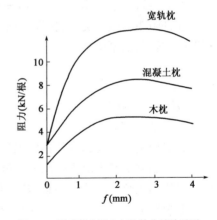

图 4-8 道床横向阻力与轨枕位移关系图

线路维修作业的影响:维修作业中,凡扰动道床,如起道捣固、清筛等改变道砟间或道砟与轨枕间的接触状态,都会导致道床阻力的下降。

道床肩宽:适当的道床肩宽可以提供一定的横向阻力,但不是肩宽越大,横向阻力就总会越大。轨枕端部的横向阻力是轨枕横移挤动砟肩道砟棱体时的阻力,并最终形成破裂面,如图 4-9 所示,砟肩的宽度必须覆盖这一破裂面,以保证具有较大的阻力。滑动体之外的道床对枕端横向阻力不起作用。破裂面的顶宽用下式计算:

$$b = H\tan\left(45° + \frac{\varphi}{2}\right) \tag{4-17}$$

式中:H——轨枕端埋入道床的深度;

φ——摩擦角,一般取 35°~50°。

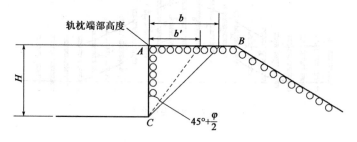

图 4-9 道床破裂面示意图

与 30cm 的肩宽相比,肩宽增加到 50cm 时,阻力值可增加 16%,若再加宽,道床宽度超过 55cm 阻力将不再增加。有关国家对砟肩宽度规定了限值:美国为 50cm;日本为 55cm;苏联为 45cm;我国普通线路为 30cm,无缝线路为 40~50cm。

2. 轨道框架刚度

轨道框架刚度反映轨道框架抵抗横向弯曲的能力。轨道框架刚度越大,抵抗横向弯曲变形的能力就越强。轨道框架刚度在水平面内等于两股钢轨的横向水平刚度及钢轨与轨枕节点间的阻矩抵抗横向弯曲能力的总和。

两股钢轨的水平刚度为 EI,$EI = 2EI_y$,I_y 为一根钢轨对竖直轴的惯性矩。

扣件阻矩与轨枕类型、扣件类型、扣压力及钢轨相对于轨枕的转角有关,可以表示为钢轨相对轨枕转角的幂函数:

$$M = H \cdot \frac{\beta^1}{\mu}$$

式中:H、μ——阻矩系数。

(二)丧失稳定的因素

丧失稳定的主要因素是钢轨温度压力与轨道初始弯曲。

由于温升引起钢轨中的轴向温度压力是影响无缝线路稳定的根本原因。轨道初始横向弯曲则是影响无缝线路稳定的直接原因。

胀轨跑道多发生在轨道的初始弯曲处。因此,控制轨道的初始弯曲大小,对提高无缝线路的稳定性有重要作用。初始弯曲一般可分为弹性初始弯曲和塑性初始弯曲。现场调查表明,大量塑性初始弯曲矢度为 3~4mm,测量的波长为 4~7m,塑性初始弯曲矢度占总初始弯曲矢度的 58.33%。

本章课后习题

1. 什么是钢轨内部的温度应力?
2. 什么叫作钢轨的温度力?
3. 3.60kg/m 钢轨,断面面积为 77.45cm²,在轨温变化 18℃ 时,钢轨内部产生的温度应力和温度力各为多少?

4. 无缝线路能够铺设的理论依据是什么？
5. 钢轨温度与气温之间的关系是怎样规定的？
6. 什么是无缝线路的锁定轨温？
7. 无缝线路保持稳定，其轨道阻力有哪几种？
8. 道床横向阻力是指什么？它主要起什么作用？
9. 影响道床横向阻力的主要因素有哪些？

第二篇 轨道施工

项目五　CRTS I 型板式无砟轨道施工

知识目标：
1. 辨识 CRTS I 型板式无砟轨道；
2. 了解 CRTS I 板式无砟轨道 CA 砂浆袋装灌注工艺；
3. 掌握 CRTS I 型板式无砟轨道施工过程。

能力目标：
1. 能够进行 CRTS I 型板式无砟轨道带凸形挡台的底座施工；
2. 能够进行 CRTS I 型板式凸形挡台填缝施工；
3. 能够进行 CRTS I 型板式无砟轨道板铺施工；
4. 能够进行 CRTS I 型板式无砟 CA 砂浆袋装灌注施工。

任务一　底 座 施 工

CRTS I 型板式无砟轨道、底座分别如图 5-1、图 5-2 所示。

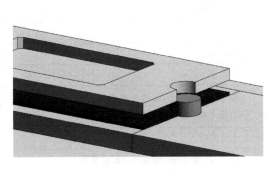

图 5-1　CRTS I 型板式无砟轨道

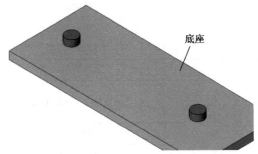

图 5-2　底座

一、管理模块

(1) 底座施工流程见表 5-1。
(2) 底座施工主要工(器)具见表 5-2。

CRTS I 型板式无砟轨道底座施工流程 表5-1

序　号	施工项目过程	序　号	施工项目过程
1	施工准备	4	混凝土浇筑施工
2	钢筋加工及安装	5	养护与拆模
3	模板及伸缩缝安装	6	质量检查

CRIS I 型板式无砟轨道底座施工主要工(器)具 表5-2

序　号	机具材料名称	序　号	机具材料名称
1	钢筋弯曲机	7	定型抹子
2	钢筋切断机	8	铝合金刮尺
3	钢筋调直机	9	扭矩扳手
4	底座模板	10	振捣棒
5	模板支撑杆件	11	电焊机
6	拉毛刷		

二、操作模块

(一)施工准备

(1)底座施工前应清理基础面杂物,检查基础面预埋件状态。

(2)底座施工前应进行桥面验收,见表5-3,复测基础面中线、高程、平整度等项目。

桥面验收标准 表5-3

序　号	检查项目	验收标准
1	桥面高程	+10,-30mm
2	桥面中线	10mm
3	桥面平整度	5mm/m
4	相邻梁端高差	不大于10mm
5	底座板范围梁面拉毛或凿毛	拉毛范围均在2.6m底座板范围内(不允许超出底座板),凿毛面积不低于总面积的50%
6	防护墙间净宽	不得超限
7	桥面预埋件	规格、材质、位置、数量符合设计要求
8	桥面清洁度	不得有油渍、浮渣、浮浆
9	桥面排水坡及泄水孔	泄水孔管篦安装完成,泄水管道畅通
10	桥面伸缩缝	安装牢固,不得有脱落

(3)桥面底座预施工范围内及隧道仰拱回填层表面,应按设计进行拉毛或凿毛处理,凿毛处理时混凝土见新面不小于50%。

(4)将桥面浮砟、碎片、油清除干净,用高压水枪清理后,应确保无积水。

(5)根据基桩控制网(CPⅢ)控制点采用全站仪自由设站进行底座及凸形挡台中心点平

面位置放样,放样方法、精度要求应符合高速铁路测量相关标准的规定。

(6)安装底座钢筋网前,在梁体预埋套筒植入连接钢筋,作加固底座用。连接钢筋拧入预埋套筒的深度应符合设计要求。拧紧力应符合设计图纸要求,连接钢筋端头螺纹采用辊轧成型。当梁面套筒被堵塞而导致连接钢筋不能安装时,在套筒两侧各植入一根连接钢筋,并用植筋胶锚固。

(二)钢筋加工及安装

依据施工图编制钢筋配料单,按配料单下料前,应核对钢筋规格、级别及加工数量是否无误,然后进行钢筋加工。

按照施工图要求进行钢筋的弯制和末端的弯钩制作,当施工图未作出要求时,应符合下列规定:

(1)受拉热轧光圆钢筋的末端应作成180°且弯曲直径≥2.5d(d为钢筋直径)的半圆形弯钩,钩端预留直线段不得小于3d。

(2)当施工图要求采用直角形弯钩时,受拉热轧光圆和带肋钢筋的末端弯曲直径≥5d,钩端预留直线段不得小于3d。

(3)钢筋不宜在高温状态下加工,应在常温状态进行。钢筋绑扎成型需在现场进行。

依据放样控制点,先弹出底层的钢筋网片安装墨线,再将底层钢筋网片装上,随后进行架立钢筋绑扎,最后绑扎顶层钢筋网片。凸台预埋钢筋安装时,将凸台立筋和底座上下层钢筋焊接连接,凸台箍筋和凸台立筋则要进行绝缘绑扎。

将底座结构钢筋与预埋的连接钢筋、凸形挡台钢筋进行相连。若钢筋相碰,可沿线路纵向微调。当梁面高程与设计高程存在偏差时,适当调整底座架立筋,使其符合设计要求。

底座钢筋骨架绑扎完成,应按设计放置保护层垫块。钢筋安装完毕后严禁踩踏。

(三)模板及伸缩缝安装

模板采用工厂定制加工而成的定型钢模,按设计位置与高程支立底座模板,曲线地段模板高度应满足曲线超高的设计要求,混凝土底座中线位置应考虑向外的偏移量。

模板需要打磨干净并均匀涂刷脱模剂后才能进行安装。用螺栓连接模板接头,加固则采取撑拉的方式。在左右外侧的防撞墙上固定撑拉左右幅外模,左右幅内模相互撑拉固定。模板与梁面间的缝隙采用与底座混凝土相同强度等级砂浆塞填,注意控制塞填砂浆不得侵入底座范围。

底座伸缩缝模板应统一加工制作,并进行防腐处理。底座伸缩缝模板需采用固定装置与侧模连接固定,以保证伸缩缝顺直,同时应确保位置准确、固定牢靠,防止伸缩板上浮或偏移。

(四)混凝土浇筑施工

混凝土用原材料、配合比设计、拌制、运输、浇筑及钢筋连接、安装等均应符合规定。钢筋的绑扎应按要求进行绝缘处理,并对绝缘性能进行检查确认。

混凝土应由拌和站集中拌和,搅拌车运输。每车混凝土均作坍落度检查,坍落度应满足设计要求。应根据施工进度、运量、运距及路况,选配混凝土运输用车型和数量。

拌制混凝土应按配合比准确称量。混凝土在拌制过程中应严格控制坍落度,每班测定不应少于2次。当混凝土运输距离较长时,应在拌制和浇筑现场分别检查。

混凝土的强度等级应符合设计规定。混凝土浇筑时,应留取强度检验试件。同一配合比每班次应至少取一组检验试件。

当工地昼夜平均气温连续3d低于+5℃或最低气温低于-3℃时,应采取冬期施工措施,混凝土的入模温度不应低于5℃;当工地昼夜平均气温高于30℃时,应采取夏期施工措施,混凝土入模时的温度不宜超过30℃。

混凝土浇筑时的自由倾落高度不宜大于2m;当大于2m时,应采用滑槽、溜管等设施辅助下落。出料口距混凝土浇筑面的高度不宜超过1m,保证混凝土不出现离析现象。底座板混凝土应采取分段施工,每段一次连续浇筑完成,不得中断。通过插入式捣固棒对混凝土进行振捣,保证振点均匀。使用长铝合金靠尺对混凝土进行收面,并沿两侧制作排水坡。

混凝土第二次收面应在初凝后进行,在轨道板铺设区域进行拉毛处理。

在混凝土浇筑期间,应设专人检查支架、模板、钢筋和预埋件等的稳定情况,发现有松动、变形、移位时应及时处理。

混凝土施工缝的界面应与线路中心线垂直,施工缝宜设在设计伸缩缝处,不得随意留置施工缝。

(五)养护与拆模

混凝土浇筑后,应免与流动水相接触,并在12h内覆盖和洒水养护,洒水次数应能保持混凝土处于润湿状态。当环境温度低于5℃时,禁止洒水养护,可在混凝土表面喷涂养护液养护,并采取适当保温措施。养护期一般不少于7d。若掺用缓凝剂等的混凝土,其养护期按规定适当延长。

侧模应在混凝土强度达到2.5MPa以上,其表面及棱角不因拆模而受损时,方可拆模。

模板拆除后,混凝土结构表面应密实、平整、颜色均匀,不得有漏筋、蜂窝、孔洞、疏松、麻面和缺棱掉角等缺陷。

(六)质量检查

1. 钢筋

(1)钢筋的牌号、规格、数量、位置和混凝土保护层的厚度均应符合设计要求。

(2)为保证混凝土保护层厚度,应在钢筋与模板之间采用垫块支垫。垫块应符合下列规定:

①垫块应互相错开,分散布置,不得横贯保护层的全部截面;垫块数量不得少于4个/m^2,绑扎垫块和钢筋的铁丝头不得伸入保护层内。

②保护层垫块的尺寸应保证钢筋混凝土保护层厚度的准确性,其形状应有利于钢筋的定位。

③垫块的耐久性和抗压强度应不低于构件本体混凝土。采用细石混凝土时水胶比不应大于0.4。

④不得采用砂浆垫块。

(3)钢筋骨(网)架宜先行预制,并应有足够的刚度,必要时可补入辅助钢筋或在钢筋的某些交叉点处焊牢,但不得在主筋上起弧。

(4)钢筋骨架的绑扎应稳固,缺扣、松扣的数量不应超过绑扎数的5%。

检验数量:施工单位每施工段两端及中间各检查2处。

检验方法:观察和扳手检查,并留存影像资料。
(5)钢筋的绑扎安装允许偏差,见表5-4。

钢筋的绑扎安装允许偏差　　　　　　　　　　　　　表5-4

项　目		允许偏差(mm)
钢筋间距		±20
钢筋保护层厚度	$c \geqslant 30mm$	−10～0
	$c < 30mm$	0～5

检验数量:施工单位每施工段两端及中间各检查2处。
检验方法:尺量、观察检查,并留存影像资料。
(6)混凝土保护层垫块的间距、布置形式应符合设计要求和相关规定。
检验数量:施工单位每施工段两端及中间各检查2处。
检验方法:尺量、观察检查,并留存影像资料。

2.混凝土
(1)混凝土到达施工现场后,应确认混凝土强度等级、配合比等是否符合设计及相关要求。
检验数量:施工单位、监理单位全部检查。
检验方法:对照委托单,核对拌和站提供的混凝土质量证明文件。
(2)混凝土的强度等级应符合设计要求。
检验数量:施工单位同一配合比每班次应取样1次制作试件。
检验方法:施工单位进行抗压强度试验;监理单位检查试件报告。

3.底座外形检查(表5-5)

底座外形尺寸允许偏差及检验数量　　　　　　　　　　　表5-5

检查项目	允许偏差	检查数量
顶面高程	±5mm	每5m检查1处
宽度	±10mm	每5m检查3处
厚度	±10%设计厚度	每5m检查3处
中线位置	3mm	每5m检查3处
平整度	10mm/3m	每5m检查1处
伸缩缝位置	10mm	每条伸缩缝检查1次
伸缩缝宽度	±5mm	每条伸缩缝检查1次
底座外侧排水坡	−1%～+3%	每5m检查1处

任务二　凸形挡台施工与填充

CRTS I 型板式无砟轨道的凸形挡台如图5-3所示。

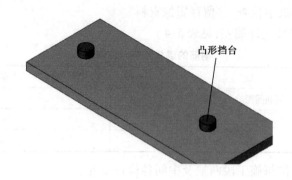

图 5-3 凸形挡台

一、管理模块

（1）凸形挡台施工流程见表 5-6。

CRTS I 型板式无砟轨道凸形挡台施工流程　　　　　　表 5-6

序　号	施工项目过程	序　号	施工项目过程
1	施工准备	8	灌注部位清理
2	测量放样	9	安装灌注袋
3	钢筋绑扎	10	填料灌注
4	模板安装	11	表面修整
5	凸形挡台混凝土浇筑	12	填料养护
6	养护与拆模	13	质量检查
7	树脂填充前准备		

（2）凸形挡台施工主要工（器）具见表 5-7。

凸形挡台施工主要工（器）具　　　　　　表 5-7

序　号	名　称	序　号	名　称
1	钢筋弯曲机	5	小型振捣棒
2	钢筋切断机	6	凸形挡台灌注袋
3	钢筋调直机	7	刀片
4	凸形挡台模板		

二、操作模块

（一）施工准备

底座混凝土拆模 24h 后，方可进行凸形挡台施工。施工前应测定凸台位置，并对底座表面凸台范围内混凝土进行凿毛处理,以保证凸台和底座的整体牢固性。

(二)测量放样

通过CPⅢ网点及采用全站仪和水准仪进行放样。放样前,应根据梁长、梁缝值调查情况逐孔、逐段测设标记点位:圆形挡台应设在圆的中心,半圆形挡台应设在半圆的中部。

(三)钢筋绑扎

原材料在钢筋加工场集中下料,自卸汽车运至相应地点,人工散运就位。

箍筋的绑扎应按施工图要求进行绝缘处理,并对绝缘性能进行检查确认;箍筋绑扎后进行测定和预埋工作。

注意,凸形挡台竖向钢筋应提前在底座板钢筋绑扎时与其连成一体。

(四)模板安装

凸形挡台以CPⅢ控制点进行精确放样。施工时,应特别注意保护预埋件,防止砸、碰变形。

凸形挡台模板采用定制钢模板,圆形凸形挡台模板采用两个半圆钢板组装而成,半圆模板间采用螺栓连接;半圆形凸形挡台模板采用一个半圆形状厚钢板和一块挡板组合而成,挡板与半圆同样采用螺栓连接。模具高度应保证凸形挡台顶面与轨道板面平齐,凸形挡台模板安装定位可采用木楔支撑并固定。

模具与底座板接触面处应保证处于密封状态,存在缝隙时可采用腻子或泡沫胶等材料进行封闭。

(五)凸形挡台混凝土施工

凸形挡台混凝土灌注施工前,应在凸形挡台周围铺垫一层塑料薄膜进行保护,以免施工时污染轨道板。

凸形挡台混凝土宜集中灌注施工,采用漏斗配合灌注混凝土,以防止混凝土进入凸形挡台周边缝隙之中,混凝土捣固采用小型振捣棒,振捣时应特别注意避免与模具接触,避免过振。

混凝土收面时应专门抹平并保证顶面高程误差在0~5mm。曲线段凸形挡台混凝土应严格控制坍落度。同时施工时应特别注意防止混凝土进入凸形挡台周边缝隙,妨碍后期树脂填缝施工。

(六)混凝土养护与拆模

凸形挡台混凝土浇筑完毕后应及时进行覆盖养护。养护方法同底座,当混凝土强度达到2.5MPa时方可拆模。

(七)树脂填充前准备

1.灌注材料

灌注凸形挡台填充树脂主要由环氧树脂、聚氨酯、聚酯树脂等黏聚性柔性材料组成,采用灌注袋施工。凸形挡台树脂原材料、技术要求、技术性能应符合要求。

2.施工环境

凸形挡台树脂施工温度应在5~40℃;为保证施工质量,雨(雪)天禁止作业。

灌注树脂应在轨道板下水泥乳化沥青砂浆灌注施工完成24h后进行。

(八)灌注部位的清理

树脂材料灌注前,将凸形挡台周边填充间隙的垃圾、尘土、浮浆等异物处理干净,同时清除水、油类物质,保证施工面干燥、清洁。

(九)安装灌注袋

检查树脂灌注袋尺寸、外观,尺寸不符合要求或有破损的不允许使用。

按规定安装凸形挡台树脂灌注袋,将整个灌注袋塞入凸形挡台与轨道板之间的缝隙内,并将底部的泡沫压实,拉紧展平灌注袋底部两边的侧面,使底部完全展开无褶皱。在轨道板端部凹面和凸形挡台侧面刷涂黏合剂,使展开的灌注袋两侧面分别与轨道板和凸形挡台的水泥面充分黏结,用辊子压平、压实。黏结时要避免两面出现褶皱,切除灌注袋自轨道板倒角下端至上面露出的部分,将侧面聚乙烯泡沫垫塞入轨道板间缝隙。

(十)填料灌注

根据凸形挡台和轨道板形状制作塑料薄膜保护层,并将其覆盖在凸形挡台周围的轨道板上,防止凸形挡台树脂灌注施工时污染轨道板。

将填料充分混合均匀后倒入树脂灌注袋内,树脂应缓慢连续均匀注入,尽量保持低位灌注作业,防止带入空气,以保证灌注密实,灌注高度应与轨道板平齐。灌注完毕后,使用木棒等工具深入树脂内部,贴近轨道板或凸形挡台侧面刮磨几下,防止灌注袋产生褶皱扭曲或空气滞留。

(十一)表面修整

灌注完毕用细棍紧贴袋子两侧除去内部的气泡,并用刮刀刮去表面的气泡,灌注后15min内要再次用刮刀刮去表面的气泡。

(十二)填料养护

灌注完毕后,应对树脂部分采取遮盖防护措施,防止雨水或杂质落入树脂内。

(十三)质量检查

(1)凸形挡台外形尺寸允许偏差,见表5-8。

凸形挡台外形尺寸允许偏差(mm)　　　　　表5-8

检验项目	允许偏差	检验项目	允许偏差
圆形挡台直径	±3	挡台中心位置	±5
半圆形挡台半径	±2	顶面高程	5
中线位置	3		

(2)凸形挡台填充树脂原材料类型、规格应符合设计要求。

检验数量:施工单位、监理单位全部检查。

检验方法:观察检查。

(3)凸形挡台与轨道板间填充树脂厚度不应小于30mm,不应大于50mm,顶面应低于轨道板顶面5~10mm。

检验数量:施工单位每个凸台检查;监理单位见证检验20%。

检验方法:施工单位尺量;监理单位见证检验。

(4)灌注袋铺设应平展、无褶皱,两侧面分别与轨道板和凸形挡台混凝土粘贴牢固。

检验数量:施工单位全部检查。
检验方法:观察检查。
(5)凸形挡台填充树脂的底边应与板底平齐或低于板底,不应高于板底10mm。
检验数量:施工单位每个凸台检查。
检验方法:尺量。

任务三 轨道板预制

CRTS I 型板式无砟轨道轨道板如图 5-4 所示。

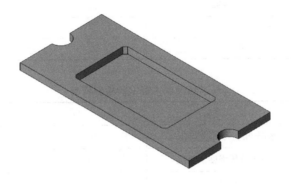

图 5-4 轨道板

一、管理模块

(1)轨道板预制流程见表 5-9。

CRTS I 型板式无砟轨道轨道板预制流程　　　表 5-9

序　号	施工项目(过程)	序　号	施工项目(过程)
1	模具清理	8	脱模
2	安装预埋套管	9	张拉
3	骨架入模	10	封锚
4	精确合模	11	养护
5	安装起吊螺母	12	质量检查
6	混凝土浇筑	13	存放
7	养护		

(2)轨道板预制主要生产设备见表 5-10。
(3)轨道板预制主要试验检测设备见表 5-11。

轨道板预制主要生产设备　　　　　　　　　　　　　表 5-10

序　号	名　　称	序　号	名　　称
1	数控钢筋加工及弯曲设备	12	高频振动器
2	钢筋切断机	13	锅炉
3	钢筋弯曲机	14	自动温度控制装置
4	绕簧机	15	自动张拉油泵
5	电焊机	16	千斤顶及附件
6	桁车	17	封锚气锤
7	龙门吊	18	砂浆搅拌机
8	混凝土拌和站	19	空压机
9	洗石机	20	平板卡车
10	铲车	21	内燃牵引车
11	混凝土料斗	22	轨道平板车

轨道板预制主要试验检测设备　　　　　　　　　　　表 5-11

序　号	名　　称	序　号	名　　称
1	水泥、集料等试验器具	9	兆欧表
2	混凝土抗压强度试验机	10	游标卡尺
3	养护水槽	11	钢板尺
4	弹性模量仪	12	深度尺
5	全站仪	13	直角尺
6	精密电子水准仪	14	塞尺
7	抗拔仪	15	钢卷尺
8	绝缘检测仪		

二、操作模块

（一）模具清理

查看模具外表，确认侧模、端模、底模之间连接满足施工设计要求；在连接处安装密封条，确保合模准确，没有错台现象；仔细观察绝缘套管定位螺栓是否完整，对不完整的，要及时调整或更换。

将侧模、端模顶面的混凝土残渣清除掉，清除模具内部表面灰渣，同时用角磨机将模具表面打磨光滑。

在模具内部四周及底面均匀涂抹脱模剂，但须避免脱模剂在锚穴及承轨台处积聚。

（二）安装预埋套管

绝缘套管安装前应将定位销清理干净，必须拧紧定位销外的套管。用橡胶锤将绝缘套管慢慢紧固到定位螺栓上。绝缘套管安装后，应与模具底面垂直，套管口端面与模具面板的缝隙不超过0.2mm。

(三)骨架入模及调整

1. 钢筋加工

环氧涂层钢筋弯制、剪切除满足普通钢筋弯制要求,还应用尼龙套管包裹钢筋设备的弯曲轴,确保表面涂层不破损,同时钢筋端部弯折应一次成型,不能反复操作,避免损伤钢筋。为确保涂层钢筋的绝缘效果,环氧涂层钢筋断头处应采用与环氧涂层相同的材料进行刷涂或喷涂。后期搬运过程若出现涂层破损,采用同样方法进行修补。

2. 钢筋焊接及绑扎

焊接部位主要是接地端子、加强钢筋,采用搭接焊工艺。在绑扎钢筋专用胎具上进行绑扎,胎具采用钢木结合方式。绑扎作业时,工人按照图纸要求,在各槽口处放入加工好的钢筋半成品,这样既提高了工效,又保证了环氧树脂涂层钢筋在绑扎过程中不受损伤,同时也保证了钢筋绑扎各部位尺寸满足设计要求。

所有钢筋交点位置都应采用绝缘扎丝逐点绑扎,扎丝尾部应扭向骨架内,避免损害混凝土。

3. 骨架吊装、存放及运输

钢筋骨架使用专用吊具吊装并进行多点起吊,用木条或塑料板支垫保护吊点处。起吊必须平稳,缓慢就位;骨架存放时,每层之间采用方木条隔开,防止损坏钢筋的环氧涂层,以保证钢筋骨架不变形,适当调整隔垫木条的位置和数量;用自制小车运输钢筋骨架,钢筋骨架周围采取限位保护措施,用木条隔垫在骨架之间。

4. 钢筋骨架安装

安装钢筋骨架前,需在底部及四侧绑扎混凝土保护层垫块,底部垫块呈梅花形布置,不少于4块/m²,且横向同一断面不多于4个。

骨架入模后,人工调整骨架位置,确保保护层厚度设置。在确保预应力钢棒长度符合作业要求的前提下,在锚穴孔将预应力钢棒穿入,检查横向钢棒的短丝和长丝方向是否颠倒,在满足要求前提下进行预紧。

(四)精确合模

在钢筋骨架入模调整后,安装模板。两人同步将同一侧模滑移就位后并锁紧;然后将端模滑移就位并锁紧;待侧模、端模紧固后,使用套筒扳手进行钢棒预紧。

(五)安装起吊螺母

精确合模后,安装起吊螺母装置,同时检测模具的安装质量,确保安装满足标准要求。

(六)混凝土浇筑

1. 钢筋骨架绝缘性能检测

混凝土灌筑前,使用兆欧表检测钢筋骨架绝缘性能,电阻值不得小于$2M\Omega$。如果绝缘检测不合格,则对不合格点位处的环氧涂层钢筋交点和普通钢筋位置加垫绝缘垫片。

2. 混凝土配合比

根据CRTS I型轨道板设计要求,试配混凝土配合比,经有关单位审批后执行。

3. 混凝土搅拌

混凝土施工配合比按照试验室当日给的配料单执行,搅拌混凝土依次加入细集料、水泥、掺合料和减水剂,搅拌均匀后才能加入所需用水量,待砂浆充分搅拌均匀后再投入粗集料,并继续搅拌至均匀为止。

4. 混凝土运输

混凝土运输采用 2.5m³ 料斗装料,有轨运输车运输。

5. 混凝土灌筑

混凝土用桁车吊装灌筑。混凝土灌筑分两层完成,每层从模型一端向另一端布料,利用附着式振捣器进行振捣。第一层布料振捣 2～3min;第二层灌筑剩余混凝土,振捣 2～3min。第二次振捣过程中将多余混凝土铲掉,混凝土不够的地方及时振平、补料。混凝土拌和物入模温度为 5～30℃,当昼夜平均气温低于 5℃ 或最低气温低于 -3℃ 时,必须采取保温措施,并按冬季施工处理。

振动密实后,采用抹平机对表面进行初步抹平,然后人工进行填边填角,并进行拉毛处理。收完面后,将侧模、端模边上等处的混凝土清理干净。

混凝土抹面后,安装蒸汽养护罩,并及时覆盖篷布。

6. 混凝土试件制作及强度评定

在混凝土浇筑过程中,按规定取样制作混凝土弹性模量试件、强度试件,28d 标准试件按规定制作,试件随轨道板同条件养护。

(七)养护

预制轨道板采用蒸汽养护。

轨道板在混凝土灌筑完毕表面收浆后,立即用篷布将轨道板覆盖,在保证篷布内蒸汽流动畅通的前提下开始进行蒸汽养护。蒸汽养护采用电磁阀自动控制装置,分为静停、升温、恒温、降温四个阶段,如图 5-5 所示。

静停:混凝土灌筑完毕后在 5～30℃ 的环境静置 3h 后开始升温。

升温:升温是混凝土定型阶段,篷布内最高温度不能超过 45℃,并由自动温控设备以每小时升高不大于 15℃ 的速度升温;升温时间控制在 3～4h,每 15min 测温一次。

恒温:恒温是混凝土强度主要增长阶段,恒温时蒸汽温度不得超过 45℃。为保证恒温时轨道板芯部温度不超过 55℃,每 15min 测温一次,

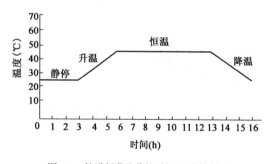

图 5-5 轨道板蒸汽养护时间-温度控制图

恒温时间为 6h。

降温:降温是蒸养的关键阶段,施工时要严格控制。降温速度控制在小于 15℃/h,每 15min 测温一次,降温时间控制在 3～4h。停气后待轨道板混凝土表面与环境温差不超过 15℃ 时,方可拆模。

轨道板拆模前必须有养护温度曲线图资料;每12块板测一块混凝土芯部温度,并与养护温度、环境温度共同形成三条曲线显示在同一张图上,得到温控曲线资料。

蒸汽养护由锅炉房统一送气,严禁随意关闭全自动温度控制系统;操作人员认真做好巡查工作,及时观察温度变化,保证养护质量,并保存好电子测温数据记录。

(八)脱模

当轨道板混凝土强度达到40MPa以上,且板面与环境温差不大于15℃时,进行脱模作业。首先松开并拆卸纵、横向钢棒预紧螺栓,然后拆卸起吊套管螺栓,再松开模型锁紧装置,最后将侧模、端模平行拉开,与板体脱离;在轨道板起吊套管处安装吊耳,然后用千斤顶平行同步顶起板体,使之与底模脱离;采用桁车、专用吊架将轨道板吊离模具,然后在翻板区进行翻转,人工拆卸预埋绝缘套管上的定位销;轨道板翻转后立即清理扣件绝缘套管内杂物,杂物清理完毕后加盖封堵。

轨道板端模、侧模脱离后或者板体脱模翻转后,要及时在顺板长度方向的侧面中部及端部加盖轨道板流水编号及生产日期。

(九)预应力张拉

1. 张拉顺序

预应力筋张拉顺序为先横向后纵向,横向预应力筋采用单端张拉,由板一侧拉向另一侧,其固定端预应力筋螺纹外露量控制在8~10mm;纵向预应力筋采用两端同时张拉,从中间向两侧,先下后上,且两端同步张拉,并保证预应力筋两端伸长量基本一致。

2. 张拉准备

混凝土强度达到40MPa以上并且弹性模量达到设计要求后,检查轨道板外观无缺陷和其他异常情况并记录在检查卡片上,方可进行张拉。张拉为特殊工序,操作人员必须经过培训并取得相应证书,才可持证上岗;千斤顶和油压表都要校验合格,并在有效期内使用。

3. 张拉

使千斤顶、锚具、钢棒三者同心,开启自动张拉设备,千斤顶缓慢进油至$0.2\sigma_k$油压时,保压6s,读取初始读数并自动记录;缓慢给油至σ_k,时间控制在50s左右,保压持荷60s,自动读取终止读数并记录;张拉伸长值满足要求后,拧紧锚固螺母,油泵自动回油,千斤顶松弛,拆卸后进行下一根钢棒张拉。

每根钢棒张拉完成后,千斤顶前端的两个突点在锚穴两边上留下自动张拉压痕,标明已完成张拉;然后,人工在锚穴旁边盖圆形"张拉完成"红章。整块板所有钢棒张拉完成后,在端部盖"张拉完成"红章。

(十)封锚

为提高封锚结合效果,采用凿毛风镐对锚穴内部进行凿毛处理,其凿毛新鲜面必须达到锚穴50%以上,凿毛的深度2~4mm。凿毛完成后,为提高黏结效果,用毛刷清除孔内油污、浮浆、杂物和积水等异物,这样不会影响砂浆与锚穴的黏结。并用刷子在内壁均匀涂刷界面剂,以提高黏结强度。

分三层填压封锚砂浆,并对砂浆层振捣。封锚砂浆填压完成后,应立即在砂浆表面涂养护剂,静置约2h后,吊入浸水养护池(简称水养池)养护。

(十一) 养护

轨道板在水养池中养护 3d 以上,并且养护水温应不低于 5℃。

水养池底部覆盖缓冲橡胶垫,这样可以防止轨道板边角磕碰掉块;轨道板在被吊入、吊出水养池过程中要缓慢、轻放,避免碰撞、损坏。

(十二) 成品质量检测

轨道板成品水池养生 3d 以上,满足设计强度要求后,吊出水养池,利用平板车运至成品检测区进行检测。检测的内容包括轨道板外形、外观检测、绝缘检测、抗拔力检测等。

(十三) 存放

轨道板在成品检测区检测合格后,由平板车运至存板区进行存放;不合格板运至废板区作报废处理。轨道板成品按型号和批次分区储存,并做出明确标识。

长期存放时,采取轨道板竖向存放。为防止轨道板存放时被碰撞、破坏板间要用木条隔离,并用限位卡将相邻两块轨道板连接使其形成稳固的整体,同时在端头应设置防倾倒装置——固定支撑架。

若短期存放,可层叠堆放,但每垛堆放层数不得大于 4 层,避免底部轨道板受压破坏,并在板间垫放隔离垫块,以避免碰撞损坏。

任务四　轨道板铺设

一、管理模块

轨道板铺设流程见表 5-12。

CRTS Ⅰ 型板式无砟轨道轨道板铺设流程　　表 5-12

序　号	施工项目过程	序　号	施工项目过程
1	施工准备	4	精调
2	轨道板吊装	5	加固
3	粗铺	6	质量检查

二、操作模块

(一) 施工准备

1. 底座混凝土验收

轨道板铺设前,应复测底座、凸形挡台平面位置及高程。底座外形尺寸允许偏差见表 5-13。

底座外形尺寸允许偏差　　表 5-13

序　号	项　目	允许偏差
1	顶面高程	+3mm,−10mm
2	宽度	±10mm

续上表

序　号	项　目	允许偏差
3	中线位置	3mm
4	平整度	10mm/3m

凸形挡台外形尺寸允许偏差见表5-14。

凸形挡台外形尺寸允许偏差(mm)　　　　　　　　　　表5-14

序　号	项　目	允许偏差
1	圆形挡台的直径	±3
2	半圆形挡台的直径	±2
3	中线位置	3

轨道板外观质量应符合表5-15。

轨道板外观质量(mm)　　　　　　　　　　表5-15

序　号	检 查 项 目	允 许 偏 差
1	肉眼可见裂纹(预应力轨道板)	不允许
2	承轨部位表面缺陷(气孔、黏皮、麻面等)	长度≤20、深度≤5
3	锚穴部位表面缺陷(裂纹、脱层、起壳等)	不允许
4	其他部位表面缺陷(气孔、黏皮、麻面等)	长度≤80、深度≤8
5	轨道板四周棱角破损和掉角	长度≤50
6	预埋套管内混凝土淤块	不允许
7	轨道板侧面露筋	不允许

2.轨道板交接质量检验及存放

轨道板制造厂应对每块轨道板编号,并提供"轨道板制造技术证明书",进场时应对照设计图纸复核轨道板型号。

轨道板交接时应检查轨道板外观质量、外形尺寸,其外形尺寸允许偏差见表5-16。

轨道板外形尺寸允许偏差(mm)　　　　　　　　　　表5-16

序　号	项　目		允 许 偏 差
1	长度		±3
2	宽度		±3
3	厚度		+3、0
4	两侧螺栓孔的中心间距		±1
5	单侧螺栓孔的中心间距		±1
6	半圆缺口部位的直径		±3
7	平整度	四角承轨台水平	±1
		中央翘曲量	≤3
8	预埋套筒	位置	±1
		垂直度	≤1

3. 底座清理

将底座表面清理干净,保证无残渣、积水等。符合要求后方可进行轨道板铺设。

4. 设置轨道板支撑

轨道板铺设前预先在两凸形挡台间的底座表面放置支承垫木。

(二)轨道板运输及吊装

轨道板可采用铁路和公路运输。对于公路运输,施工前应对行驶线路进行调查,确保最不利的限界可以满足运输需要,并尽量选择较平顺的道路。

轨道板按产品装车图纸装车。装车前,应在车辆底板上画出纵横中心线,吊车吊装轨道板之前应检查吊具和吊绳是否损伤,装载要对称。每层板之间采用方木在起吊螺母处支垫,装载高度不得超过4层,板间垫放支垫木方,每层间支垫方木不得少于两根。轨道板应适当固定,防止运输过程中错位。

运输前应确认装车平稳,捆绑牢固,做好缓冲保护,严防冲击,保证运输过程中不发生相对位移。

轨道板装卸时应利用轨道板上的起吊装置水平吊起,使四角的起吊螺母均匀受力,严禁碰、撞、摔。吊运和装车的起重量不得超过起重设备的最大起重量。

(三)轨道板的粗铺

轨道板吊装铺设可采用跨双线龙门吊及专用吊具进行。吊装前应仔细检查轨道板及起吊设备的状态,在相关要求合格后方可进行吊装。

轨道板起吊并移至铺板位置后,施工人员扶稳轨道板,将轨道板缓慢落在预先放置的支撑垫木上。轨道板铺设时应防止轨道板撞击凸形挡台,并保证轨道板中心线与两凸台中心连线基本吻合且与两个凸形挡台的间距基本一致。

轨板铺设过程中,减振型轨道板板底粘贴的橡胶整层不得变位、脱落,接缝处及周边无翘曲,无空鼓。

曲线地段铺设轨道板时,将轨道板向曲线外侧移动正矢的1/2。曲线地段高程调整时,应四点兼顾,遵循"高点降低、低点升高"的调整原则。

在进行轨道板粗铺时,首先应该使接地端子的方向与综合接地的设计方向保持一致,桥梁两端桥台上的轨道板必须按设计铺设,防止颠倒位置。

(四)轨道板精调

轨道板精调施工应以CPⅢ控制点为依据,全站仪自由设站应符合高速铁路测量标准规定。

轨道板粗铺就位后,在板上安装标架或螺栓孔定位适配器。

用已设定程序控制的全站仪测量放置在标架或适配器上的棱镜,获取各工位的调整量。

使用轨道板专用调整机具对轨道板进行调整,直至满足轨道板铺设允许偏差的要求。

一个测站精调长度宜为6~10块轨道板。换站后应对上一测站精调的最后一块轨道板进行检测。

轨道板与底座的间隙不应小于40mm,不应大于100mm。轨道板与凸形挡台的间隙不得小于30mm。

轨道板精调整后,将支承螺栓拧入轨道板的预埋螺栓内,并支承在底座混凝土上。复测轨道板状态,不符合规定时,应重新调整轨道板状态,直至符合精度要求。

(五)加固固定

轨道板精调完成后,应在轨道板四角安装防上浮和防侧滑装置。

对已经完成精调定位的轨道板,应采用防护措施,严禁踩踏和撞击,并尽早灌注水泥沥青砂浆。

(六)质量检查

(1)轨道板类型、规格应符合设计要求,轨道板板体应无裂缝,预埋套管内不应有混凝土淤块。

检验数量:施工单位、监理单位全部检查。

检验方法:观察检查。

(2)轨道板与底座的间隙不应小于40mm,不应大于60mm;减振型轨道板与底座间隙不应小于35mm。

检验数量:施工单位每块轨道板两侧各检查3处(即两端及中部各1处),监理单位见证检验20%。

检验方法:施工单位尺量;监理单位见证检验。

(3)轨道板与凸形挡台的间隙不应小于30mm,与两端凸形挡台间隙之差不应大于5mm。

检验数量:施工单位全部检查,监理单位见证检验20%。

检验方法:施工单位尺量;监理单位见证检验。

(4)轨道板边角破损及掉块不应超过相关标准的规定,预埋件无损坏。减振型轨道板板底粘贴的橡胶垫层不应变位、脱落,接缝处及周边无翘曲、无空鼓。

检验数量:施工单位全部检查。

检验方法:观察检查。

(5)轨道板铺设位置的允许偏差,见表5-17。

轨道板铺设位置的允许偏差(mm) 表5-17

检验项目	允许偏差		检验数量
中线位置	2		两端和中部
测点处承轨面高程	±1		全部检查
相邻轨道板接缝处承轨面相对横向偏差	±1	不允许连续3块以上轨道板出现同向偏差	全部检查
相邻轨道板接缝处承轨面相对高差	±1		全部检查

检验方法:施工单位使用专用仪器测量;监理单位检查记录。

任务五 CA砂浆灌注施工

CA砂浆层如图5-6所示。

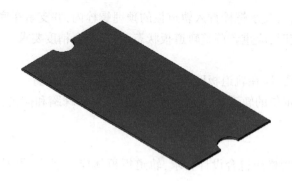

图 5-6　CA 砂浆层

一、管理模块

(1) CA 砂浆灌注施工流程见表 5-18。

CRTS Ⅰ 型板式无砟轨道 CA 砂浆灌注施工流程　　表 5-18

序　号	施工项目过程	序　号	施工项目过程
1	施工准备	4	CA 砂浆养护
2	CA 砂浆灌注袋铺设	5	质量检查
3	CA 砂浆灌注		

(2) CA 砂浆灌注施工主要工(器)具见表 5-19。

CA 砂浆灌注施工主要工(器)具　　表 5-19

序　号	设 备 名 称	序　号	设 备 名 称
1	混凝土泵车	6	运料汽车
2	汽车吊	7	冲击钻机
3	CA 砂浆作业车	8	乳化沥青罐车
4	CA 砂浆中转罐车	9	乳化沥青罐运输灌车
5	专用运板车	10	乳化沥青泵

二、操作模块

(一)施工准备

水泥乳化沥青砂浆配合比分为理论配合比、初始配合比、基本配合比、施工配合比。其配合比选定应符合下列规定：

(1) 无砟轨道施工前，施工单位在理论配合比的基础上根据水泥乳化沥青原材料特性、气候条件、施工组织工艺要求等影响因素进行试验，确定砂浆初始配合比。

(2) 砂浆充填层施工前，采用初始配合比进行工艺性放大试验，并经型式检验验证，确定砂浆基本配合比、拌制工艺参数、灌注工艺参数等。

(3) 施工前应在基本配合比的基础上，根据砂浆拌制设备性能、现场施工气温条件、原材料含水率等指标,通过试拌、拌和物测试,确定砂浆的施工配合比。施工配合比应在基本配合比允许范围内。

(4)每台水泥乳化沥青砂浆搅拌车在每条线正式投入使用前均应作适应性试验。

板下水泥乳化沥青砂浆充填层施工前,应对轨道板的安装质量、底座板与轨道板间的间隙高度、凸台与轨道板间的间隙宽度等,进行复检应符合设计要求。

(二)CA 砂浆灌注袋铺设

灌注袋应进行进场检验,符合要求后,方可使用。

应使用对应灌注厚度尺寸的灌注袋,使水泥乳化沥青的灌注达到轨道板的底面。

砂浆灌注袋铺放前,应采用高压风枪清理底座混凝土表面,确保无杂物、积水。

灌注袋应平整铺设在混凝土底座上,平展、无褶皱,灌注袋采用四角固定,灌注袋中间内外侧距离轨道板边缘用木楔子固定。灌注袋的 U 形边切线应与轨道板边缘平齐,铺设允许偏差应小于 10mm。直线地段灌注口朝轨道外侧,曲线地段灌注口均朝曲线内侧。

灌注袋铺设完成后,使用胶带等进行固定,防止移动。外轨超高区段,应在轨道板曲线内侧面设置壁板,防止因水泥沥青砂浆的流动压力使得灌注袋从轨道板的侧面突出。

(三)CA 砂浆灌注

1. CA 砂浆拌制

水泥乳化沥青砂浆应采用移动搅拌车拌制、灌注法施工。

检查砂浆搅拌作业车计量、投料、搅拌、电器等系统状态,进行砂浆搅拌作业准备。施工中应每周对计量器具进行校核。各种原材料称量最大允许偏差应符合相关技术条件规定。

水泥乳化沥青砂浆搅拌时的材料投入顺序、搅拌时间及速度等指标,应根据工艺性试验确定的参数进行设定。

每罐拌制完成后,应按相关技术条件检验砂浆的温度、流动度、含气量等指标,合格后转入成品中转仓或直接进行砂浆灌注。

炎热季节或低温下进行水泥乳化沥青砂浆拌制时,应采取相应措施控制材料温度。

2. 袋装灌注

板下水泥乳化沥青砂浆充填层施工环境温度应在 5～35℃范围内。当天最低气温低于 -5℃时,全天不得进行砂浆灌注。雨天不宜进行灌注。

轨道板状态调整好后,应及时灌注水泥乳化沥青砂浆。间隔时间较长时,应对轨道板进行覆盖(防晒)。环境温度变化超过 10℃,或受外力使轨道板位置发生变化时,必须重新检验和调整轨道板。

灌注前再次确认轨道板状态,检查灌注袋的位置,并在轨道板表面铺设塑料薄膜,防止轨道板受到污染。

采用漏斗法灌注,将漏斗底端与灌注袋口连接,中转罐进行补料。开启出料调节阀,按"慢—快—慢"进行灌浆施工。灌注砂浆必须连续入袋,灌注过程中,注意观察轨道板状态,不得出现起拱及上浮现象;灌注过程采用由一侧灌注口灌注至结束,中间不得由另一侧灌注袋口灌注。曲线地段,砂浆按由低向高的方向进行灌注。砂浆宜匀速、连续注入,防止产生气泡。当板边砂浆灌注厚度达到施工控制值且完全覆盖轨道板底面后,结束灌注。水泥乳化沥青砂浆的灌注应充分饱满。每块轨道板下面的砂浆应一次灌注完成。

灌注过程中严禁踩踏轨道板,并由专人在轨道板四角进行监控,防止轨道板受力偏斜,并监测轨道板顶面高程。

砂浆灌注时,可有少量的水渗出,但不得有乳化沥青和乳液等渗出。如发生灌注袋破损导致 CA 砂浆溢出的情况,用夹具或废棉纱、细集料及水泥进行防漏。

灌注结束后,在水泥沥青砂浆凝固之前,将灌注口内的砂浆挤入灌注袋,直至轨道板的支撑螺栓稍微松动。灌注口内的砂浆不够时,应补充挤入。挤入灌注结束后,用 U 形夹具封住灌注口的根部。

灌注结束时,要及时清洗搅拌机,防止砂浆凝固堵塞。砂浆调整层作业停止或完成时,应对搅拌机等机具进行清洗;洗涤水和砂浆调整层残料的废弃物应慎重处理,不得随意排放,避免造成环境污染。

调整层灌注应注意作业时间,超出可工作时间范围或流动性不满足要求的砂浆调整层不得进行灌注。流动性处于标准值范围以外时,要继续搅拌并调整材料,确定达到指定范围后灌注。

水泥乳化沥青砂浆灌注后应与轨道板密贴,控制轨道板边角悬空小于 50mm。

板下充填层施工中,应采取相应的安全保护措施,避免人体直接接触砂浆,产生的污水及废料应集中妥善处理,不得随意排放或丢弃。

(四)CA 砂浆养护

砂浆灌注完成后,一般采取自然养护。

砂浆调整层的养护原则上采用自然养护。当日最低气温在 0℃ 以下时,应对新灌注的砂浆采取适当的保温措施。在气温高于 30℃ 或低于 5℃ 时,应采取相应养护措施,如覆盖养护。

砂浆层强度达到 0.1MPa 以上后,撤除轨道板的支撑螺杆,并切断灌注口,切口应整齐,然后按要求将灌注口封闭。

砂浆灌注完成 7d 以上或抗压强度达到 0.7MPa 以上后,轨道板上方可承重。砂浆调整层抗压强度达到 0.1MPa 以上方可拆除支撑螺栓。

(五)质量检查

出现轨道板空吊时,应揭板清除砂浆,重新灌注。

(1)水泥乳化沥青砂浆原材料类型、规格应符合设计要求。

检验数量:施工单位、监理单位全部检查。

检验方法:观察检查。

(2)水泥乳化沥青砂浆的性能指标,见表 5-20。

水泥乳化沥青砂浆的性能指标　　　　表 5-20

项　　目	单位	指标要求
砂浆温度	℃	5~40
流动度	s	18~26
可工作时间	min	≥30
表观密度	kg/m³	>1300

续上表

项　　目		单位	指 标 要 求
含气量		%	6~12
抗压强度	1d	MPa	>0.1
	7d		>0.7
	28d		>1.8
28d弹性模量		MPa	100~300
材料分离度		%	<1
膨胀率		%	1~3
泛浆率		%	0
抗冻性			300次冻融循环试验后,相对动弹模量不应小于60%,质量损失率不应大于5%
耐候性			无剥落、无开裂、相对抗压强度不低于70%
抗疲劳性	严寒地区检测	mm	≤0.1
低温抗裂性		mm	≥0.1
低温折压比		—	≥0.2
低温弹性模量		MPa	100~300

检验数量:同一基本配合比的砂浆检验一次。

检验方法:施工单位试验检验;监理单位检查试验报告。

(3)拌制砂浆时应严格按施工配合比进行原材料称量,各种原材料称量最大允许偏差应符合下列要求:乳化沥青、聚合物乳液,±1%;水泥、细集料、膨胀剂或干料,±1%;引气剂±0.5%;拌和用水,+1%;消泡剂、铝粉,+0.5%。

检验数量:每周检查一次。

检验方法:施工单位委托校核砂浆搅拌车计量系统,监理单位见证检验。

(4)砂浆的流动度、温度、含气量应符合规定。

检验数量:前5罐每罐检验1次,稳定后每5灌检验1次。

检验方法:施工单位试验检验;监理单位见证检验。

(5)砂浆的泛浆率、膨胀率、分离度、抗压强度应符合规定。

检验数量:施工单位每工作班检验一次,监理单位按施工单位检验次数的10%进行见证检验,但至少一次。

检验方法:施工单位试验检验;监理单位见证检验。

(6)砂浆的弹性模量应符合规定。

检验数量:同一基本配合比正式施工第一次灌注时检验一次。

检验方法:施工单位试验检验;监理单位见证检验。

(7)砂浆灌注厚度不应小于40mm,且不超过60mm。

检验数量:施工单位每块轨道板两侧各检查3处(即两端及中部各1处),监理单位见证检验20%。

检验方法:施工单位尺量;监理单位见证检验。

(8)灌注袋铺设应平展、无褶皱,四边、对角对称。

检验数量:施工单位检查每块轨道板,监理单位按施工单位检验数量的10%进行见证检验,但至少一次。

检验方法:施工单位观察、尺量,监理单位见证检验。

(9)充填层应灌注饱满,与轨道板密贴,不应有空隙。灌注袋U形边切线与轨道板边应平齐,偏差不应大于±10mm,轨道板边角悬空应小于50mm。

检验数量:施工单位每块轨道板两侧各检查3处(即两端及中部各1处)。

检验方法:0.6mm厚钢尺插入检查,插入深度应小于50mm。

(10)水泥乳化沥青砂浆充填层灌注后轨道板位置允许偏差,见表5-21。

水泥乳化沥青砂浆充填层灌注后轨道板位置允许偏差(mm)　　表5-21

检验项目	允许偏差		检验数量
中线位置	3		两端和中部
测点处承轨面高程	±1		全部检查
相邻轨道板接缝处承轨面相对横向偏差	±1.5	不允许连续3块以上轨道板出现同向偏差	全部检查
相邻轨道板接缝处承轨面相对高差	±1.5 直线		全部检查
	±2 曲线		

(11)板下充填层外观应完整、无损伤。个别损伤经修整后应不影响使用。

检验数量:施工单位每块轨道板检查。

检验方法:观察检查。

本章课后习题

1. CRTS Ⅰ型板式无砟轨道底座施工前应完成哪些准备工作?
2. 请简述 CRTS Ⅰ型板式无砟轨道底座混凝土浇筑施工工序及注意事项。
3. CRTS Ⅰ型板式无砟轨道底座"底座外形"检查项目有哪些?
4. 请简述凸形挡台树脂填充工艺流程。
5. CRTS Ⅰ型板式无砟轨道的轨道板预制有哪四个阶段?
6. 请简述 CRTS Ⅰ型板式无砟轨道 CA 砂浆袋装灌注施工工序及注意事项。

项目六 CRTSⅡ型板式无砟轨道施工

知识目标：
1. 辨识 CRTSⅡ型板式无砟轨道；
2. 了解 CRTSⅡ板式无砟轨道 CA 砂浆灌注工艺；
3. 掌握 CRTSⅡ型板式无砟轨道施工过程。

能力目标：
1. 能够进行 CRTSⅡ型板式无砟轨道桥梁段"两布一膜"滑动层施工；
2. 能够进行 CRTSⅡ型板式无砟轨道底座施工；
3. 能够进行 CRTSⅡ型板式无砟轨道板铺设及纵连施工；
4. 能够进行 CRTSⅡ型板式无砟 CA 砂浆层灌注施工；
5. 能够进行 CRTSⅡ型板式无砟轨道侧向挡块施工。

任务一 桥梁段滑动层施工

一、管理模块

(1)桥梁段滑动层施工流程见表 6-1。

桥梁段滑动层施工流程　　　　表 6-1

序　号	施工流程	序　号	施工流程
1	施工准备	4	两布一膜铺设
2	CPⅢ测量放样	5	质量检查
3	挤塑板铺设		

(2)桥梁段滑动层施工主要工(器)具见表 6-2。

桥梁段滑动层施工主要工(器)具　　　　表 6-2

序　号	机 械 名 称	序　号	机 械 名 称
1	胶结剂搅拌器	4	聚乙烯薄膜熔接机
2	抹刀	5	切割刀具
3	滑动层滚轮式卷料架		

二、操作模块

1. 施工准备

桥梁上滑动层、高强度挤塑板施工前桥面应符合下列规定：

无砟轨道范围内的桥面高程允许偏差 -20~0mm。对不能满足要求的部位应进行打磨，并采用聚合物砂浆填充处理。

相邻梁高差不应大于10mm，梁端1.45m范围内梁面平整度允许偏差2mm/m，桥面底座板范围内平整度允许偏差3mm/4m。梁端1.45m范围内凹槽深度的允许偏差为±2mm。

梁端剪力齿槽深度不得小于设计深度要求。桥面预埋件高程、平面位置应准确。

桥面排水坡应符合设计要求，确保汇水、排水能力，不得有反向排水坡。防水层不应有破损及空鼓现象。

2. CPⅢ测量放样

桥上滑动层、高强度挤塑板施工控制点依据CPⅢ测设。根据控制点弹出线，确定滑动层、高强度挤塑板铺设位置。

3. 挤塑板铺设

高强度挤塑板设于梁面凹槽、桥台顶、无覆土框构桥面及过渡板处。桥梁上铺设时在梁缝处必须断开。高强度挤塑板规格尺寸应按桥面拼接需要加工为定尺规格，高强度挤塑板横向可采用对接方式。安装后的高强度挤塑板间不得有缝隙。高强度挤塑板安装前桥梁表面不得残留石子，不得有破坏高强度挤塑板的硬质尖锐颗粒。

高强度挤塑板与其下的接触面应满粘胶黏剂，不得有缝隙。高强度挤塑板顶面与桥梁加高平台上表面的高度允许偏差为0~2mm。

高强度挤塑板不应破损。安装钢筋网时要选择合适的垫块间距，以免钢筋刺穿高强度挤塑板。一旦破损，必须整块更换。

高强度挤塑板安装好后，须堆放重物，促进挤塑板与加高平台之间的充分密合。

4. 两布一膜铺设

滑动层自下而上由土工布+薄膜+土工布组成，如图6-1所示。滑动层的铺设范围为每孔箱梁上桥梁固定端的剪力齿槽边缘至相邻桥梁剪力齿槽边缘。滑动层在梁端的铺设直接设在挤塑板顶面，在梁缝处的下层土工布须断开，多余的部分沿梁端边缘剪除。

铺设前桥面应用高压水清洗，清除残留附着突起物，防水层表面不得残留石子或砂粒之类可能破坏滑动层的颗粒。防水层破裂处应进行修补。

梁上滑动层应从剪力齿槽边缘连续铺设，跨过梁缝到剪力齿槽边缘为止。滑动层下层土工布在梁缝处必须断开。滑动层铺设需宽出底座板两侧不小于5cm，且每块土工布最小长度不小于5m。

在底座板范围内沿线路纵向两侧及中间各涂刷30cm宽的黏合剂涂刷带，及时将下层土工布粘贴在桥梁防水层上，在桥梁梁缝区域粘贴高强度挤塑板。

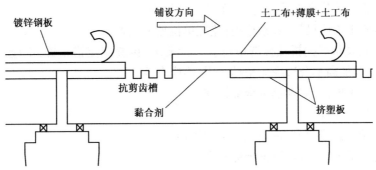

图 6-1 两布一膜纵向布置示意图

下层土工布可对接,接缝区域 30cm 范围内应与桥梁表面全面积粘贴。土工膜对接应采用加热熔接方式。上层土工布可搭接,且搭接长度不小于 20cm。各层之间接头的距离不得小于 1m,且不得设在高强度挤塑板范围内。

梁缝部位上层土工布顶面应按设计要求铺设镀锌钢板条。镀锌钢板条在梁缝中心线对称放置,保证前后梁端有至少 5cm 的搭接宽度。其作为梁缝处底座板混凝土支撑,确保底座板混凝土浇筑时梁缝处滑动层不出现凹陷。

滑动层铺设应平整,无褶皱、无破损。中间土工膜及上层土工布铺设时,两端可采用张拉机具辅助张拉,确保铺设平整。

滑动层铺设完成后,及时安放混凝土垫块,以免大风将滑动层卷起或安装钢筋时刺穿滑动层。

底座混凝土浇筑完成后,应将滑动层的外露部分紧贴底座混凝土剪去。注意保护底部防水层。滑动层上不得行车,以免损伤滑动层。

5. 质量检查

(1) 梁端 1.45m 范围内桥面平整度允许偏差为 2mm/1m,桥面底座板范围内平整度允许偏差为 3mm/4m。

检验数量:施工单位每孔梁端检查 4 处,其他部位检查 10 处;监理单位见证检验。

检验方法:施工单位观察检查、尺量;监理单位见证检验。

(2) 剪力齿槽深度不应小于设计要求。

检验数量:施工单位全部检查;监理单位平行检查 10%。

检验方法:尺量,并留存影像资料。

(3) 梁端凹槽深度允许偏差为 ±2mm。

检验数量:施工单位全部检查;监理单位平行检查 10%。

检验方法:尺量。

(4) 滑动层、高强度挤塑板的规格、材质应符合设计要求。

检验数量:施工单位、监理单位全部检查。

检验方法:观察检查。

(5) 滑动层宜连续整块铺设,接头处理方式应符合设计要求,各层之间接头的距离不应小于 1m,且不应设在高强度挤塑板范围内。滑动层自然状态下起拱高度不应大于 15mm。

检验数量：施工单位全部检查；监理单位见证检查。

检验方法：施工单位尺量、观察检查；监理单位见证检查。

（6）高强度挤塑板纵向拼接接缝应符合设计要求，接缝应交错布置，不应出现通缝；高强度挤塑板与桥面及加高平台边缘应粘贴牢固，不应有缝隙。

检验数量：施工单位、监理单位全部检查。

检验方法：观察检查。

（7）铺设完成的滑动层和高强度挤塑板应无破损。

检验数量：施工单位、监理单位全部检查。

检验方法：观察检查。

（8）滑动层和高强度挤塑板铺设应平整密贴、位置准确，外侧应与混凝土底座板两侧平齐。

检验数量：施工单位全部检查。

检验方法：尺量、观察检查。

任务二　桥梁段底座施工

CRTSⅡ型板式无砟轨道及分解图分别如图6-2、图6-3所示，底座如图6-4所示。

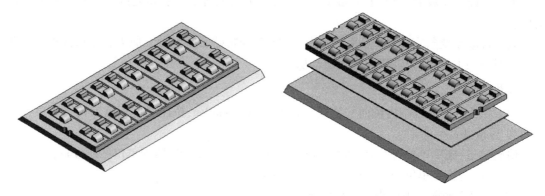

图6-2　CRTSⅡ型板式无砟轨道　　　　图6-3　CRTSⅡ型板式无砟轨道分解图

图6-4　底座

一、管理模块

(1) 桥梁段底座施工流程见表6-3。

桥梁段底座施工流程　　　　　　　　　　表6-3

序 号	施工流程	序 号	施工流程
1	施工准备	6	底座混凝土浇筑
2	基础表面处理	7	底座板后浇带连接
3	CPⅢ测量放样	8	混凝土养护及拆模
4	钢筋骨架安装	9	质量检查
5	模板安装		

(2) 桥梁段底座施工主要工(器)具见表6-4。

桥梁段底座施工主要工(器)具　　　　　　　　　　表6-4

序 号	名 称	序 号	名 称
1	混凝土汽车泵	6	钢筋绑扎台座
2	吊车	7	钢筋笼吊装架
3	插入式振动棒	8	扭矩扳手
4	提浆整平机	9	可调式模板
5	悬臂龙门吊	10	抹子

二、操作模块

(一) 施工准备

1. 施工平面设计布置

无砟轨道施工前应根据施工段的具体情况进行施工平面设计。平面设计方案依据总工期计划、桥面验收移交进展情况、施工段划分及资源配置等因素确定。主要内容包括临时端刺区的设置、底座板施工单元划分、各灌注段先后施工顺序以及常规区和后浇带位置,并应制订专项施工作业指导书,上报相关单位审核批准。

2. 底座板施工单元划分

根据设计要求进行底座板施工单元划分设计,形成布置图,确定后浇带、常规区和临时端刺区位置。每个施工单元以3~5km为宜。根据施工组织设计及相关技术要求布设临时端刺,如图6-5所示。临时端刺区的选择尽量避开连续梁,以免进行特殊设计。

3. 后浇带布设

梁跨中间一般设置简支梁上的后浇带,并且后浇带缝与轨道板缝不能重合;连续梁上的底座板两固定连接区间必须设置一个后浇带,后浇带与任一固定连接处的距离不大于75m。

(二) 基础表面处理

底座施工前,应复检"两布一膜"滑动层状态,不得破损、褶皱,并保证表面清洁。

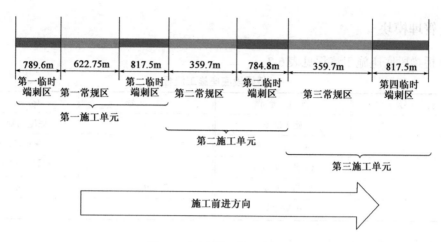

图 6-5 底座板施工单元划分

(三)CPⅢ测量放样

对施工布板软件所需参数进行收集、测量、录入。通过 CPⅢ 控制点进行底座边线放样,宜每隔 6m 测设一个断面,做好标记,并对每个标记点进行高程测量,以此作为底座立模依据。

(四)钢筋骨架安装

1. 底座板钢筋绑扎

混凝土底座板钢筋绑扎或吊装前,应检查并确认滑动层无破损,且将钢筋垫块按梅花状布置,并保证垫块接触面积不小于底座面积的 18.5%,防止滑动层过度受压而破损。

钢筋应由工厂集中加工,在桥上进行绑扎。绑扎时要注意,曲线底座板横向钢筋的竖向弯钩的设置应根据超高不同而不同。

混凝土底座板钢筋按每两个后浇带之间作为一个钢筋绑扎区域,绑扎顺序从下层到上层。纵向钢筋搭接采用绑扎搭接方式,需满足钢筋搭接接头中点之间的距离不小于 1.3 倍的搭接长度的要求。纵向钢筋搭接不允许出现在剪力齿槽区域。

2. 钢筋安装

安装钢板连接器:根据弹好的后浇带中线摆放钢板连接器,将精轧螺纹钢筋水平放置,并确保连接器的中线与底座板的中线重合。锚固螺母完全拧到精轧螺纹钢筋上并紧贴钢板,锚固后精轧螺纹钢筋需外露约 2cm。

钢筋笼安装:钢筋笼采用悬臂龙门吊或汽车吊运上桥梁,然后根据弹好的底座板边线将钢筋笼居中摆放。钢筋笼端部 2.5m 范围内的箍筋只套上暂不绑扎,当钢筋笼及钢板连接器就位后,再绑扎箍筋。

3. 剪力齿槽锚板安装(剪力筋安装)

梁端剪力齿槽处,由钢板和带螺纹的钢筋焊接的剪力钉应与梁体预埋套筒配套。剪力钉安装前,应将梁体预埋套筒内的杂物清理干净,剪力钉螺纹拧入套筒内不应小于 42mm,其扭力矩不应小于 300N·m。剪力钉的长度应根据底座板设计高度(包括曲线外侧超高)及现场预埋套筒实际情况确定,且安装后的剪力钉宜低于底座板顶层钢筋 20~50mm。

4. 钢板连接器制作

钢板连接器应在桥下制作,安装时再分两部分吊装上桥;与连接钢板焊接的钢筋在桥下与钢板提前焊接好,整体吊装上桥,安放到位后,再安装用螺母锁定的精轧螺纹钢筋。连接器钢板焊接时易产生较大挠度,造成精轧螺纹钢筋螺母安装后与钢板不密贴,满足不了准确控制张拉力的要求。因此,连接器钢板挠度不得大于10mm,焊接采取以下工艺:

钢板连接器焊接时,应对焊接方式、焊条、焊接参数等进行适用性验证,并制作焊接试件送检。焊缝高度应符合设计要求,焊缝表面不得有肉眼可见裂纹,钢筋不得有焊伤痕迹,焊渣应清理干净。

钢板连接器应在两侧钢筋笼安装时同步安装,并置于后浇带中间位置,纵向位置允许偏差为±50mm。

钢板连接器安装过程中应使其中线与底座板中线重合,钢板分别与梁面及线路中线垂直,钢板垂直度允许偏差为10m。钢板底部应按设计要求支垫,定位后的钢板不得与滑动层直接接触。

就位后的钢筋连接器精轧螺纹钢筋应与钢板垂直,所有锚固端螺母与钢板密贴,且精轧螺纹钢筋外露长度不应小于20mm,但也不宜过长。

(五)模板安装

混凝土底座板模板:采用槽钢加工专用钢模,一般宜高出底座板厚度2cm,并满足普通地段和曲线超高地段的模板拼装需要,模板顶部设置可调轨道,以适应梁面平整度情况。模板直接安放在"两布一膜"上,其支撑采用钢管加工的专用支撑可调杆,两线外侧固定在防撞墙上,内侧利用梁面泄水孔用槽钢或工字钢固定。

(六)底座板混凝土浇筑

底座板混凝土浇筑前,应在钢筋笼内安装温差电偶,用于底座板钢筋张拉连接时测量底座板芯部温度。每两个相邻的钢板连接器之间至少安装一个温差电偶。

底座板混凝土施工前,应清理底座模板内杂物,检查确认钢筋、后浇带钢板连接器、剪力钉、模板状态及绝缘性能,所有钢板连接器需全部松开,距钢板不小于30mm。

简支梁上常规区底座板每次灌注长度最少为1孔,一般宜为3~5孔。

底座板混凝土浇筑施工时,底座模板宜采用可调高模板,确保模板顶面高程无级可调,达到规范要求。模板安装应稳固牢靠,内侧面应平整,接缝应严密。模板与混凝土的接触面必须清理干净,并涂刷隔离剂。混凝土浇筑时的自由倾落高度不宜大于2m,当大于2m时,应采用滑槽、溜管等设施辅助下落。出料口距混凝土浇筑面的高度不宜超过1m,以保证混凝土不出现离析现象。底座板混凝土应按施工组织分段,一次连续浇筑完成,不得中断。

连续梁座板的最小浇筑长度应延伸到连续梁范围外的一定长度。若连续梁范围内底座板不能一次施工完成,可在连续梁上设置后浇带。

(七)底座板后浇带连接

底座板混凝土强度达到20MPa后,按设计要求进行后浇带钢筋连接,底座板后浇带张拉连接宜在零应力温度区间内进行。当混凝土芯部温度低于零应力温度区间时,应按设计计算张拉量,并严格按照张拉程序进行张拉。

混凝土底座板测温和张拉应在24h内完成,钢板连接器后浇带浇筑应在24h内完成,从张拉到混凝土浇筑结束不应超过48h。剪力齿槽后浇带浇筑时间应符合相关规定。

混凝土浇筑由后浇带的一端向另一端推进,一次浇筑成型,中间不留施工缝。混凝土浇筑时,先用人工大致摊平,然后用插入式振捣器振捣,振捣时要快插慢拔,振捣棒的作用范围必须交叉重叠,切忌振捣棒触碰模板和钢筋。浇筑完毕及时整平拉毛,并人工抹出排水坡。

后浇带的种类、名称等应在现场后浇带位置附近进行明确标识。

临时端刺区底座板应分段施工完成,后浇带连接需根据临时端刺区和常规区设置情况,按照设计顺序进行。

临时端刺区连接前需进行分段长度测量和底座板测量,相邻底座板温度不一致时,按两底座板长度及底座板温度加权计算。

(八)混凝土养护与拆模

混凝土浇筑完毕,立即覆盖养护,时间至少7d。养护期间薄膜必须严密包住混凝土表面,防止混凝土中的水分蒸发。

冬季养护期间混凝土表面温度不允许在0°C以下。但前3d混凝土温度不低于+10°C或混凝土的抗压强度已经达到5MPa时,混凝土表面允许结冰。

以下情况应延长养护持续时间:

(1)混凝土表面温度在0°C以下时;

(2)加入缓凝剂的混凝土应延长养护时间;

(3)掺有粉煤灰,同时又减少了水泥最低用量或提高了最大水灰比值的混凝土,根据检验通知书,养护期应延长2d。

(九)质量检查

1. 钢筋检查

(1)钢筋规格、型号应符合设计要求。

检验数量:施工单位、监理单位全部检查。

检验方法:观察检验。

(2)桥梁固定支座处齿槽剪力钉与螺纹套筒连接,剪力钉旋入深度不应小于42mm,扭力矩不应小于300N·m,剪力钉安装高度距底座板顶层钢筋20~50mm。

检验数量:施工单位、监理单位全部检查。

检验方法:施工单位尺量、测扭矩、观察检查;监理单位见证检验。

(3)钢板连接器原材料的品种、规格应符合设计要求。

检验数量:施工单位、监理单位全部检查。

检查方法:观察检查。

(4)钢板连接器的焊接质量应符合下列规定:

①固定端采用穿孔塞焊方式进行连接。

②焊缝表面不应有肉眼可见裂纹。

③钢筋咬边深度不应超过0.5mm。

④钢筋相对钢板的直角允许偏差不应大于3°。

⑤钢板连接器焊接后钢板变形最大矢高不应超过10mm。

⑥焊渣应清除干净。

检验数量:施工单位抽检10%;监理单位按施工单位抽检数量的20%进行见证检验。

检验方法:施工单位观察检查、尺量;监理单位见证检验。

(5)后浇带钢筋连接与松开的条件、连接方式、张拉顺序、张拉距离应符合相关规定和设计要求。

检验数量:施工单位全部检查,监理单位见证检验20%。

检验方法:施工单位观察检查、温度计测量、尺量,并留存影像资料;监理单位见证检验。

(6)钢板连接器外形尺寸允许偏差见表6-5。

钢板连接器外形尺寸允许偏差　　　　　　　　　　表6-5

序　号	检验项目	允许偏差(mm)
1	长度	±3
2	高度	±3
3	孔径	±1
4	钻孔位置	±1.5

检验数量:施工单位全部检查。

检验方法:观察检查、尺量。

(7)钢板连接器安装时应垂直于线路中线,置于底座板断面中部,纵向允许偏差±50mm,钢板与桥面的垂直度允许偏差10mm。

检验数量:施工单位全部检查。

检验方法:尺量、观察检查,并留存影像资料。

2.底座混凝土检查

(1)混凝土底座外形尺寸允许偏差及检验方法见表6-6。

混凝土底座外形尺寸允许偏差及检验方法　　　　　　　　　　表6-6

序　号	检验项目	允许偏差
1	中线位置	10mm
2	宽度	0~+15mm
3	顶面高程	±5mm
4	平整度	10mm/3m
5	厚度	±10%设计厚度

检验数量:施工单位每20m检查1处。

检验方法:使用专用仪器测量。

(2)混凝土底座宽出轨道板部分的横坡坡面应平顺,坡度不应小于设计要求。

检验数量:施工单位每施工段检查20处(左右各10处)。

检验方法:观察检查。

(3)轨道板宽度范围内的底座表面应进行拉毛处理。拉毛纹路应清晰、整齐。

检验数量:施工单位全部检查。
检验方法:观察检查。

任务三 轨道板铺设

轨道板如图 6-6 所示。

图 6-6 轨道板

一、管理模块

(1)轨道板铺设施工流程见表 6-7。

轨道板铺设施工流程　　　　表 6-7

序　号	施工流程	序　号	施工流程
1	施工准备	4	轨道板压紧加固
2	粗铺	5	质量检查
3	精调		

(2)轨道板铺设施工主要工(器)具见表 6-8。

轨道板铺设施工主要工(器)具　　　　表 6-8

序　号	名　称	序　号	名　称
1	汽车吊	6	定位锥
2	运板汽车	7	高压水枪
3	龙门吊	8	全站仪
4	冲击钻机	9	水准仪
5	高压风枪		

二、操作模块

1. 施工准备

轨道板粗铺前所设定的轨道板安置点及基准点测设应符合下列规定:

（1）轨道板安置点及基准点坐标，由施工单位设专人使用施工布板软件计算，现场放样精度应控制在5mm以内，并对照布板图现场标注每块轨道板的编号，弹出轨道板安装边线等。

（2）安置点和基准点沿线路纵向设置在每个板缝中央且接近轴线位置，宜每隔6.5m布置一对，分别位于板缝中线两侧各100mm处。曲线地段轨道板安置点设在曲线外侧，基准点设于内侧；直线地段宜置于线路中同一侧。

（3）轨道板基准点应用专用金属标志，以植筋方法铅垂方向固定在混凝土底座板或支承层表面。放样后的轨道基准点应与CPⅢ控制点联测，并经平差软件计算通过后方可进行下一步轨道板精调。其平差计算后的两相邻基准点相对误差为：平面0.2mm，高程0.1mm。

（4）以轨道板安置点为圆心在支承层或底座表面画圆圈作为轨道板粗铺控制基准。也可在轨道板安置点安装用于轨道板粗铺定位的定位锥。定位锥安装前应清理支承层或底座板表面，然后钻孔植筋。钻孔孔径为20mm，钻孔深度在直线及超高≤45mm的线路上为15cm，在超高>45mm的线路上为20cm。

（5）用黏胶黏结固定。固定锚杆采用精轧螺纹钢筋制作，锚固深度宜为10~15cm。

2. 粗铺轨道板

轨道板铺设前，应严格检查混凝土底座板或支承层的顶面高程，应对超标地段进行处理。混凝土底座板或支承层强度达到设计强度的70%后，方可进行轨道板铺设。施工单位应在轨道板铺设前根据设计文件、施工计划等制订轨道板运输、存放计划，提前提交给轨道板生产厂。设置临时存板场并提前存放轨道板。轨道板规格应符合设计要求，外观应无破损、无裂纹，纵向连接螺纹钢筋无弯曲，扣件完整，预埋件齐全。

轨道板由专用运板车运到铺设现场，专用铺板龙门吊或汽车吊吊装就位，按布板图给定的编号依次铺设。

轨道板在上线前应对其表面进行清洗，应无尘土、无油并清理疏通灌浆孔，然后在轨道板精调装置安装位置设置发泡材料制成的防溢模试件，用于灌浆时保护精调装置。

轨道板粗铺就位前应在底座板表面放置支承方木条临时支承轨道板。方木条应摆放在板两端及板中部两侧。

轨道板安放时通过定位圆锥定位，轨道板铺设时应紧贴圆锥体，侧面对齐支承层或底座上的安装边线，置于支承方木条上。铺放后的轨道板板端半圆与定位圆锥（定位圆圈）的相对平面位置偏差应小于5mm。

轨道板铺设就位后，按设计要求在轨道板两侧安装精调装置，将轨道板支承起来后取出支承垫木，并粗调轨道板。安装在轨道板两端的精调装置可竖向和横向调节，安装在轨道板中部的精调装置可竖向调节。精调装置在安装前应将精调螺母置于最大行程的1/2处。

3. 轨道板精调

轨道板的精调测量应采用专业轨道板精调测量系统。轨道板精调测量系统的自动全站仪、精调标架和专用软件等应配套，测量仪器精度应满足相关规定。

精调施工前，应对测量标架检校，数据文件确认无误后方可开始精调施工。

轨道板快速测量系统全站仪设站和后视棱镜安装应使用强制对中三脚座，全站仪的定向应使用轨道板基准点和已调好的相邻轨道板的两个棱镜。

精调过程中应进行记录,记录内容包括:轨道板类型和板号、观测员、各精调时间对应的温度、精调日期(含时间)、天气说明、调控点的位置差、轨道基准点和定向点上的最终误差。

4. 轨道板压紧加固

为防止轨道板精调后受扰动和砂浆灌注时轨道板上浮或侧移,轨道板精调定位后应及时安装扣压装置,对板的两端中部及板的两侧中部同时进行扣压。

轨道板精调后应采取防护措施,严禁踩踏和撞击轨道板,并及时灌注水泥乳化沥青砂浆充填层。如果轨道板放置时间过长,或环境温度变化超过10℃,或受到使轨道板位置发生变化的外部条件影响时,必须进行复测和必要的调整,确认满足要求后,方可进行水泥乳化沥青砂浆充填层灌注施工。

5. 质量检查

(1)轨道板类型、规格应符合设计要求,除预裂缝外板体及承轨台应无裂缝;预埋套管内不应有混凝土淤块。

检验数量:施工单位、监理单位全部检查。

检验方法:观察检查。

(2)轨道板应按布板图给定的编号和位置进行铺设。

检验数量:施工单位、监理单位全部检查。

检验方法:对照布板图,现场核查轨道板编号(左/右和序号)。

(3)轨道板边角和承轨台破损及掉块不应超过相关标准的规定;扣件应完整,预埋件无损坏,纵向连接精轧螺纹钢筋端部应完整、无弯曲。

检验数量:施工单位全部检查。

检验方法:观察检查。

(4)轨道板平面定位允许偏差:纵向不应大于10mm。

检验数量:施工单位全部检查。

检验方法:测量。

(5)轨道板精调定位允许偏差见表6-9。

轨道板精调定位允许偏差(mm) 表6-9

序 号	检 验 项 目	允 许 偏 差	
1	高程	±3	
2	中线	±3	
3	相邻轨道板接缝处承轨台顶面平面位置相对偏差	±0.3	不允许连续3块以上轨道板出现同向偏差
4	相邻轨道板接缝处承轨台顶面相对高差	±0.3	

检验数量:施工单位、监理单位全部检查。

检验方法:施工单位使用专用仪器测量;监理单位检查记录。

任务四 CA 砂浆调整层灌注施工

CA 砂浆调整层如图 6-7 所示。

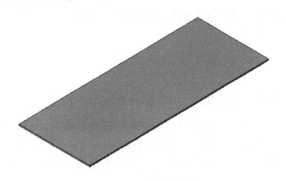

图 6-7 CA 砂浆调整层

一、管理模块

(1) CA 砂浆调整层灌注施工流程见表 6-10。

CA 砂浆调整层灌注施工流程 表 6-10

序　号	施工流程	序　号	施工流程
1	施工准备	4	养护
2	轨道板模板封边	5	拆模
3	水泥乳化沥青砂浆灌浆	6	质量检查

(2) CA 砂浆调整层灌注施工主要工(器)具见表 6-11。

CA 砂浆调整层灌注施工主要工(器)具 表 6-11

序　号	名　称	序　号	名　称
1	冲击钻机	7	高压喷雾器
2	压紧装置	8	检测靠尺
3	精调设备	9	空气含量测定仪
4	移动式搅拌车	10	精度三联模
5	中间吊罐	11	扩散度检测装置
6	高压清洗机	12	灰浆搅拌机

二、操作模块

(一) 施工准备

1. 水泥乳化沥青砂浆配合比确定

水泥乳化沥青砂浆对气候条件比较敏感,需要根据施工气温及湿度等环境条件进行施工配合比微调。施工时,砂浆搅拌车通过试拌检测合格后再进行批量生产。

2. 砂浆性能检测

灌注前,进行试拌和,室外检测指标合格后才可灌注施工。每次施工应按规定留取试件进行室内检验。

3. 轨道板精调验收

轨道板下充填层施工前,应对轨道板的安装质量、支承层或底座板与轨道板间的间隙高度等进行复检,应符合设计要求。

(二)轨道板封边

1. 轨道板纵向封边

封边前将板下灰尘吹除干净,同时对轨道板封边范围进行预湿。轨道板初步铺设所放置的千斤顶在精调时设置U型弹性密封止浆垫,以防灌浆时砂浆溢出,同时保护千斤顶不被污染。

纵向密封轨道板采用角钢加无纺土工布或者隔离布进行密封,两侧封边材料应满足稳定性及密封性要求,同时应保证拆封后外观整洁,按要求预留排气孔,排气孔应紧贴轨道板底向上留出。

2. 轨道板横向封边

端部采用稠度较大的水泥乳化沥青砂浆或力学性能相近的材料封边,高度应高于轨道板底面至少2cm。抹缝时不得掩盖轨道基准点。

在施工横向封边时,需要将定位锥取出,同时用同直径的钢管将 GRP❶ 点及定位锥封堵,封边采用土工布包裹方木条,利用轨道板外露的精轧钢筋进行支撑,防止其上浮。

3. 轨道板压紧

在施工过程中为了保证灌浆时轨道板不出现浮起的情况,需要在施工过程中安装压紧装置。封边材料不得侵入轨道板与支承层或底座的间隙。封边材料施工完成后,应达到密封性条件后方可灌注水泥乳化沥青砂浆。

(三)水泥乳化沥青砂浆灌浆

1. 灌注前检查

(1)轨道板检查

在灌注砂浆前,需对轨道板的位置进行复核测量,合格后才能进行砂浆的灌注。如果在灌注过程中出现了误差超限,需要重新调整轨道板直至满足要求后,才可以继续灌注。

(2)灌浆前检查

灌浆前需由现场质检工程师、现场技术员和工(班)长共同对封边、压紧装置、排气孔、湿润情况进行检查确认。

2. 水泥乳化沥青砂浆拌制

水泥乳化沥青砂浆的具体投料顺序、搅拌速度、搅拌工艺应通过试验确定,炎热季节或低温下进行水泥乳化沥青砂浆拌制时,应采取相应措施控制材料温度。

---

❶ GRP 是 Ground Reference Point 的简称,即轨道基准点。

3. 砂浆灌浆

在灌浆前对支承层或底座混凝土进行喷雾预湿,但不得在混凝土表面形成明水、积水。

水泥乳化沥青砂浆通过注入斗从轨道板中间灌浆孔加高的灌浆套筒内注入,砂浆自由倾倾落高度不宜大于1.5m。当所有排气孔流出砂浆,并确认气泡完全排出后,及时对排气孔进行封堵。水泥乳化沥青砂浆灌注应遵循"慢—快—慢"的原则,每块轨道板一次施工完成。灌注过程中,不得无故更改事先确定的灌注方案。

待排气孔封堵完成,灌浆孔砂浆高出板底一定高度,且砂浆不回落到轨道板底面以下时停止灌注,清除灌浆套筒内水泥乳化沥青砂浆至轨道板灌浆孔上表面以下10~15cm,且高于轨道板四周任意一点的底面50mm以上,之后拆除灌浆套筒。

在水泥乳化沥青砂浆轻度凝固时,清除多余的水泥乳化沥青砂浆,并在灌浆孔与观察孔中插入S型连接钢筋。

当气温高于40℃或低于5℃时,不允许进行砂浆灌注施工。当天最低气温低于-5℃时,全天不允许进行砂浆灌注。雨天不得进行水泥乳化沥青砂浆施工,并对灌注后未硬化的水泥乳化沥青砂浆进行覆盖,防止雨水进入轨道板底。

(四)养护

自然养护是水泥乳化沥青砂浆充填层养护的主要方法。采取覆盖、蓄水湿润的养护措施对水泥乳化沥青砂浆充填层砂浆进行养护。

生活用水用作养护用水,由洒水车运至施工现场后,灌入外加剂桶内,采用吊车吊运上桥,然后用高压水枪进行喷洒。

对充填层周边水泥乳化沥青砂浆采用覆盖土工布后浇水养护的方法。为防止风刮跑土工布,需要将其卷在条形方木上;覆盖土工布浇水养护应在砂浆灌注完毕后3~12h内进行,并经常浇水保持湿润。浇水养护时间不得少于7d。

水泥乳化沥青砂浆充填层灌浆孔及观察孔采用蓄水湿润养护的方法,在灌注孔及观察孔内注水至与轨道板顶面平齐,并在养护期间确保养护水量,不可出现无水干涸的情况。

当日最低气温低于0℃时,应对灌注的砂浆层采取适当的保温措施,采用塑料薄膜将砂浆充填层整体包裹。

(五)封边角钢及压紧装置拆除

施工结束或施工中断时,应及时对搅拌设备、灌注设备等进行冲洗;更换原材料时,应对相应器具、管道进行清洗后,再进行使用。

当水泥乳化沥青砂浆硬化体积变形完成后,可拆除扣压装置。当水泥乳化沥青砂浆的最小抗压强度达到1MPa后,方可拆除轨道板精调装置;最小抗压强度达到3MPa后,才允许在轨道板上承重。

(六)质量检查

1. 原材料

(1)乳化沥青及其生产原材料的性能指标要求。

检验项目:温度、颗粒极性、残留物含量、水泥适应性、筛上剩余量。

检验数量:同产地、同品种、同规格且连续进场的乳化沥青,每200t为一批;上述数量不足时也按一批计。施工单位每批抽查一次,同时检查原材料质量证明书。

检验方法:施工单位检查产品质量证明文件,并进行抽样试验检验。

(2)干料及其生产原材料性能指标应符合要求。

检验项目:颗粒级配、膨胀率、扩展度、强度。

检验数量:同产地、同品种、同规格且连续进场的干料,每 500t 为一批;上述数量不足时也按一批计。施工单位每批抽查一次,同时检查原材料质量证明书。

检验方法:检查产品质量证明文件,并进行抽样检验。

(3)拌制用水的质量检验应符合规定。

(4)消泡剂性能指标应符合要求。

检验数量:全部检查。

检验方法:检查产品质量证明文件。

(5)减水剂性能指标应符合要求。

检验项目:减水率、含水率、凝结时间差。

检验数量:同厂家、同批号、同品种、同出厂日期的产品,每 50t 为一批;上述不足 50t 时也按一批计。施工单位每批抽查一次。

检验方法:检查产品质量证明文件,并进行抽样检验。

2. 充填层施工

(1)施工前,须对充填层砂浆进行型式检验,检验结果应符合设计要求。

检验数量:同一砂浆配合比。

检验方法:试验检验。

(2)灌注前,应对充填层砂浆的流动度、扩展度、含气量、单位体积质量进行检测,其检验结果及检验方法应符合要求。

检验数量:首罐检查,每 10 罐检查一次。

检验方法:施工单位试验检验,监理单位旁站。

(3)施工时,应制作试件检查砂浆膨胀率、分离度、抗压强度、抗折强度,检验结果及检验方法应符合要求。

检验数量:施工单位每工班检验一次。

检验方法:试验检验。

(4)充填层试验灌注时,灌注孔、观察孔砂浆表面高度应高于轨道板的底面高度,不得回落到轨道板底面最高处以下。

检验数量:全部检验。

检验方法:目测。

(5)充填层厚度应符合设计及规范要求,不应小于 20mm,不宜超过 40mm。

检验数量:每块板。

检验方法:尺量。

(6)封边砂浆不得侵入板底,拆除封边砂浆时不得损伤充填层。

检验数量:每块板。

检验方法:观察。

(7)充填层硬化后,灌注孔、观察孔中砂浆表面应低于轨道板顶面100~150mm。
检验数量:每块板。
检验方法:尺量。
(8)砂浆应与底座板黏结密贴。
检验数量:全部检测。
检验方法:目测。
(9)砂浆搅拌车的拌和记录数据应符合施工配合比及拌和误差要求。
检验数量:每罐。
检验方法:施工单位检查,监理单位旁站。

任务五 轨道板纵连施工

一、管理模块

(1)轨道板纵向连接施工流程见表6-12。

轨道板纵向连接施工流程　　　　　表6-12

序　号	施工流程	序　号	施工流程
1	施工准备	5	填充封闭灌浆孔
2	窄接缝施工	6	接缝混凝土养护
3	轨道板张拉连接	7	质量检查
4	宽接缝施工		

(2)轨道板纵向连接施工主要工(器)具见表6-13。

轨道板纵向连接施工主要工(器)具　　　表6-13

序　号	名　称	序　号	名　称
1	扁钎	6	手持鼓风机
2	抹灰刀	7	智能电桥测试仪
3	专用模板	8	钢筋探测雷达
4	扭矩扳手	9	电动钻孔机
5	插入式振动器	10	高压风枪

二、操作模块

(一)施工准备

轨道板纵向连接的基本段落应至少以每施工段落(即一次灌浆的段落)为一个基本段落。过渡段为靠近临时端刺240m的常规区,过渡段在临时端刺后浇带尚未完成全部连接前(即临时端刺未与下一段底座板连接前)只可进行窄接缝灌注施工,不可进行张拉锁拧紧及宽接缝灌注(砂浆)施工。其余施工段落内轨道板完成灌浆符合规定要求后可进行规定内容的纵向连接施工。过渡段内必须待临时端刺后浇带全部连接完成后方可进行轨道板的纵连施工。

选用张拉锁件时必须选用经过认证的指定厂家的产品,并在试验室进行检验,合格后方可使用。

(二)窄接缝施工

(1)安装窄接缝模板时将轨道板间接缝清理干净。窄接缝模板采用2mm厚钢板或竹胶板。外侧模板用U型支架横跨在轨道板上,从外侧卡住模板进行固定;内侧模板间采用50~60mm方木对撑固定。

(2)浇筑窄接缝混凝土时,浇筑至轨道板上缘以下约6cm处时结束浇筑。浇筑前应润湿接缝处,但不得出现积水。浇筑窄接缝混凝土时环境温度不得高于25℃。

(3)窄接缝内侧模板待窄接缝混凝土终凝后方可拆除,待浇筑宽接缝时方可拆除外侧模板。

(4)窄接缝混凝土浇筑完成后用土工布覆盖并洒水养护,养护时间不少于7d。

(5)轨道板连接钢筋张拉前,检测水泥乳化沥青砂浆及窄缝混凝土的强度,在砂浆强度达到9MPa,窄缝混凝土强度达到20MPa后进行张拉。

(三)轨道板钢筋连接

(1)拧松螺杆上的紧固螺母,至能够安装张拉装置时停止。安装位于紧固螺母和张拉装置之间垫片,然后用手拧紧螺母,且不需另外进行绝缘处理(张拉锁内自带绝缘装置)。

(2)用可调扭矩扳手张拉螺纹钢筋,其张拉步骤为:步骤一,先张拉中间两根钢筋;步骤二,将剩下的钢筋从内向外对称张拉(最后一块轨道板先只张拉中间的钢筋),其张拉力矩为450N·m。张拉过程中,每天至少检查一次可调扭矩扳手的调整值。

(四)宽接缝施工

(1)根据配筋图配置宽接缝钢筋,每个宽接缝安放两个钢筋骨架,并在横向接缝的上方附加一根钢筋。在纵横向钢筋交叉点处及钢筋与张拉锁件接触处安装绝缘套管,以隔断轨道板间的电气连通。

(2)浇筑宽接缝膨胀混凝土时,外侧模板利用窄接缝模板,浇筑时用插入式振动器振捣,待混凝土表面与轨道板平齐时停止浇筑,并压实抹光。浇筑时用木板作进料斗,也可在浇筑前用胶合板或油毛毡覆盖轨道板,以防止浇筑混凝土时混凝土污染轨道板。

(五)灌浆孔施工

灌浆孔浇筑与宽接缝混凝土浇筑同时进行。封闭灌浆孔用混凝土应与浇筑轨道板时所用混凝土同一强度等级,且在封闭完成后压实抹光,并用专用工具压出与预裂缝顺接的凹槽。

(六)养护

浇筑完成后立即用保温膜覆盖养护,在养护完成后用砂轮机磨光表面,确保表面美观。

(七)质量检验

1. 模板

通过观察、测量,确保模板、支撑杆件的材质及支撑方法符合施工工艺、设计要求。安装模板时必须保证模板之间接缝严密,模板安装后坚固稳定,且在浇筑时不得出现漏浆现象。保证模板与轨道板两侧、混凝土支承层或底座密贴。在安装模板时应先将模板与混凝土的接触面打磨光滑,然后刷好脱模剂。浇筑混凝土前必须将模板内杂物清理干净。

2. 钢筋及纵向钢筋连接

(1)钢筋规格、型号应符合设计要求。

检验数量:施工单位、监理单位全部检查。

检验方法:观察检查。

(2)连接钢筋的张拉锁件应符合设计要求及相关技术条件的规定。

检验数量:施工单位、监理单位全部检查。

检验方法:检查产品质量证明文件。

(3)精轧螺纹钢筋、张拉锁件、骨架钢筋相互交叉点的绝缘电阻值应符合设计要求。

检验数量:施工单位全部检查,监理单位按施工单位检验数量的10%进行见证检验,但至少一次。

检验方法:施工单位使用电阻表测试,并留存影像资料;监理单位见证检验。

(4)轨道板接缝处钢筋张拉顺序和扭矩应符合设计要求。

检验数量:施工单位、监理单位全部检查。

检验方法:施工单位观察检查,检查扭矩扳手读数,并留存影像资料;监理单位见证检验。

3. 混凝土

(1)水泥乳化沥青砂浆的强度达到9MPa,且窄接缝混凝土的强度达到20MPa后,方可对轨道板实施张拉。

检验数量:施工单位全部检查,监理单位见证检验10%。

检验方法:施工单位试验检验,监理单位见证检验。

(2)接缝及灌浆孔混凝土表面应抹光并与轨道板表面平齐。

检验数量:施工单位全部检查。

检验方法:观察检查。

任务六　侧向挡块施工

一、管理模块

(1)侧向挡块施工流程见表6-14。

CRTS Ⅱ型板式无砟轨道侧向挡块施工流程　　　　表6-14

序　号	施工流程	序　号	施工流程
1	施工准备	5	模板安装
2	限位板、挤塑板安装	6	混凝土浇筑及养护
3	剪力钉安装	7	质量检查
4	钢筋制作及安装		

(2)侧向挡块施工主要工(器)具见表6-15。

侧向挡块施工主要工(器)具　　　表6-15

序　号	名　称	序　号	名　称
1	混凝土输送车	5	扭矩扳手
2	汽车吊	6	开口扳手
3	模板	7	抹子
4	振动棒		

二、操作模块

(一)施工准备

混凝土底座板与侧向挡块的接触面应平整光滑、无错台,对有错台的部位应打磨处理,打磨范围应超出接触面两侧各10cm。

用于锚固侧向挡块的预埋套筒和齿槽必须进行检查和验收。预埋套筒平面位置允许偏差为5mm;齿槽的深度不得小于30mm,为确保新老混凝土的接合质量,施工前应对齿槽进行凿毛处理。凿毛以露出新鲜混凝土为准,深度一般不大于2cm,凿毛范围用现场放线控制,对防水层进行切割,不得损伤挡块范围以外的防水层。

施工前,在侧向挡块与轨道板、底座板接触面按设计铺贴高强度挤塑板等隔离材料,防止侧向挡块混凝土与轨道板及底座板粘连。隔离材料应与轨道板或底座板接触严密,高强度挤塑板与弹性限位板之间的缝隙通过胶带密封。

侧向挡块的类型、规格和布设位置应满足设计要求。

(二)弹性限位板、挤塑板安装

按设计预埋相应的弹性限位板,弹性限位板与钢筋连接并与底座板密贴。弹性限位板位置必须按设计要求精确定位,弹性限位板与底座板混凝土全面积贴靠,并确保限位板与底座板紧密接触无空隙,避免在浇筑混凝土时发生偏移。侧面限位板可通过与侧向挡块内钢筋或剪力钉绑扎或焊接固定。

挤塑板设置在侧向挡块与轨道板之间,起到隔离和缓冲的作用。挤塑板应大于侧向挡块模板,防止侧向挡块混凝土接触底座板。挤塑板应使用整块定型挤塑板,不得拼接。挤塑板接缝处以及挤塑板与弹性限位板接缝处需用胶带进行密封,防止混凝土浆浸入。挤塑板与底座板和轨道板间均采用双面胶进行黏结,确保施工过程无脱落现象。

拆模后,切除宽出挡块范围的挤塑板。

(三)剪力钉安装

剪力钉与预埋套筒连接前,确保预埋套筒内清洁无杂物后,使用带刻度的已标定扭矩扳手安装剪力钉,采用尺寸相匹配的连接钢筋,直径应与螺纹套筒相匹配,确保拧入连接套筒的长度及安装后外露螺纹长度符合要求。

(四)钢筋制作及安装

侧向挡块连接钢筋的位置、长度、数量及规格应符合设计要求,钢筋表面应清洁。

按设计要求绑扎侧向挡块的防裂钢筋,将防裂钢筋弯头和中部与侧向挡块钢筋笼绑扎成一体。

按设计要求放置混凝土保护层垫块。保护层垫块采用混凝土垫块,设置在钢筋笼与挤塑板及桥面之间。

(五)模板安装

侧向挡块施工宜使用组合模具,并应考虑曲线超高引起的高度变化。模板安装前,应确保模板干净,无锈、无油渍,并涂刷脱模剂。

模板拼装要严密,无漏浆缝隙。

可将外侧模板固定在防护墙上,但须注意将侧向挡块与外侧防护墙之间加缓冲隔离材料,以起到保护防护墙的作用。内侧模板可采用对称加固的方式支模。

为防止混凝土浇筑过程中模板上浮移位,影响浇筑质量,需在模板上方设置扣压装置进行加固。

(六)混凝土浇筑及养护

侧向挡块混凝土浇筑之前需要对侧向挡块范围的梁面混凝土进行清洁、预湿处理,做好新老混凝土的接合。

浇筑混凝土前确保检查挤塑板间、硬挤塑板与限位板密封,且贴合牢固,防止浇筑过程中发生位移。

侧向挡块混凝土浇筑应一次连续完成,采用振捣棒振捣密实,直至表面无气泡冒出。

侧向挡块混凝土浇筑完毕,应及时进行养护,养护时间不应少于7d。

拆模后及时检查侧向挡块和底座板粘连情况,发现问题及时整修。

(七)质量检查

1. 钢筋检查

(1)钢筋规格、型号应符合设计要求。

检验数量:施工单位、监理单位全部检查。

检验方法:观察检查。

(2)成型钢筋进场时,应抽取试件做屈服强度、抗拉强度、伸长率和重量偏差检验,检验结果应符合国家现行有关标准规定。对由热轧钢筋制成的成型钢筋,当有施工单位或监理单位的代表驻厂监督生产过程,并提供原材钢筋力学性能第三方检验报告时,可仅进行重量偏差检验。

检查数量:同一厂家、同一类型、同一钢筋来源的成型钢筋,不超过60t为一批;每批中每种钢筋牌号、规格均应至少抽取1个钢筋试件,总数不应少于3个。

检验方法:检查质量证明文件、抽样检验报告并进行重量偏差检验。

2. 混凝土

(1)混凝土到达施工现场后,应确认混凝土强度等级、配合比等是否符合设计及相关要求。

检验数量:施工单位、监理单位全部检查。

检验方法:对照委托单,核对拌和站提供的混凝土质量证明文件。

(2)混凝土的强度等级应符合设计要求。

检验数量:施工单位同一配合比每班次应取样1次制作试件。

检验方法:施工单位进行抗压强度试验;监理单位检查试验报告。

(3)侧向挡块允许偏差见表 6-16。

表 6-16
侧向挡块允许偏差(mm)

检 验 项 目	允 许 偏 差	检 验 项 目	允 许 偏 差
平面位置	10	截面尺寸	0~+15

检验数量:施工单位全部检查。

检验方法:尺量。

(4)混凝土结构表面应密实、平整、颜色均匀,不应有露筋、蜂窝、孔洞、麻面和缺棱掉角等缺陷。

检验数量:施工单位全部检查。

检验方法:观察检查。

3. 弹性限位板

(1)侧向挡块弹性限位板的规格、厚度应符合设计要求。

检验数量:施工单位、监理单位全部检查。

检验方法:观察检查。

(2)侧向挡块弹性限位板的安装数量应符合设计要求。弹性限位板应与底座密贴,安装位置纵向允许偏差不应大于 10mm。

检验数量:施工单位、监理单位全部检查。

检验方法:施工单位观察检查、尺量;监理单位见证检验。

本章课后习题

1. 请简述 CRTS Ⅱ 型板式无砟轨道桥梁段"两布一膜"滑动层施工工序及注意事项。
2. CRTS Ⅱ 型板式无砟轨道底座施工有哪些注意事项?
3. 何为后浇带?后浇带的施工流程是什么?
4. 侧向挡块的作用是什么?请简述侧向挡块的施工流程。

项目七　CRTSⅢ型板式无砟轨道施工

知识目标：
1. 辨识 CRTSⅢ型板式无砟轨道；
2. 了解 CRTSⅠ、Ⅱ、Ⅲ型板式无砟轨道结构的异同点；
3. 掌握 CRTSⅢ型板式无砟轨道施工过程。

能力目标：
1. 能够进行 CRTSⅢ型板式无砟轨道路段支承层和桥梁段底座施工；
2. 能够进行 CRTSⅢ型板式无砟轨道板铺设；
3. 能够进行 CRTSⅢ型板式无砟轨道自密实混凝土调整层施工。

任务一　CRTSⅢ型板式无砟轨道底座施工

CRTSⅢ型板式无砟轨道及分解图分别如图 7-1、图 7-2 所示，底座如图 7-3 所示。

图 7-1　CRTSⅢ型板式无砟轨道

图 7-2　CRTSⅢ型板式无砟轨道分解图

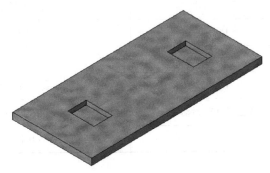

图 7-3　底座

一、管理模块

(1) 底座施工流程见表7-1。

CRTSⅢ型板式无砟轨道底座施工流程　　　　表7-1

序号	施工流程	序号	施工流程
1	施工准备	6	养护
2	测量放样	7	拆模
3	钢筋安装	8	底座伸缩缝设置(路基)
4	模板安装	9	质量检查
5	混凝土灌注		

(2) 底座施工主要设备见表7-2。

底座施工主要设备表　　　　表7-2

序号	设备名称	序号	设备名称
1	混凝土拌和站	8	振动梁
2	混凝土运输车	9	电焊机
3	混凝土输送泵车	10	发电机
4	底座板模板	11	平板运输车
5	限位凹槽板模板	12	全站仪
6	吊车	13	电子水准仪
7	振捣棒	14	钢筋网片吊装架

(3) 底座施工所需材料见表7-3。

底座施工所需材料　　　　表7-3

序号	材料	部位及规格
1	钢筋网片	上层、下层,路基凹槽加强
2	U型筋	直径10~12mm
3	植筋胶	专用
4	混凝土	底座板浇筑
5	聚乙烯(PE)滑动膜	宽1m,厚3mm,长与底座等宽
6	聚氯乙烯(PVC)管	底座板预埋(每块板)

二、操作模块

(一)施工准备

混凝土底座及限位凹槽施工前,应做好下列准备:

(1)底座施工前应清理基础面杂物,复测基础面中线、高程、平整度,确认其符合相关标准规定后,方可进行底座施工。

(2)梁面、隧底预埋件状态及拉毛质量应符合设计要求,当拉毛质量不符合要求时,应按设计要求进行现场凿毛处理,如图7-4所示。见新面不应小于75%。

图7-4 梁面凿毛处理

(3)浮渣、碎块、油应清除干净,表面无杂物、积水。

(4)路基地段应检查过轨管线、横向排水设施等。路基表面应平整、无积水。

(5)对Z字筋脱落或数量不足、抗拔力不满足要求的重新进行植筋,植筋流程见表7-4。

植筋施工流程　　　　　　　　　　　　　　　　　表7-4

序　号	流　程	序　号	流　程
1	定位	5	植筋
2	钻孔(图7-5)	6	固化、保护
3	清孔(图7-6)	7	植筋拉拔试验(图7-7)
4	锚固胶配制		

图7-5 钻植筋孔

图 7-6　钻后用风枪清孔,植筋

图 7-7　植筋拉拔试验

(二)测量放样

(1)测量放样前应按要求采用布板软件进行布板修正计算,确定左右线底座位置。底座端部与梁端伸缩缝的相对位置应符合设计要求。

(2)依据CPⅢ控制网采用全站仪自由设站进行底座纵向边线、伸缩缝位置线、凹槽边缘线的放样,并与线路中线联测,以保证轨道板底座施工,如图7-8所示。

(3)曲线地段除应考虑曲线超高的设计要求外,平面位置还需考虑相对轨道中心线的偏移。

(三)钢筋安装

(1)钢筋焊接网应按验收标准规定进行进场检验,包括外形尺寸、外观质量、重量、抗拉强度及

图7-8　底座放样

抗剪强度,符合要求后方可用于施工。必须使用复检合格的钢筋进行钢筋焊接,未经检查或检查不符合规定的钢筋焊接网不得投入使用。钢筋焊接网片重量允许偏差及开焊点要求见表7-5。

钢筋焊接网片重量允许偏差及开焊点要求 表 7-5

序 号	项 目	允 许 偏 差
1	重量	±4.5% 理论重量
2	开焊点数量	1%，并且任一根钢筋上开焊点不得超过该支钢筋上交叉点总数的 50%，最外边钢筋上的交叉点无开焊点
3	长度和宽度	±25mm
4	钢筋间距	±10mm
5	伸出长度	不小于 25mm
6	对角线差	±1%

（2）当梁面预埋套筒时，应在梁体预埋套筒旋入连接钢筋，连接钢筋拧入预埋套筒的深度、拧紧扭矩应符合设计要求。当预埋套筒被堵塞、失效或预埋套筒位置与钢筋网片位置相冲突时，需在预埋套筒周围植入连接钢筋，植筋的材料、数量、位置和深度应满足设计要求。

（3）底座板钢筋下料前应认真审阅设计图纸及相应规范，并做好图纸会审工作；底座板钢筋主要由 CRB550 级冷轧带肋钢筋构成的焊接网及 CRB550 级冷轧带肋钢筋构成的架立钢筋组成，焊网与架立钢筋进行点焊，如图 7-9 所示。

图 7-9 钢筋点焊

（4）钢筋焊接网应按设计位置安装，安装时应兼顾凹槽位置，将底座上下层钢筋网片、架立筋及连接钢筋绑扎成整体，如图 7-10 所示。

图 7-10 Z 字钢筋与网片连接

底座钢筋安装流程见表 7-6。在钢筋焊接网及连接钢筋的每个交叉节点处，均应采用钢丝进行绑扎；上下两层钢筋网应绑扎定位，如图 7-11 所示，每 $2m^2$ 不少于一个绑扎点。若网片与连接钢筋相碰，可适当调整钢筋网片位置。

底座钢筋安装流程 表7-6

序 号	底座钢筋安装流程	序 号	底座钢筋安装流程
1	设置垫块	4	路基段伸缩缝传力杆及传力杆固定钢筋
2	下层钢筋焊接网铺设	5	绑扎上层筋焊接网
3	架立筋		

(5)钢筋焊接网之间应采用平搭法,如图7-12所示,搭接长度符合设计要求,且上下两层网片的搭接部位必须错开。

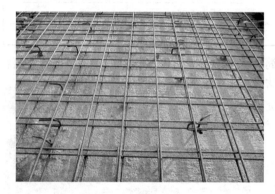

图7-11 底座钢筋绑扎

图7-12 底座钢筋网片搭接

钢筋绑扎安装允许偏差见表7-7。

钢筋绑扎安装允许偏差(mm) 表7-7

序 号	项 目	允许偏差
1	钢筋间距	±20
2	钢筋保护层厚度	0 ~ +10

(6)曲线地段底座U型筋需按照编号分类分批存放,钢筋绑扎按不同超高编号,采用对应U型筋进行绑扎。

(7)钢筋焊接网安装时,下层网片应按不少于4个/m²设置保护层垫块,并均匀分布,设置牢固。保护层厚度应符合设计要求。

(8)底座凹槽四角应按设计要求设置抗裂钢筋,并绑扎牢固。底座凹槽位置需将多余网片剪掉,剪掉后的网片需铺设在底座对应的凹槽的下部位置,并与底座下层网片绑扎牢靠,底座板内钢筋焊接网片分片搭接。

图7-13 传力杆设置

(9)路基地段每两个底座单元之间设置伸缩缝,伸缩缝位置处的传力杆如图7-13所示。传力杆采用光圆钢筋,并在传力杆一端进行涂膜防锈处理,用固定钢筋与上下两层网片固定在一起,设置时,同一伸缩缝的传力杆无水平差,同时与底座下层平面保持平行。传力杆的材质、质量应符合设计要求及相关标准的规定。路基地段底座伸缩缝传力杆安装应固定牢靠，其空间位置、数量、间距、方向等应符合设计要求。传力杆安装允许偏差应符合规定（表 7-8）。传力杆总长、涂刷封层长度、不锈钢套帽安装相对位置、套筒内填充纱头或泡沫塑料的数量等应满足设计要求。

传力杆安装允许偏差　　　　　　表 7-8

序　号	项　　目	允许误差（mm）	测　量　位　置
1	传力杆端上下左右偏差	±10	在传力杆两端测量
2	传力杆在板中心上下偏差	±10	以板面为基准测量
3	传力杆在板中心左右偏差	±20	以板中线为基准测量
4	传力杆纵向前后偏位	±20	以缝边混凝土面为基准测量
5	传力杆套帽长度偏差	±10	以封堵帽内底面起测
6	传力杆与套帽底面间距偏差	+100	以传力杆中点及套帽底面为基准

（10）钢筋安装允许偏差应符合规定。不得踩踏安装完成的钢筋骨架。

（11）底座板施工时，采用保护层垫块卡在钢筋支架与模板之间，如图 7-14 所示，保证钢筋网片不产生位移，以确保底座板两侧面混凝土保护层厚度符合要求。

（四）模板安装

（1）模板及支架应具有足够的强度、刚度和稳定性，能承受底座混凝土侧压力及施工中产生的荷载，满足对底座高程的控制要求。

（2）按设计位置与高程支立底座及凹槽模板，如图 7-15 所示。底座模板应垂直安装，确保平顺、牢固。模板及支架安装应稳固牢靠，接缝严密，不得漏浆。模板支立前，底座板侧模应清理干净并涂刷隔离剂。

图 7-14　底座保护层垫块

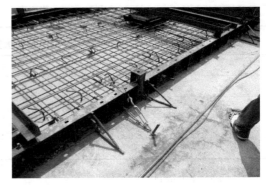

图 7-15　模板安装

（3）凹槽模型底面均匀布置排气孔，采用角钢固定架固定，四根螺杆兼具调整凹槽底面高程的功能，如图 7-16 所示。

（4）模板支立完毕，根据设计高程调整模板的高度，保证底座顶面高程一致，平顺过渡，相邻模板错台不超过 1mm，接缝严密，如图 7-17 所示。

（5）模板经初调完毕后，再用水准仪复核其高程，并用钢卷尺检查其位置。

图 7-16　限位凹槽模板安装　　　　　图 7-17　防错台装置

（6）待模板安装均符合设计要求后，用砂浆把模板底部封堵密实，严防漏浆，同时通过拉杆、顶撑固定模板，使之牢靠。

（7）按设计要求，需伸入梁端的底座板，梁缝部分与底座模板间加设 L 型薄钢板，并采用腻子等封闭底模板缝隙。

（8）曲线地段模板高度应满足曲线超高的设计要求，混凝土底座中线位置应考虑向外的偏移量。凹槽模板应定位准确、安装牢固，防止施工中模板上浮。

（9）模板安装后按表 7-9、表 7-10 检查模板安装偏差。

混凝土底座模板安装允许偏差及检验数量　　　　表 7-9

序　号	项　目	允许偏差(mm)	检验数量
1	施工控制高程	±3	每 5m 检查一处
2	宽度	±5	每 5m 检查 3 处
3	中线位置	2	每 5m 检查 3 处
4	伸缩缝位置	5	每条伸缩缝检查 1 次
5	伸缩缝宽度	±2	每条伸缩缝检查 1 次

限位凹槽模板安装允许偏差　　　　表 7-10

序　号	检查项目	允许偏差(mm)	检验方法
1	中线位置	2	尺量
2	顶面高程	±3	水准仪
3	长度和宽度	±3	尺量
4	相邻凹槽中心间距	±5	尺量

（五）混凝土灌注

（1）混凝土入模前应彻底清理模板范围内的杂物，并对基础面喷水湿润，但不得积水，如图 7-18 所示。

（2）底座混凝土浇筑前应再次检查确认模板、钢筋、限位凹槽和伸缩缝的位置状态，满足设计要求后方可进行混凝土施工。

（3）混凝土由搅拌站集中拌和，且拌和时间不小于 120s，严格按施工配合比施工，采用罐车运输，如图 7-19 所示。

图 7-18　浇筑前底座预湿

图 7-19　底座混凝土浇筑

（4）混凝土的自由落差不能大于 1m，混凝土的坍落度控制在设计坍落度范围内。混凝土入模温度应不大于 25℃，且不低于 5℃。当工地昼夜平均温度连续 3d 低于 +5℃ 或最低气温低于 -3℃ 时，应采取冬期施工措施。

（5）混凝土布料时宜先浇筑凹槽四角部位，防止凹槽四角混凝土开裂，并及时进行限位凹槽美化，如图 7-20 所示。

先用人工大致摊平，然后用插入式振捣器振捣，振捣时要快插慢拔，切忌振捣棒触碰模板、连接螺栓和钢筋，同时应注意避免漏振、过振；凹槽四周应振捣密实。桥梁底座为分块结构，不采取纵连，灌注混凝土时采取一端向另一端推进，一次成型，中间不留施工缝。振捣后，用振动梁提浆整平，或人工用长刮尺收浆搓平。

图 7-20　限位凹槽美化

（6）底座混凝土浇筑后应及时抹面，并严格控制顶面高程、平整度和横向排水坡，如图 7-21 和图 7-22 所示。在混凝土初凝后终凝前应进行二次抹面，二次抹面时间根据混凝土配制的终凝时间确定。

图 7-21 排水坡控制　　　　图 7-22 排水坡抹平

(7) 混凝土收面完成后,应覆盖土工膜进行保湿养护。养护时间应根据不同气候条件按工艺试验要求进行。

(8) 在混凝土未达到设计强度 75% 之前,严禁各种车辆在底座上通行。

(六) 养护

混凝土灌注完成后应及时进行养护。养护采用滴灌法,养护用水温度与混凝土表面温度之差不得大于 15℃。冬季及夏季施工应采取混凝土特殊养护措施,当环境温度低于 5℃ 时,禁止洒水养护,可换为在混凝土表面喷涂养护液的方式养护,并采取适当保温措施。混凝土灌注完成后在薄膜上覆盖土工布洒水保湿养护,时间至少 14d。养护期薄膜土工布必须严密覆盖混凝土表面,并设专人养护。

(七) 拆模

拆模时混凝土表层与环境之间温差不应大于 15℃,如图 7-23 所示。具体拆模时间,以不损坏混凝土表面和棱角为准。

图 7-23 底座板混凝土养护

(八) 路基底座板单元伸缩缝设置

底座板伸缩缝位置应符合设计要求,伸缩缝宜与底座中心线垂直、缝壁上下垂直、缝宽一致。采用挤塑板或泡沫橡胶板填缝,并采用聚氨酯等柔性材料密封。

伸缩缝填充密封时,将伸缩缝两侧用宽胶带粘贴保护,以防止填料污染底座板。

嵌填完成的密封材料表面超出部分应用刀片切除,保证密封表面平滑,缝边应顺直,避免出现凹凸不平现象。

(九)质量检查

(1)混凝土底座外形检查要求见表 7-11。

混凝土结构表面应密实、平整、颜色均匀,不应有露筋、蜂窝、孔洞、疏松、麻面和缺棱掉角等缺陷。

检验数量:施工单位全部检查。

检查方法:使用专用仪器测量。

混凝土底座外形尺寸允许偏差　　　　　表 7-11

序 号	检 验 项 目	允 许 偏 差	测 量 位 置
1	顶面高程	±5mm	每个底座或每 5m 检查 1 处
2	宽度	±10mm	每个底座或每 5m 检查 3 处
3	厚度	±10%设计厚度	每个底座或每 5m 检查 3 处
4	中线位置	3mm	每个底座或每 5m 检查 3 处
5	平整度	10mm/3m	每个底座或每 5m 检查 1 处
6	伸缩缝位置	10mm	每条伸缩缝检查 1 次
7	伸缩缝宽度	±5mm	每条伸缩缝检查 1 次
8	底座外侧排水坡	-1% ~ +3%	每个底座或每 5m 检查 1 处

(2)限位凹槽外形检查要求见表 7-12。

检查数量:施工单位每个底座检查 1 个凹槽。

检查方法:使用专用仪器测量。

限位凹槽外形尺寸允许偏差　　　　　表 7-12

序 号	检 验 项 目	允 许 偏 差
1	中线位置	5mm
2	长度和宽度	±5mm
3	深度	5mm
4	平整度	2mm/0.5m
5	相邻凹槽中心间距	±10mm

(3)伸缩缝检查。

伸缩缝宜与底座中心线垂直,缝壁上下垂直,缝宽应一致。

检查数量:施工单位每施工段检查 1 处。

检验方法:观察检查。

任务二　带弹性垫层的隔离层施工

CRTS Ⅲ型板式无砟轨道隔离层如图 7-24 所示。

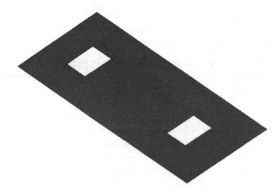

图 7-24　CRTS Ⅲ型板式无砟轨道隔离层

一、管理模块

(1) 隔离层施工流程见表 7-13。

CRTS Ⅲ型板式无砟轨道隔离层施工流程　　　　表 7-13

序　号	施工流程	序　号	施工流程
1	施工准备	4	弹性垫层粘贴
2	隔离层铺设	5	质量检查
3	隔离层裁剪		

(2) 隔离层施工主要工(器)具见表 7-14。

隔离层施工主要工(器)具　　　　表 7-14

序　号	名　称	序　号	名　称
1	滚轮式卷料架	4	黏胶剂搅拌器
2	切割工具	5	定距垫块
3	齿状木耙		

(3) 隔离层施工所需材料见表 7-15。

隔离层施工所需材料　　　　表 7-15

部　位	分　类	备　注
隔离层及弹性垫层	弹性垫板	弹性垫板与聚苯乙烯泡沫板组装
	聚苯乙烯泡沫板	
	土工布	每单元底座板通长布置,严禁搭接

二、操作模块

（一）施工准备

隔离层施工前，应做好表 7-16 所列准备工作，以确保施工的成品质量。

隔离层施工准备工作　　　　　　　　表 7-16

序　号	准 备 工 作	序　号	准 备 工 作
1	底座验收	3	测量放样
2	底座及凹槽表面处理		

1. 底座验收

（1）中间隔离层施工前应对底座（图 7-25～图 7-27）及凹槽质量进行验收，验收项目见表 7-17 和表 7-18。

图 7-25　底座验收

图 7-26　底座打磨

图 7-27　底座高程复测

混凝土底座外形尺寸允许偏差　　　　　　　　表 7-17

序　号	项　目	允 许 偏 差
1	顶面高程	±5mm
2	宽度	±10mm
3	中线位置	3mm

续上表

序 号	项 目	允许偏差
4	平整度	10mm/3m
5	伸缩缝位置	10mm
6	伸缩缝宽度	±5mm
7	底座外侧排水坡	1%

限位凹槽外形尺寸允许偏差　　　　表7-18

序 号	检查项目	允许偏差
1	中线位置	3mm
2	深度	±5mm
3	平整度	2mm/0.5m
4	长度和宽度	±5mm
5	相邻凹槽中心间距	±10mm

（2）底座混凝土强度检验：将浇筑底座混凝土时制备的同条件养护试件进行抗压试验，当底座混凝土强度达到设计强度75%以上，同时其他质量检查项目合格后，方可进行隔离层和弹性垫层施工。

图7-28　凹槽铺设前打磨

2. 底座及凹槽表面处理

在轨道板铺设前，在底座板和凹槽应底座板进行打磨和清理，如图7-28所示，保证铺设范围内底座板洁净干燥，且无砂石类可能破坏中间隔离层的磨损性颗粒。

3. 测量放样

利用CPⅢ控制网对土工布铺设范围进行测量放样，沿线路纵向弹出中间隔离层土工布铺设边线。隔离层铺设时比自密实混凝土四周边缘宽出5cm，以保证隔离效果。

（二）隔离层铺设

土工布铺设不宜在大风及雨雪条件下进行。铺设前保证底座表面清洁，限位凹槽内不得有积水。底座表面平整，其平整度满足设计图纸要求。

隔离层宜由底座一端向另一端连续铺设，轨道板范围内不得搭接或缝接，隔离层宜宽出轨道板边缘5cm。将隔离层平整地铺置于混凝土底座上，并采取临时固定措施，如采用胶带、镇压保护层垫块等临时固定设施进行固定；保持隔离层平整、无借位、无褶皱，隔离层平整度（起拱度)应按10mm/m进行控制。隔离层铺设速度与轨道板铺设速度相适应,铺设后避免日晒、雨淋。

(三)隔离层裁剪

准确定位限位凹槽底面位置,在限位凹槽的位置将土工布用割刀切割出与凹槽上口开口大小一致的孔洞,如图7-29所示。切割下的隔离层放置于凹槽底面铺设;整张土工布与底座板表面及限位凹槽底面密贴,如图7-30所示。

图7-29 隔离层裁剪

图7-30 隔离层及弹性垫层铺设

(四)弹性垫层粘贴

弹性垫层设置在限位凹槽四周,将弹性垫板结合凹槽实际深度和尺寸进行修整切割加工,在凹槽四周均匀涂胶,确保嵌入的弹性垫板限位凹槽侧壁密贴,与限位凹槽底部和底座表面的土工布紧密接合,利用钢钉将弹性垫层固定于混凝土侧壁。其他边缘拐角用宽胶带进行平整、严密封口,确保顶面与底座表面平齐,周边无翘起、空鼓、封口或脱层不严等缺陷。

带弹性垫层的隔离层铺设完毕后,在轨道板铺设前,应采取适当遮盖保护措施,避免长时间日晒雨淋,防止损伤,且自密实混凝土灌注工序的进行时间必须在隔离层铺设完成15d内进行。

(五)质量检查

(1)隔离层及弹性层的规格、材质应符合设计要求。

检验数量:施工单位、监理单位全部检查。

检验方法:观察检查。

(2)隔离层铺设检查。隔离层不应搭接,接缝应铺贴平整、无破损,接缝处及边沿无翘起、空鼓、褶皱、脱层或封口不严等缺陷,隔离层平整度(起拱度)允许偏差为10mm/m。

检验数量:施工单位、监理单位全部检查。

检验方法:观察检查、尺量,并留存影像资料。

(3)弹性垫层检查。弹性垫层与限位凹槽侧面应粘贴牢固,顶面与底座表面平齐,接缝处及周边无翘起、空鼓、脱层或封口不严等缺陷。

检验数量:施工单位、监理单位全部检查。

检验方法:观察检查,并留存影像资料。

任务三 轨道板铺设施工

轨道板上部、底部分别如图7-31、图7-32所示。

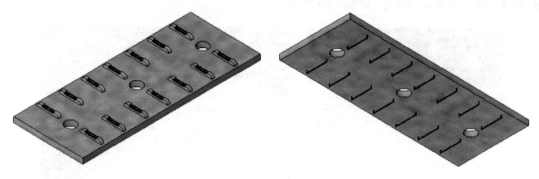

图7-31 轨道板上部　　　　　　　　图7-32 轨道板底部

一、管理模块

（1）轨道板铺设流程见表7-19。

CRTSⅢ型板式无砟轨道轨道板铺设流程　　　　表7-19

序　号	施工流程	序　号	施工流程
1	施工准备	4	轨道板吊装上桥
2	轨道板粗铺放线	5	轨道板粗铺
3	自密实混凝土层钢筋焊网安装	6	质量检查

（2）轨道板铺设主要工（器）具见表7-20。

轨道板铺设主要工（器）具　　　　表7-20

序　号	名　称	序　号	名　称
1	自密实混凝土模板	6	轨道板运输车
2	载重汽车	7	铺板龙门吊
3	吊车	8	三向调节设备
4	混凝土拌和站	9	混凝土输送泵车
5	混凝土运输车	10	扳手

二、操作模块

（一）施工准备

（1）轨道板粗铺前应复测底座高程。

（2）轨道板进入铺设现场前，应核对轨道板型号；轨道板外观应无裂纹、破损及缺棱掉角等缺陷。

（3）轨道板粗铺前，在底座表面对应轨道板两侧靠近吊装孔位置放置支撑垫块，垫块应放在精调装置旁边。

(4)将纵向钢筋按设计要求绝缘绑扎在轨道板门型钢筋内。

(5)轨道板铺粗铺前首先对中间隔离层和弹性垫层施工质量进行验收。中间隔离层应铺设平整,无破损,边沿无翘起、空鼓等缺陷。弹性垫层与限位凹槽侧面粘贴牢固,顶面与底座表面平齐,周边无翘起、空鼓、封口不严等现象。

(二)轨道板粗铺放线

轨道板铺设前应清理隔离层表面并精确放线。轨道板四角位置应根据布板软件计算的轨道板坐标进行放样,定出轨道板四条边线。轨道板与梁缝以及底座伸缩缝之间相互位置关系应满足设计要求。

(三)自密实混凝土层钢筋焊网安装

(1)钢筋下料前首先核对图纸,准确无误后方可下料。钢筋焊网按对应的轨道板型号分类存放,做好编号,方便运输。

(2)自密实混凝土层钢筋焊接网及凹槽钢筋应按设计位置安装,并绑扎成整体。

(3)自密实混凝土层钢筋采用 CRB550 级冷轧带肋钢筋焊接网,由钢筋加工厂集中焊接制作,如图 7-33 所示,用运输台车运到现场。钢筋焊网吊装时采用用自制吊钩四点吊装,避免因受力不均造成网片焊点开焊。钢筋焊网按其规格、型号分类存放。对暂时不用的钢筋半成品及钢筋焊网用塑料布、篷布等,采取覆盖防雨保护措施。

图 7-33 凹槽钢筋制作

(4)钢筋绑扎前先核对图纸,根据放样控制点弹出底层钢筋焊网安装墨线。

(5)采用厂制标准混凝土保护层垫块,垫块按梅花形布置,布置要求不少于 4 个/m²,如图 7-34 所示。

(6)凹槽位置的钢筋采用 HRB335 级钢筋,施工现场绑扎成型,钢筋焊网连接,如图 7-35 所示。钢筋绑扎安装应符合设计要求,允许偏差见表 7-21。

钢筋绑扎安装允许偏差(mm)　　表 7-21

序　号	项　目	允许偏差
1	钢筋间距	±20
2	钢筋保护层厚度	+100

图 7-34　保护层及防上浮垫块

图 7-35　限位凹槽钢筋绑扎安装

（7）为了不影响钢筋网片纵向钢筋放置，需将轨道板中间 4 根门型钢筋平直段对称剪裁 180mm，剪裁后钢筋端头采用环氧树脂涂层进行密闭绝缘处理。

（8）轨道板粗铺时，预先在纵向门型钢筋内穿好一根钢筋，轨道板下方到位后，仅需对外侧门型钢筋进行绑扎。

（9）钢筋网片安装完毕后将隔离层上的垃圾清除干净。

（四）轨道板吊装上桥

在施工便道紧靠路基、桥梁墩台较矮等地段时，可通过悬臂式龙门吊，直接将轨道板吊装上桥；在桥梁较高地段或跨河等困难地段，采取在桥梁低矮地段用汽车吊、人工、运板车配合的方式,将轨道板吊装至桥梁运板车上,运输至铺板位置,如图7-36所示。

图7-36 轨道板吊装

(五)轨道板粗铺

(1)轨道板粗铺时应注意防止破坏或触动CPⅢ点,影响精调施工精度。

(2)轨道板铺设前,应对中间隔离层表面进行清理,达到无浮砟、碎片、油渍以及无积水等。

(3)隔离层土工布及钢筋焊网位置调整到位,钢筋保护层厚度、垫块数量及其紧固程度满足要求。

(4)轨道板粗铺应按布板设计进行铺设。采用专用设备按放线位置将轨道板平稳吊放在支撑块上,轨道板接地端子应位于线路外侧。

(5)粗铺过程中,不得损伤轨道板下部门型钢筋和绝缘涂层。

(6)轨道板粗铺时的平面定位允许偏差:纵向不应大于10mm,横向不应大于5mm。为加快后续的精调施工,粗铺精度应该尽量提高。

(7)轨道板安装后,应及时遮盖灌注孔和观察孔,雨天应将轨道板和底座加以覆盖,防止杂物和雨水进入板腔。

(六)质量检查

1.钢筋

(1)钢筋规格、型号应符合设计要求。

检验数量:施工单位、监理单位全部检查。

检验方法:观察检查。

(2)轨道板门型钢筋与钢筋网片的连接应符合设计要求。

检验数量:施工单位全部检查。

检验方法:观察检查,并留存影像资料。

2.轨道板

(1)轨道板类型、规格应符合设计要求。轨道板板体及承轨台应无裂缝;预埋套管内不应有混凝土碎块。

检验数量:施工单位、监理单位全部检查。

检验方法:观察检查。

(2)轨道板铺设过程中,不应损伤轨道板下部门型钢筋及其绝缘涂层。
检验数量:施工单位全部检查。
检验方法:观察检查。

任务四 轨道板精调

一、管理模块

(1)轨道板精调施工流程见表7-22。

轨道板精调施工流程　　　　表7-22

序 号	施工流程	序 号	施工流程
1	施工准备	4	调整自密实混凝土层钢筋焊网
2	CPⅢ设站	5	安装限位装置
3	精调单元板	6	质量检查

(2)轨道板精调施工主要工(器)具见表7-23。

轨道板精调施工主要工(器)具　　　　表7-23

序 号	名 称	序 号	名 称
1	全站仪	6	球型棱镜
2	工控机	7	数传电台
3	测量标架	8	电缆线
4	标准标架	9	供电系统
5	小棱镜	10	精调软件

二、操作模块

(一)施工准备

(1)轨道板精调前,在轨道板两侧利用起吊套管安装精调装置,每块板4个,将轨道板支撑起来后取出支块,并粗调轨道板。轨道板精调装置应具有横向、纵向及高低的精调功能。安装精调装置后,其各向调节螺杆宜处于最大调程1/2处。

(2)轨道板精调施工应以CPⅢ控制点为依据,全站仪自由设站应符合相关规定。

(3)轨道板精调应采用专用的轨道板精调测量系统,并定期对精调系统进行检校。

(4)精调前,应对测量标架进行检校。标准标架每15d检校一次。

(5)轨道板精调前应输入轨道板精调相关参数和数据,并复核无误。

(二)CPⅢ设站

轨道板精调测量采用全站仪自由设站,每站使用的CPⅢ控制点不应少于4对,每站精调工作范围宜在30m以内。全站仪宜设在线路中线附近,位于所观测的CPⅢ控制点的中间,仪器架设高度不宜大于100cm。更换测站时,相邻测站重叠观测的CPⅢ控制点不应少于2对。

(三)精调单元板

(1)轨道板精调顺序宜为先平面后高程,同一横向位置的两个精调器应同步进行调整。

(2)每次设站测量4块板,调整3块板,搭接1块板以消除错台误差。轨道板精调时须对上一块已调整好的板进行联测,既要保证单块板的绝对坐标满足要求,又要保证两块板间的相对坐标满足要求,使铺板后的线路线型达到要求,如图7-37所示。

图7-37 轨道板精调

(3)曲线且处于线路纵坡地段的轨道板高程应兼顾四点进行调整,最高点按正偏差调整,最低点按负偏差调整,使每点的高差均在偏差允许范围内。

（四）调整自密实混凝土层钢筋焊网

检查自密实混凝土钢筋焊网位置是否调整到位，检查保护层垫块数量及其紧固程度是否符合要求，钢筋焊网不得超出板底间隙，保证自密实混凝土钢筋焊网保护层厚度。

（五）安装限位装置

轨道板精调定位后应及时安装扣压装置，确保自密实混凝土灌注时轨道板不发生上浮或纵、横向移位，如图7-38所示，并尽早灌注自密实混凝土。

图7-38　轨道板固定

（六）质量检查

轨道板铺设精调定位允许偏差见表7-24。

轨道板铺设精调定位允许偏差（mm）　　　　表7-24

检验项目		允许偏差	检验数量
中线位置		0.5	两端和中部
测点处承轨面高程		±0.5	全部检查
相邻轨道板接缝处承轨面相对横向偏差		±0.5	全部检查
相邻轨道板接缝处承轨面相对高差		±0.5	不允许连续3块以上轨道板出现同向偏差
纵向位置	曲线地段	2	全部检查
	直线地段	5	全部检查

检验方法：施工单位使用专用仪器测量，监理单位检查记录。

任务五　自密实混凝土灌注施工

自密实混凝土层如图7-39所示。

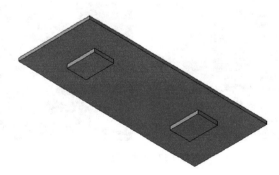

图7-39　自密实混凝土层

一、管理模块

(1) 自密实混凝土施工流程见表 7-25。

自密实混凝土施工流程　　　　表 7-25

序　号	施工流程	序　号	施工流程
1	施工准备	6	轨道板预湿
2	轨道板压紧装置安装	7	自密实混凝土灌注
3	自密实混凝土模板安装	8	养护及拆模
4	自密实混凝土拌制	9	封填灌注孔
5	自密实混凝土运输	10	质量检查

(2) 自密实混凝土施工主要工(器)具见表 7-26。

自密实混凝土施工主要工(器)具　　　　表 7-26

序　号	名　称	序　号	名　称
1	混凝土搅拌站	7	精调支座
2	混凝土输送车	8	水罐车
3	混凝土中转料仓	9	喷雾器
4	混凝土灌注料仓	10	强力吹风机
5	汽车吊	11	发电机
6	压紧、封边装置	12	跨线栈桥

(3) 自密实混凝土施工所需材料见表 7-27。

自密实混凝土施工所需材料表　　　　表 7-27

序　号	名　称	序　号	名　称
1	自密实混凝土钢筋网片	5	补偿收缩混凝土
2	轨道板门型筋内钢筋	6	养护剂
3	绝缘卡	7	混凝土垫块
4	自密实混凝土	8	Z 型筋

二、操作模块

(一) 施工准备

灌注前,采用精调系统再次检测轨道板高程、平面度及平顺度是否满足要求,检查轨道板的固定情况。

(二) 轨道板压紧装置安装

自密实混凝土灌注前,应安装轨道板扣压装置,曲线超高地段还应设置防止轨道板侧移的固定装置,防止灌注自密实混凝土时轨道板出现上浮或侧移,如图 7-40 所示。

图 7-40 轨道板压紧装置

(三) 自密实混凝土模板安装

(1) 模板安装前应清除隔离层表面及回槽内杂物和积水。

(2) 边模板采用定型钢模分段拼接而成，接头处采用螺栓紧固。轨道板与封边边模之间采用门型扣件横跨轨道板压紧，使之封闭、密贴，如图 7-41 所示。

图 7-41 封边模板

(3) 应按设计位置与高程支立模板。模板安装应垂直底座、左右对称进行，防止造成轨道板偏移。模板内侧宜附一层模板布。

(4) 模板安装时，应在轨道板四角和中部设置排气孔，并安装可关闭卡槽钢板。模板安装必须稳固牢靠，模板内侧宜贴附一层透水模板布，在模板与底座之间的缝隙用土工布或海绵堵漏，注意要封堵密实，且不得侵入自密实混凝土层内，如图 7-42 所示。

(5) 轨道板灌注孔处应设置灌注自密实混凝土的硬质下料管，观察孔处应设硬质防溢管。防溢管露出轨道板上表面高度不宜小于 30cm。

(四) 自密实混凝土拌制

(1) 自密实混凝土应采用具有电子计量装置的集中拌制方式。

图 7-42 自密实混凝土模板安装

(2)拌制自密实混凝土前,应严格测定粗、细集料含水率,并根据含水率变化情况及时调整自密实混凝土的施工配合比。一般情况下,每班抽测两次集料含水率,雨天应随时抽测。

(3)拌制自密实混凝土时,应按施工配合比准确称量原材料。原材料称量的最大允许偏差:水泥、矿物掺合料等胶凝材料±1%;外加剂±1%;集料±2%;拌和用水±1%。

(4)搅拌时,宜先向搅拌机投入细集料、粗集料、水泥、矿物掺合料等,搅拌均匀后,再加入拌和水和外加剂,并搅拌至均匀为止,搅拌时间不得少于3min。

(5)自密实混凝土正式生产前,应对自密实混凝土的拌和物性能进行开盘鉴定。应根据环境条件、混凝土运输距离及灌注设备等情况,合理确定混凝土拌和物的出机坍落扩展度、含气量、T_{500}、泌水率和温度等性能指标,如图7-43所示。拌和物性能满足要求后方可进行自密实混凝土灌注施工。

图7-43 坍落扩展度试验

(五)自密实混凝土运输

(1)自密实混凝土运输时应选用能确保灌注工作连续进行、运输能力与混凝土搅拌机的搅拌能力相匹配的混凝土专用运输设备。

(2)自密实混凝土的运输速率应保证施工的连续性;当罐车到达浇筑现场时,应使罐车高速旋转20~30s方可卸料。

(3)运输自密实混凝土过程中,应保持运输混凝土的道路平坦通畅,确保混凝土在运输过程中能够保持均匀性,运到浇筑地点不发生分层、离析和泌浆等现象。

(4)运输自密实混凝土过程中,应对运输设备采取保温隔热措施,防止局部混凝土温度升高(夏季)或受冻(冬季)。应采取适当措施防止水分进入运输容器或蒸发,严禁在运输过程中向混凝土内加水。

(5)应尽量减少自密实混凝土的转载次数和运输时间。

(六)轨道板预湿

在灌注前进行轨道板预湿,通过灌浆孔伸入轨道板进行雾状喷射,如图7-44所示,注意不得在隔离层表面形成明水、积水。

图7-44 灌注前轨道板预湿

(七)自密实混凝土灌注

在轨道板两端两个观察孔插上防溢管,如图 7-45 所示,防止自密实混凝土从观察孔溢出。

图 7-45　自密实混凝土灌注

自密实混凝土从中间孔灌注,按照"先快后慢"的原则控制自密实混凝土灌注速度。当轨道板四角溢流卡槽流满自密实混凝土时停止灌注,使用定尺钢板关闭卡槽。

舀出灌注孔及观察孔多余自密实混凝土,并插入 S 型连接钢筋。以备后期封孔用。

(八)养护及拆模

(1)灌注完成后,自密实混凝土带模养护时间不得少于 3d。

(2)自密实混凝土终凝以后方可拆除压紧装置和防侧移固定装置。

(3)当自密实混凝土强度达到 10MPa 以上,且表面及棱角不因拆模而受损时,方可拆除轨道板四周模板,如图 7-46 所示。

图 7-46　自密实混凝土模板拆模

（4）拆模后，应对自密实混凝土采取土工布包裹、养护膜覆盖或喷养护剂等保湿养护措施，保湿养护时间不少于 14d。在冬期和夏期拆模时，若天气骤然变化，应采取适当的养护措施，如图 7-47 所示。

（5）当自密实混凝土的强度达到 100% 的设计强度后，轨道板方可承受全部设计荷载。

图 7-47　自密实混凝土养护

（九）封填灌注孔

自密实混凝土灌注完成后，舀出灌注孔内多余混凝土，插入 S 型连接钢筋，如图 7-48 所示。自密实混凝土达到设计强度后，采用高强度、无收缩混凝土对轨道板灌注孔进行封填。封填灌注孔混凝土浇筑完毕，必须使封闭孔混凝土密实并略高于轨道面顶面，待混凝土达到设计强度后，应对灌注孔高出轨道板面的自密实混凝土进行平顺处理（图 7-49），防止雨水渗入灌注孔内。

图 7-48　安装 S 型钢筋

（十）质量检查

（1）自密实混凝土运到施工现场后，应确认混凝土强度等级、配合比等是否符合设计及相关要求。

检验数量：施工单位、监理单位全部检查。

检验方法：对照委托单核对拌和站提供的自密实混凝土质量证明文件。

（2）自密实混凝土的性能应符合规定（表 7-28），施工前应进行配合比选定试验。

图 7-49　灌注孔混凝土平顺处理

检验数量:同一配合比的自密实混凝土检验一次。

检验方法:施工单位试验检验;监理单位检查试验报告。

自密实混凝土的性能 表 7-28

项 目		技 术 要 求
拌和物性能	坍落扩展度	≤680mm
	扩展时间	3~7s
	J 环障碍高差	<18mm
	L 型仪充填比	≥0.9
	泌水率	0
	含气量	3.0%~6.0%
	竖向膨胀率	0~1.0%
	56d 抗压强度	≥40MPa
	56d 抗折强度	≥6.0MPa
	56d 弹性模量	$3.00 \times 10^4 \sim 3.80 \times 10^4$ MPa
	56d 电通量	≤1000C
	56d 抗盐冻性(28 次冻融循环剥落量)	≤1000g/m²
	58d 干燥收缩值	≤400×10^{-6}
有害物质含量	氯离子含量	不大于胶凝材料总量的 0.1%
	碱含量	不大于 3.0kg/m³
	三氧化硫含量	不大于胶凝材料总量的 4.0%

(3)自密实混凝土拌和物的坍落扩展度、扩展时间、含气量和泌水率应符合要求。

检验数量:坍落扩展度、扩展时间、泌水率现场每罐年检验一次;含气量现场每 50m³ 至少检验一次。

检验方法:施工单位试验检验;监理单位见证检验。

(4)自密实混凝土 56d 抗压强度不应小于 40MPa。

检验数量:施工单位每工作班或每灌注 100m³ 自密实混凝土,至少检验一次;监理单位按施工单位检验次数的 10% 进行见证检验,但至少一次。

检验方法:施工单位试验检验;监理单位见证检验。

(5)灌注孔、观察孔混凝土表面应高出轨道板表面,且不宜超过 10mm,并应抹光与轨道板平顺衔接,不积水,表面应无裂缝、无离缝。

检验数量:施工单位全部检查。

检验方法:观察检查。

(6)自密实混凝土灌注后轨道板位置允许偏差,见表 7-29。

自密实混凝土灌注后轨道板位置允许偏差(mm)　　　　表 7-29

序 号	检 查 项 目		允 许 偏 差	备　　注
1	高程		±2	
2	中线		2	
3	相邻轨道板接缝处承轨台顶面相对高差		1	不允许连续 3 块以上轨道板出现同向偏差
4	相邻轨道板接缝处承轨台顶面相对平面位置		1	
5	轨道板纵向位置	曲线地段	5	
		直线地段	10	

本章课后习题

1. CRTSⅢ型板式无砟轨道底座施工前应完成哪些准备工作？
2. 请简述 CRTSⅢ型板式无砟轨道隔离层施工工序及注意事项。
3. 如何设置 CRTSⅢ型板式无砟轨道路基底座板单元伸缩缝？
4. 请简述 CRTSⅠ、CRTSⅡ、CRTSⅢ型板式无砟轨道结构的异同点。
5. 请简述 CRTSⅢ型板式无砟轨道自密实灌注施工工序及注意事项。

项目八　CRTS双块式无砟轨道施工

知识目标：
1. 辨识 CRTS 双块式无砟轨道；
2. 了解轨排支撑架法和框架法的异同；
3. 掌握双块式无砟轨道施工过程。

能力目标：
1. 能够进行双块式无砟轨道道路段路基和桥梁底座板施工；
2. 能够进行双块式无砟轨道轨排支撑架法和框架法轨排组装、调整及固定；
3. 能够进行双块式无砟轨道隔离层及弹性垫层施工。

任务一　支承层施工

CRTS 双块式无砟轨道、支承层分别如图 8-1、图 8-2 所示。

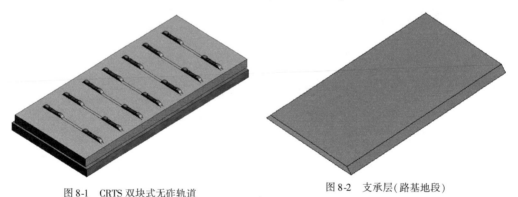

图 8-1　CRTS 双块式无砟轨道　　　　　图 8-2　支承层(路基地段)

一、管理模块

（1）支承层施工流程见表 8-1。

支承层施工流程　　　　　　　　　　表 8-1

序　号	项目过程	序　号	项目过程
1	施工准备	3	放样、安装模板
2	基础面清理及湿润	4	混凝土施工

续上表

序　号	项目过程	序　号	项目过程
5	拉毛及修整	7	切缝、覆盖养生
6	拆除模板	8	质量验收

（2）支承层施工主要工(器)具见表8-2。

支承层施工主要工(器)具　　　　表8-2

序　号	设备名称	序　号	设备名称
1	泵车	18	扳手
2	可变跨龙门吊	19	塑料保护套
3	汽车吊	20	撬棍
4	双头电动扳手	21	斜口钳
5	电焊机	22	土工布
6	发电机	23	防尘罩
7	电钻	24	养生桶
8	混凝土切割机	25	高压水枪
9	平板车	26	抹子
10	工具轨	27	钢筋切断机
11	螺杆调节器	28	钢筋弯曲机
12	轨向锁定器	29	切割机
13	纵横向模板	30	砂轮机
14	纵向模板三角支承架	31	莱卡全站仪
15	手动内六角扳手	32	莱卡全站仪
16	振捣棒	33	电子水准仪
17	起道机	34	电阻仪

二、操作模块

(一)施工准备

（1）采用滑模摊铺机摊铺施工时，支承层材料应采用水硬性混合料。采用模筑法施工时，支承层材料应采用低塑性水泥混凝土。

（2）支承层的材料技术要求应符合规定。

（3）正式施工前应选定一段进行工艺性试验，检测支承层指标要求，以及外观质量与支承层施工机械工作性能的匹配情况。根据试验情况，调整施工配合比及各种工艺参数。

（4）正式施工前，应根据施工进度、运量、运距及路况，确定运输车型和数量。

（5）水硬性混合料或低塑性水泥混凝土应在拌和站集中生产搅拌前，严格测定集料的含水率,按测定结果及时调整施工配合比,同时严格控制原材料的计量精度。在拌制过程中,不得使用表面沾染尘土和局部暴晒过热的集料。

(6)水硬性混合料或低塑性水泥混凝土拌和物应均匀、色泽一致,有生料、成团现象的非均匀拌和物严禁用于施工。

(7)气温低于5℃时或雨天时,不应进行支承层施工。

(二)基础面清理及湿润

支承层施工前,应对支承层范围内的基床表层清扫干净并适度湿润,但不得有积水,并至少保湿2h以上。

(三)放样、安装模板

1. 测量放样

根据原线路坐标及CPⅢ的布置,由测量人员按施工精度要求放出支承层边线,每隔5~10m打上钢钎,并在钢钎上用红油漆标上支承层顶面高程位置,再由施工员弹出墨线用来指导模板定位。

2. 安装模板

支承层施工前,根据CPⅢ控制点按5m间距测放支承层模板放样点,作为模板支立控制标准。

模板安装要稳定牢固,模板中线位置允许偏差5mm,顶面高程允许偏差-5~+2mm,模板安装宽度允许偏差0~+10mm。相邻模板间平面及高低错缝不得大于1mm。模板平整度应达到5mm/2m。根据横向切缝不得与轨道板板缝重叠的原则,在支承层模板安装时,将轨道板板缝位置放样在模板上,并做醒目标志。

(四)混凝土施工

1. 混凝土拌制、运输

混凝土采用强制式搅拌机搅拌。搅拌前应严格测定集料的含水率,及时调整施工配合比。一般情况下,含水率每班抽测2次,雨天应随时抽测,并按测定结果及时调整施工配合比。

拌制完成的混凝土使用混凝土运输车运输至施工现场。

混凝土按施工配合比由拌和站集中拌和,混凝土运输车输送至现场。在混凝土浇筑时,采用喷雾器人工将路基表层表面充分湿润,不得积水。混凝土运输车进入正线后倒退模板尾端溜槽卸料浇筑,应一次布料到位,并且卸料高度不得大于1m,及时采用插入式振捣器进行捣固。捣固以混凝土表层出现液化状态为宜,不得过振,避免漏振。

支承层尽量做到连续施工,因外界因素而中断后应设施工缝。施工缝要设端模板,留直茬,但表面一定要粗糙,对接缝表面进行凿毛,并保持湿润,在下次浇筑混凝土前清理干净施工缝处的松散集料,再次湿润,以保证新老混凝土能更好黏结。

2. 混凝土浇筑

(1)混凝土运至施工现场前,应对基床表层级配碎石洒水湿润,保持2h以上,但级配碎石表面不得积水。

(2)混凝土运输车应慢速行车卸料,避免集中卸料造成堆积离析。

(3)混合料入模后,首先用振动棒振捣,振捣时间以混凝土表层出现液化状态为宜,不得过振,避免漏振。根据现场需要再对面层辅以平板振捣器振捣,最后采用滚筒提浆整平,人工抹出适当的排水坡。在提浆整平的同时,严格按照支承层验收标准,进行相关高程及平整度控制。

当浇筑停顿时间超过混凝土初凝时间时,应中断浇筑。施工缝位于切缝或两切缝中心,垂直于轨道中心线,施工缝设置成直立面,不得与轨道板板缝重叠。再次浇筑时,将施工缝处的松散集料剔除,并用水将接触面湿润。

(五)拉毛及修整

混凝土表面轨道板宽度范围内应人工横向拉毛1.5~2mm,拉毛纹路应均匀、清晰、整齐,道床板宽度范围以外按设计要求设置排水坡,并压光收面。

(六)拆除模板

支承层拆模时间应不小于24h,模板拆除应保证混凝土表面及棱角不受损伤。拆模后支承层表面应平整,颜色均匀。支承层外形尺寸允许偏差见表8-3。

支承层外形尺寸允许偏差及检验方法　　　　表8-3

序　号	检查项目	允许偏差	检验方法
1	厚度	±20mm	尺测
2	中线位置	10mm	全站仪
3	宽度	+15mm,0	尺测
4	顶面高程	+5mm,-15mm	水准仪
5	平整度	10mm/3m	4m直尺
6	两侧排水坡宽度	+15mm,0	尺测
7	两侧排水坡度	-1%~+3%	水准仪

混凝土浇筑完成及时进行湿润养护,浇筑一段、养护一段。养护采用覆盖潮湿的粗麻布、无纺布等方式进行,也可采用塑料布进行封闭保湿,养护时间不少于7d。

混凝土在养护强度未达到75%之前,严禁在表面行走车辆;待混凝土强度达到2.5MPa后,开始拆除模板。拆模时严禁采用强拉硬拽的方式拆除模板,防止混凝土表面受损和模板变形,拆下的模板派专人进行清理,转运至下一循环使用。拆模过程中不得中断混凝土的养护工作。浇筑完成的支承层在7d内不得受冻,当气温低于0℃时,应采取保温措施。

支承层混凝土拆完模板后,应对其外形尺寸按允许偏差及检验方法进行检验,对混凝土表面出现的麻面和气泡采用混凝土强度相同的水泥砂浆进行抹面。对麻面或气泡较深的部位,要用抹刀将水泥砂浆填充饱满并压实,初凝后再进行一次抹面收光。混凝土结构存在空洞或蜂窝麻面时,要用钢钎将蜂窝部位或空洞周边的混凝土按规定形状全部凿除,直到混凝土密实部位,同时在外露边缘用切割机切割深度不小于2cm的接触面。清除完毕后安装模板,采用不低于原强度等级的混凝土填补,振捣密实收面。混凝土表面出现裂纹,采用裂纹修补剂处理,先用水泥粉填充裂缝,然后用裂缝修补剂进行表面涂刷,最后用湿麻布遮盖养护。

(七)切缝、覆盖养生

混凝土浇筑完 24h 以内应进行横向切缝施工,释放表面应力。根据设计要求,按 5m 切一道横向缝,宽度控制在 5mm,假缝应与道床板伸缩缝重合,并设置在两轨枕的中间位置。

施工段落之间的施工缝应设在切缝处,或与其相距 2.5m 处,施工缝必须做成直立面,并且垂直于轨道轴线。混凝土浇筑完成后,拆除端模,及时进行人工修整凿毛;当混凝土浇筑停顿时间超过混凝土初凝时间时,应中断浇筑,留作施工缝;再次浇筑时,将施工缝处的松散集料剔除,将杂物清理干净,并用水将接触面湿润。

支承层表面切缝完成后,采用土工布覆盖,洒水养护,养护时间为 7d。

(八)混凝土冬季施工

当昼夜平均气温低于 +5℃ 或最低气温低于 -3℃ 时,执行冬季施工相关要求。

(1)进入冬季施工前应做好如下准备工作:

①掌握施工地区的冬季气象资料,并与气象部门联系,及时了解气象变化情况。

②备齐冬季施工所需的工程材料、防寒材料、燃料及必要的机具设备等。

(2)冬季施工混凝土灌注:

①冬季施工采用"暖棚法"施工,暖棚四周围护严密,不得漏风。暖棚内应采用有效加热设备升温,确保棚内温度不低于 5℃。

②应控制混凝土的入模温度不应低于 5℃,环境负温时,混凝土的入模温度不应低于 10℃。

(九)质量验收

(1)支承层材料的性能应符合高速铁路无砟轨道支承层的规定,施工前应进行配合比选定试验。

检验数量:同一基本配合比的支承层材料检验一次。

检验方法:施工单位试验检验;监理单位检查试验报告。

(2)支承层摊铺前应确认混合料强度配合比等是否符合设计及相关要求。

检验数量:施工单位、监理单位全部检查。

检验方法:对照委托单核对混合料质量证明文件。

(3)支承层压实系数不应小于 0.98。

检验数量:施工单位每 500m 检验一次,监理单位按施工单位检验数量的 10% 进行见证检验,至少一次。

检验方法:施工单位试验检验,监理单位见证检验。

(4)支承层 28d 单个芯样抗压强度不应小于 6MPa,28d 单组芯样抗压强度不应小于 8MPa。

检验数量:施工单位每 500m 检验一次,监理单位按施工单位检验数量的 10% 进行见证检验,至少一次。

检验方法:施工单位试验检验,监理单位见证检验。

(5)支承层外形尺寸允许偏差见表 8-3。

检验数量:施工单位每 50m 各检查 1 处。

检验方法:使用专用仪器测量。

(6)支承层横向切缝间距宜为5m,且与线下构筑物结构缝对齐。切缝宽度宜为3~5mm,缝深不应小于支承层厚度的1/3。

检验数量:施工单位全部检查。

检验方法:尺量、观察检查。

(7)支承层表面应平整、颜色均匀,不应有疏松及缺棱掉角等缺陷,道床板或轨道板宽度范围内的支承层表面应进行拉毛处理,拉毛纹路应均匀、清晰、整齐。

检验数量:施工单位全部检查。

检验方法:观察检查。

任务二 混凝土底座及限位凹槽施工

混凝土底座及限位凹槽如图8-3所示。

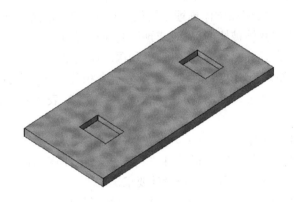

图8-3 混凝土底座及限位凹槽

一、管理模块

(1)混凝土底座及限位凹槽施工流程见表8-4。

混凝土底座及限位凹槽施工流程　　表8-4

序　号	项目过程	序　号	项目过程
1	施工准备	5	底座混凝土浇筑
2	测量放样	6	混凝土养护
3	钢筋安装	7	拆除模板
4	底座及凹槽模板安装	8	质量控制及检测

(2)混凝土底座及限位凹槽施工主要工(器)具见表8-5。

混凝土底座及限位凹槽施工主要工(器)具　　　　表 8-5

序　号	设　备　名　称	序　号	设　备　名　称
1	钢筋切割机	7	泵车
2	钢筋弯曲机	8	振动棒
3	电焊机	9	抹泥板、抹泥刀
4	发电机	10	养护汽车
5	平板拖车	11	滚丝机
6	混凝土运输车		

二、操作模块

(一)施工准备

混凝土底座及凹槽施工前应进行以下准备工作:

(1)底座施工前应清理基础面及预埋套筒内的杂物,复测基础面中线高程、平整度,确认其符合相关标准规定后,方可进行底座施工。

(2)当梁面预埋套筒时,应在梁体预埋套筒旋入连接钢筋,连接钢筋拧入预埋套筒的深度应符合设计要求。当预埋套筒被堵塞、失效或预埋套筒位置与钢筋网片位置冲突时,需在预埋套筒周围植入连接钢筋,植筋的材料、数量、位置和深度应满足设计要求。

(3)轨道中心线 2.6m 范围内,梁面拉毛质量应符合相关标准要求;拉毛不符合要求时,应按设计要求进行现场凿毛处理。浮渣、碎片、油渍应清除干净,表面无积水。

(二)测量放样

测量放样应符合下列规定:

(1)测量放样前应按要求采用布板软件进行布板修正计算,对应确定左右线底座位置。底座端部与梁端伸缩缝的相对位置应符合设计要求。

(2)底座及凹槽边线应通过 CPⅢ控制点进行放样,做好标记,并对每个标记点进行高程测量,作为底座立模依据。

(3)曲线地段除应考虑曲线超高的设计要求外,平面位置还需考虑相对轨道中心线的偏移。

(三)钢筋安装

1.钢筋安装

钢筋安装应符合下列规定:

(1)钢筋焊接网应按验收标准规定进行进场检验,检验内容包括外形尺寸、外观质量、重量、抗拉强度和抗剪强度,符合要求后方可用于施工。

(2)钢筋焊接网在运输和储存过程中应下垫上盖,防止锈蚀、污染和变形、开焊。运输时,应捆扎整齐、牢固,每捆质量不宜超过2t,必要时应加刚性支撑或支架。钢筋焊接网应按施工要求堆放,并应有明显的标志。钢筋到场后应及时使用。

(3)当梁面预埋套筒时,应在梁体预埋套筒旋入连接钢筋,连接钢筋旋入预埋套筒的深度、拧紧扭矩应符合设计要求。当预埋套筒被堵塞失效或预埋套筒位置有偏差,需在预埋套筒周围植入连接钢筋,植筋的材料、数量、位置和深度应满足设计要求。

(4)钢筋焊接网应按设计位置安装,安装时应兼顾凹槽位置,将底座上下层钢筋网片、架立筋及预埋连接钢筋绑扎成整体,在钢筋焊接网及连接钢筋的每个交叉节点处,均应采用钢丝进行绑扎;上下两层钢筋网应绑扎定位,每 $2m^2$ 不少于一个绑扎点。若网片与连接钢筋相碰,可适当调整钢筋网片位置。

(5)钢筋焊接网之间应采用平搭法,搭接长度符合设计要求及《钢筋焊接网混凝土结构技术规程》(JTG 114—2014)的规定。

2. 底座钢筋网现场绑扎

底座钢筋网现场绑扎时应符合下列规定:

(1)底座钢筋的规格及型号应符合设计要求,半成品加工好后,分类存放,挂牌标识。

(2)加工好的钢筋运输至施工地点,分类堆码在相应需用区域的线间。

(3)钢筋安装前,按不少于 4 个/m^2 设置保护层垫块,并均匀分布,设置牢固。先铺设底座纵向钢筋,再铺设横向钢筋,钢筋绑扎完毕后,不得踩踏。

(4)底座钢筋绑扎时应兼顾凹槽位置,不得影响凹槽模板安装。

(四)底座和凹槽模板安装

底座及凹槽模板安装应符合下列规定:

(1)模板及支架应具有足够的强度、刚度和稳定性,能承受底座混凝土侧压力及施工中产生的荷载,满足对底座高程的控制要求。

(2)按设计位置与高程支立底座及凹槽模板。底座模板应垂直安装,模板及支架安装应稳固牢靠,接缝严密,不得漏浆。模板与混凝土的接触面应清理干净并涂刷隔离剂。

(3)曲线地段模板高度应满足曲线超高的设计要求,混凝土底座中线位置应考虑向外的偏移量。凹槽模板应定位准确,安装牢固,防止施工中模板上浮。

(五)底座混凝土浇筑

1. 混凝土现场浇筑

混凝土现场浇筑应符合下列规定:

(1)混凝土用原材料、配合比设计、拌制、运输、浇筑及钢筋连接、安装等均应符合《铁路混凝土工程施工质量验收标准》(TB 10424—2018)规定。钢筋的绑扎应按要求进行绝缘处理,对绝缘性能进行检查确认。

(2)混凝土应由拌和站集中拌和,搅拌车运输。每车混凝土做坍落度检查,坍落度应满足设计要求。

(3)应根据施工进度、运量、运距及路况,选配混凝土运输用车车型和数量。

(4)拌制混凝土应按配合比准确称量。混凝土在拌制过程中应严格控制坍落度,每班测定不应少于 2 次。当混凝土运输距离较长时,应在拌制和浇筑现场分别检查。

(5)混凝土强度等级应符合设计规定。混凝土浇筑时,应留取强度检验试件。同一配合比每班次应至少取一组检验试件。混凝土强度的检验评定应符合《铁路混凝土强度检验评定标准》(TB 10425—2019)和设计文件有关规定。

(6)当工地昼夜平均气温连续 3d 低于 +5℃ 或最低气温低于 −3℃ 时,应采取冬期施工措施,混凝土的入模温度不应低于5℃;当工地昼夜平均气温高于30℃时,应采取夏期施工措施,混凝土入模时的温度不宜超过30℃。

(7)各种类型的无砟轨道混凝土底座施工时,底座模板宜采用可调高模板,确保模板顶面高程无级可调,达到规范要求。

(8)模板安装应稳固牢靠,内侧面应平整,接缝应严密。模板与混凝土的接触面必须清理干净,并涂刷隔离剂。

(9)混凝土浇筑时的自由倾落高度不宜大于2m;当大于2m时,应采用滑槽、溜管等设施辅助下落。出料口距混凝土浇筑面的高度不宜超过1m,保证混凝土不出现离析现象。

(10)底座板混凝土应按施工组织分段,一次连续浇筑完成,不得中断。

(11)在混凝土浇筑期间,应设专人检查支架、模板、钢筋和预埋件等的稳定情况,发现有松动、变形、移位时应及时处理。

(12)混凝土施工缝的界面应与线路中心线垂直,施工缝宜设在设计伸缩缝处,不得随意留置施工缝。

2. 底座混凝土施工

底座混凝土施工应符合下列规定:

(1)混凝土入模前应彻底清理模板范围内的杂物,并对基础面喷水湿润,但不得积水。

(2)底座混凝土浇筑前应再次检查确认模板、钢筋、限位凹槽和伸缩缝的位置状态,满足设计要求后方可进行混凝土施工。

(3)混凝土布料时宜先浇筑凹槽四角部位,防止凹槽四角混凝土开裂。混凝土浇筑应一次成型,中间不应留施工缝。混凝土入模后采用插入式捣固棒振捣,应注意避免漏捣、过振;凹槽四周应振捣密实。振捣后,用振动梁提浆整平或人工用长刮尺收浆搓平。

(4)混凝土浇筑过程中应检查模板支撑的稳定性和接缝的密合情况。

(5)底座混凝土浇筑后应及时抹面,并严格控制顶面高程、平整度和横向排水坡。在混凝土初凝后终凝前应进行二次抹面,二次抹面时间由混凝土配制的终凝时间确定。

(6)混凝土浇筑完成后,应及时清除限位凹槽内杂物积水,并对限位凹槽顶面进行覆盖。

(7)桥上底座混凝土表面出现晶莹光泽时,根据现场技术人员提供的断面高程交底,利用木抹进行收面,2h后利用铁抹收面,应保证表面平整,利用3m靠尺检测,保证满足10mm/3m的要求,收面时严禁洒水收面。混凝土收面完成后,应覆盖土工膜进行保湿养护,养护时间应根据不同气候条件按工艺试验要求确定。

3. 底座板混凝土养护

混凝土浇筑后,应避免与流动水相接触,并在12h内覆盖和洒水养护,洒水次数应能保持混凝土处于润湿状态。当环境温度低于5℃时,禁止洒水养护,可在混凝土表面喷涂养护液养护,并采取适当保温措施。养护期一般不少于7昼夜。掺用缓凝剂等的混凝土养护期按规定适当延长。

在养护期间,养护水温与混凝土表面温度之差不得大于15℃,以防止混凝土养护期间表面温度受环境因素影响(如暴晒、气温骤降等)而发生剧烈变化。养护期间混凝土的芯部与表层、表面与环境之间的温差不宜超过15℃。

混凝土在养护强度未达到75%之前,严禁车辆在其表面行走。

(六)混凝土拆模

(1)侧模应在混凝土强度达到2.5MPa以上,其表面及棱角不因拆模而受损时,方可拆模。拆模时严禁采用强拉硬拽的方式拆除模板,防止混凝土表面受损和模板变形。拆下的模板派专人进行清理,倒运至下一循环使用。拆模的过程中不得中断混凝土的养护工作。模板拆除后,混凝土结构表面应密实、平整、颜色均匀,不得有漏筋、蜂窝、孔洞、疏松、麻面和缺棱掉角等缺陷。

(2)后续施工过程中应避免施工机具及模板等碰撞损坏成品;养护用水不能污染底座板表面。对现场施工人员进行培训,提高成品保护意识。

(七)质量控制

(1)各种原材料必须符合规范要求,且检验合格后方可投入使用。

(2)仔细放样、复核模板平面位置及顶面高程,且现场交底给操作工人,严格要求依照交底执行。

(3)模板安装时要涂刷隔离剂,对安装好的模板逐一检查高程、轴线位置、尺寸、垂直度等,防止出现漏浆、错缝等现象。

(4)混凝土在浇筑前必须清理模板内的杂物,提前2h在桥面上进行洒水湿润,但不得有积水。

(5)混凝土在拌和站拌和前,试验室严格测定原材料的含水率,选定施工配合比。搅拌站按照配合比投料拌和。试验员在现场测定混凝土的各项指标,符合要求后,再进行浇筑。

(6)混凝土振捣过程遵循快插慢拔的原则,不得漏振,按照10mm/3m的验收标准收面,及时进行覆盖养护。

(7)结构尺寸放样时,严格按照设计图纸位置进行放样;支护时按照放样的纵横向边线进行支模,保证模板垂直度、线型、结构尺寸符合设计要求。

1. 钢筋

(1)钢筋规格、型号应符合设计要求。

检验数量:施工单位、监理单位全部检查。

检验方法:观察检查。

(2)钢筋加工、连接、安装质量应符合规定,并留存影像资料。

2. 混凝土

(1)混凝土到达施工现场后,应确认混凝土强度等级、配合比等是否符合设计及相关要求。

检验数量:施工单位、监理单位全部检查。

检验方法:对照委托单核对拌和站提供的混凝土质量证明文件。

(2)混凝土的强度等级应符合设计要求。

检验数量:施工单位同一配合比每班次应取样1次制作试件。

检验方法:施工单位进行抗压强度试验;监理单位检查试验报告。

(3)底座及凹槽外形尺寸允许偏差见表8-6。

底座及凹槽外形尺寸允许偏差　　　　　表 8-6

序　号	检查部位	检查项目	允许偏差
1	底座	顶面高程	±10mm
		长度	±10mm
		宽度	±10mm
		中线位置	3mm
		平整度	10mm/3m
2	凹槽	中线位置	3mm
		两凹槽中心间距	±3mm
		横向间距	±5mm
		纵向间距	±5mm
		深度	±10mm

检验方法：施工单位使用专用仪器测量。

（4）混凝土外观质量：混凝土结构表面应密实、平整、颜色均匀，不得有露筋、蜂窝、孔洞、疏松、麻面和缺棱掉角等缺陷。

检验数量：施工单位全部检查。

检验方法：观察检查。

任务三　隔离层及弹性垫层施工

一、管理模块

（1）隔离层及弹性垫层施工流程见表 8-7。

隔离层及弹性垫层施工流程　　　　　表 8-7

序　号	项目过程	序　号	项目过程
1	施工准备	4	凹槽隔离层裁剪
2	底座及凹槽表面清理	5	弹性垫层粘贴
3	隔离层铺设	6	质量验收

（2）隔离层及弹性垫层施工主要工(器)具：

铺设土工布用的滚轮式卷料架、切割工具、齿状抹子、黏胶剂搅拌器、定距垫块等。

二、操作模块

（一）施工准备

施工前进行原材料检验。其中，土工布、弹性垫层和泡沫板的品种、规格及质量应满足设计要求，并按照施工要求准备仪器、设备。

(二)底座及凹槽表面清理

铺设前应用洁净高压水和高压风彻底对底座进行清洁和清理,保证铺设范围内底座洁净,且无砂石类可能破坏中间隔离层的磨损性颗粒。隔离层和弹性垫层施工前,应检查并清洁底座表面和凹槽底面。底座及凹槽表面应清洁干燥。

底座混凝土达到设计强度75%以上,且底座外形尺寸等各项指标经检验符合要求后,方可施工隔离层和弹性垫层;在铺设前首先对底座板进行验收。

(三)隔离层铺设

首先将整张土工布铺在底座表面,根据凹槽棱线画出凹槽边线;然后按照画线位置在限位凹槽处用剪刀剪出方孔,剪下的那一块刚好补在下面凹槽结构的底面。

隔离层宜由底座一端向另一端连续铺设,轨道板范围内不得有搭接或缝接,隔离层宜宽出轨道板边缘5cm。将隔离层平整铺置在混凝土底座上,并采取临时固定措施,保持隔离层平整,无错位、无褶皱。隔离层平整度(起拱度)应按10mm/m进行控制。

铺上土工布后应立即在底座板边缘上用固定胶带将其固定,封闭所有间隙,并在表面压上保护层垫块,垫块材质、强度等级与道床板混凝土的相同,防止滑动,禁止人员踩踏。在道床板模板安装、固定前,应将土工布展平。

(四)凹槽隔离层裁剪

凹槽底面隔离层应根据凹槽位置在整块隔离层上准确裁剪,将裁剪下来的隔离层铺设在凹槽底面,并与侧面的弹性垫层牢固黏结。

(五)弹性垫层施工

1. 限位凹槽处理

铺设前应用洁净高压水和高压风彻底对限位凹槽进行清洁和清理,保证铺设范围内限位凹槽洁净且无砂石类可能破坏弹性垫层的磨损性颗粒。隔离层和弹性垫层施工前应检查并清洁凹槽底面。凹槽表面应清洁干燥。

2. 下料

根据限位凹槽实测深度和尺寸,计算泡沫板厚度并下料。将弹性垫层粘贴在凹槽的侧面,弹性垫层应与凹槽周围混凝土及凹槽周边隔离层粘贴牢固,顶面与底座表面平齐,接缝处及周边无翘起、空鼓、褶皱、脱层或封口不严等缺陷。

3. 弹性垫层施工

在底座混凝土强度达到设计强度的75%后,方可进行弹性垫层铺设。在限位凹槽内涂刷胶黏剂,粘贴弹性垫板,注意粘贴应平整,顶面与底座表面平齐。限位凹槽内的中间隔离层向外伸出部分应包在弹性垫层内,上下拐角处用宽胶带封闭。隔离层铺设进度应与轨道板铺设进度相协调,铺设后应采取适当措施避免雨淋及长时间日晒,应加强保护,防止损伤。隔离层铺设至自密实混凝土灌注时间不应超过15d。

(六)质量验收

中间隔离层和弹性垫层施工前应将底座表面和限位凹槽清理干净并保持干燥;中间隔离层和弹性垫层所用材料的规格、材质、性能指标应符合设计要求。

(1)隔离层及弹性垫层原材料应符合设计和相关技术规定。

检验数量：施工单位、监理单位检验项目及频次应符合相关规定的要求。

检验方法：检查产品质量证明文件，观察检查和试验检验。

(2)隔离层应铺贴平整、无破损，接缝处及边沿无翘起、空鼓、皱折、脱层或封口不严等缺陷。

检验数量：施工单位、监理单位全部检查。

检验方法：观察检查。

(3)弹性垫层与凹槽侧面应粘贴牢固，顶面与底座表面平齐接缝处及周边无翘起、空鼓、皱折、脱层或封口不严等缺陷。

检验数量：施工单位、监理单位全部检查。

检验方法：观察检查。

(4)隔离层材料的尺寸应符合设计要求。

检验数量：同一厂家、品种、规格的卷材每5000m为一批，不足5000m按一批计，施工单位每批抽检3卷。

检验方法：尺量。

(5)隔离层、弹性垫层的基底应平整清洁、干燥，不得有空鼓、空洞、蜂窝、麻面、浮砟、浮土和油污。

检验数量：施工单位全部检查。

检验方法：观察检查。

任务四　支撑架法轨排组装、调整及固定

轨排如图8-4所示。

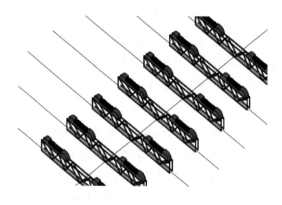

图8-4　轨排

一、管理模块

(1)轨排组装、调整及固定施工流程见表8-8。

轨排组装、调整及固定施工流程　　　　　　　　　　　　表8-8

序　号	项目过程	序　号	项目过程
1	施工准备	6	轨道粗调
2	测量放样	7	绑扎钢筋
3	支承层或混凝土底座验收	8	立设模型加固
4	铺设底层钢筋	9	轨道精调
5	轨排拼装	10	质量验收

(2)轨排组装、调整及固定施工主要工(器)具见表8-9。

轨排组装、调整及固定施工主要工(器)具　　　　　　　　　表8-9

序　号	设备名称	序　号	设备名称
1	25t汽车吊	8	轨道固定架
2	平板卡车	9	螺杆调节器
3	叉车	10	轨距撑杆
4	工具轨	11	AMBERG轨检小车
5	双头扭矩扳手	12	横向地锚
6	电动扳手	13	鱼尾夹板
7	开口扳手		

二、操作模块

(一)施工准备

轨排组装前应复测支承层或底座的高程,清除道床板范围内基础表面的浮渣、灰尘及杂物。

(二)测量放样

测量放样应符合下列规定:

(1)轨道中线控制点应依据CPⅢ控制点进行测放,直线地段每隔10m、曲线地段每隔5m测设并标记一个轨道中线控制点。

(2)轨枕控制边线和道床板的纵、横向模板边线位置,应以轨道中线控制点为基准进行放样。

(三)支承层或混凝土底座验收

1. 支承层验收

路基上双块式无砟轨道下部支撑体系为路基水硬性支承层,验收标准见表8-10。

检验数量:每20m检查一次。

支承层外形尺寸允许偏差及检验方法　　　　　表 8-10

序　号	检查项目	允许偏差	检验方法
1	厚度	±20mm	尺测
2	中线位置	10mm	全站仪
3	宽度	+15mm,0	尺测
4	顶面高程	−10mm	水准仪
5	平整度	7mm/4m	4m 直尺

2.底座板验收

桥上双块式无砟轨道下部支撑体系为底座板。

底座板验收完成后安装凹槽周边弹性垫板和泡沫板,安装时使其与凹槽周边的混凝土密贴,不得有鼓泡、脱离现象,缝隙应采用薄膜封闭,搭接处及周边无翘起、空鼓、皱折、脱层或封口不严等缺陷,搭接量满足设计要求。

(四)铺设底层钢筋

道床板底层钢筋绑扎应符合下列规定:

(1)道床板底层钢筋位置数量及间距应符合设计要求,钢筋交叉点应按设计要求进行绝缘绑扎(图 8-5)。

图 8-5　道床板底层钢筋绑扎

(2)钢筋绑扎完成后,应在底层钢筋下设置混凝土保护层垫块,垫块数量不应少于 4 个/m²,并应均匀分布,设置牢固。

(3)钢筋搭接长度、搭接接头位置相错量、搭接率应满足设计要求,搭接处按设计要求进行绝缘固定。

(五)轨排拼装

1.散枕

(1)散枕宜根据现场情况采用龙门吊或轮胎式挖掘机与散枕器配合施工。

(2)作业前应进行设备组装调试、整备,检查设备状况,并调整好散枕间距。

(3)散枕前应检查轨枕,轨枕桁架应无扭曲变形,承轨槽内干净、无杂物。

(4)龙门吊(挖掘机)与散枕器组合后,走行到轨枕垛处作业工位。散枕装置从轨枕垛一次抓取一组轨枕,移动至线路中心线上,调整到设计轨枕间距。将轨枕均匀散布到设计位置。

(5)轨枕应按照布枕边线,垂直于线路散布。工具轨每一长度单元复核一次轨枕纵向位置,控制散布轨枕的累计纵向误差。

2. 轨排组装

轨排组装(图8-6)应符合下列规定:

(1)工具轨应按长度配对使用,保证轨缝在同一断面位置。

(2)工具轨长度宜与轨枕设计间距成整倍数关系,并采用夹板纵连,工具轨表面混凝土残渣应清理干净。

(3)铺设工具轨前,应再次检查确认轨枕承轨台上无异物。

(4)按工具轨轨腰上标注的轨枕位置标记吊装工具轨、方枕,安装扣件组装成轨排。

(5)工具轨安装时应检查并确保轨枕胶垫居中,扣件紧固时应保证扣压力达到设计要求,确保扣件各部位密贴。

(6)轨排组装后应对轨距、轨枕间距、锚固螺栓扭矩、扣件弹条与轨底之间的间隙进行检查,轨距、轨枕间距允许偏差见表8-11。

图8-6 轨排组装

轨排组装允许偏差(mm)　　　　　表8-11

序　号	检 查 项 目	允 许 偏 差
1	轨距	±1
2	轨枕间距	±5

3. 螺杆调节器托盘安装

螺杆调节器托盘安装应符合下列规定:

(1)直线地段每隔3根轨枕、曲线地段每隔2根轨枕安装一对螺杆调节器托盘,同时应在轨排端头第一根轨枕后安装一对螺杆调节器托盘。

(2)螺杆调节器托盘安装前应清理干净并确保托盘伸缩灵活、居中。托盘安装时应检查插销与插孔对应位置正确,确保托盘与轨底密贴,各部螺栓紧固到位。

(六)轨道粗调

轨排粗调施工前检查所有轨道扣件安装是否紧固;检查待调轨排的轨距是否满足施工要求(标准轨距为 1435±1mm),使用轨检尺按轨枕位置逐个检测,不符合标准值的应立即调整;检查工具轨表面是否清洁,若有附着物(黏结的混凝土等)立即清除;清理待调轨排内的杂物;轨排粗调宜采用粗调机组,精调应采用轨道几何状态测量仪配合螺杆调节器。

轨排粗调按照调试方法可分为粗调机组进行轨排粗调和人工进行轨排粗调。

(1)采用轨排粗调机组进行轨排粗调应符合下列规定:

①轨排组装完成后,粗调机组沿轨排自行驶入,均匀分布在轨排上。

②粗调机组走行到位后,放下两侧辅助支撑边轮,支撑在底部结构物顶面上;放下夹轨器,夹紧钢轨。

③全站仪应采用自由设站法,测量测站附近 3 对 CPⅢ控制点棱镜,计算确定测站坐标。改变全站仪测站时,应至少观测后方 2 对交叉 CPⅢ控制点。

④全站仪自动搜索,测量每个粗调机顶部的棱镜。测量数据与理论值对比生成轨排的方向、高低、水平和中心线位置偏差,通过无线传输装置发出调整指令。

⑤粗调机组接收调整指令,自动实现轨排提升、横移、偏转、侧倾四个自由度的调整,直到轨排方向、高低、水平满足标准要求。

(2)采用人工进行轨排粗调应符合下列规定:

①采用人工粗调时,应遵循"先中线、后高程"的原则。轨排起升应两侧同时进行。

②轨排粗调应先对偏差较大处进行调整。当轨排横向偏差较大时,粗调应分多次调整到位,避免在钢轨横向出现硬弯。

③利用手摇起道机下方的横移滑板,进行轨排横向调整。

④同一轨排组采用不少于 4 对(8 台)起道机同步起升轨排。不得采用螺杆调节器竖向调整螺杆直接起升轨排。

轨排粗调到位后,及时安装螺杆调节器竖向支撑螺杆,确保各螺杆受力均匀、无松动。调节器竖向支撑螺杆应事先安装保护套,便于混凝土浇筑后拆卸。粗调后轨顶高程允许偏差为 -5 ~ 0mm,中线位置允许偏差为 5mm。轨排粗调完成后,相邻轨排应用钢轨连接夹具进行连接,轨缝宜控制在 10 ~ 30mm。钢轨接头处应平顺,不得有错牙及错台。

(七)绑扎钢筋

绑扎钢筋作业主要包括铺设上层钢筋、绑扎道床板钢筋网、道床板钢筋接地焊接及绝缘性能检查。

(1)铺设上层钢筋、绑扎道床板钢筋网应符合下列规定:

①钢筋的规格、数量、位置应正确,钢筋的搭接长度、保护层厚度应满足设计要求。

②纵、横向钢筋及轨枕桁架交叉点均应绝缘绑扎牢固。

(2)道床板钢筋接地焊接及绝缘性能检查应符合下列规定:

①接地钢筋采用单面搭接焊,焊缝长度、宽度及高度应符合设计要求。

②接地端子的焊接应在轨道精调完成后进行,端子表面应加保护膜,焊接时应保证其与模板密贴。

③绝缘钢筋的绝缘电阻实测值应大于2MΩ。

(八)立设模型加固

模板安装应符合下列规定:

(1)模板安装前应清理干净道床内杂物。

(2)检查模板状态是否良好,模板应清洁,无损坏、变形。模板安装应顺直且与下部结构垂直,无错台、错牙现象,并加固牢靠。

(3)模板底部应采用弹性胶垫或干硬性砂浆封堵,防止混凝土浇筑时漏浆。

(4)钢筋保护层厚度应符合设计要求,允许偏差为-10~0mm。

(5)模板与混凝土接触面应清理干净并涂刷脱模剂。模板安装后,模板的几何尺寸应符合相关标准要求。

(6)路基与桥梁及路基与隧道相接处,无砟道床应按设计要求设置横向伸缩缝,横向缩缝应设置通缝,并按设计要求做好防水处理。

(九)轨排精调

采用轨检小车、专用便携计算机、全站仪和无线通信,检测高低、轨向、水平、轨距等轨道不平顺参数,精确确定线路轨道的实际位置与理论位置的偏移量,使无砟轨道施工铺设、线路整理精度达到客运专线的要求。

轨排精调施工前检查轨检小车的工作状态,松开轨距测量轮,校准测量传感器;检查螺杆调节器固定情况;检查扭矩扳手性能。

轨排精调应符合下列规定:

(1)采用轨道几何状态测量仪配合全站仪和螺杆调节器进行轨排方向、高低、水平精调。

(2)所用轨道几何状态测量仪、全站仪、棱镜等均应满足精度要求,并定期校核,保证准确性。

(3)测量前应复核所用线型设计资料、CPⅢ成果资料。

(4)使用至少4对CPⅢ控制点自由设站,设站间距不得大于70m,两次设站至少重叠观测2对CPⅢ点,设站精度应符合相关规定。

(5)自由设站点应尽量靠近轨道中线,并宜设于相邻两对CPⅢ控制点中部位置。

(6)轨道几何状态测量仪应现场组装,并安装棱镜,由远及近靠近全站仪。

(7)使用全站仪测量棱镜,将数据通过通信接口传递给轨道几何状态测量仪。

(8)轨道几何状态测量仪接收观测数据,通过配套软件,计算轨道平面位置、水平、超高、轨距等误差值,在屏幕上显示,指导轨道精确调整。

(9)调整螺杆调节器,进行轨排轨向、高低和水平的调整。

(10)每次精调时应与上次或前一站重叠至少8根轨枕,同一点位的横向和高程的相对偏差不应超过2mm。精调过程中,应先调整偏差较大处,相邻几对螺杆调节器同时调整,调整时步调应协调一致。曲线地段调整时竖直和水平方向同时调整。

(11)轨排精调到位后,应对轨排采取相应措施进行加固,防止混凝土浇筑时轨排出现横向移位及上浮,并采集数据作为最终的精调数据。

(12)精调合格后,轨排上不应进行任何作业或行人。

(13)轨排精调时气象及环境条件应符合相关规定。

(14)轨排精调好后,应及时浇筑混凝土。如浇筑间隔时间过长,或环境温度变化超过

15℃,或受到外部条件影响,应重新检查或调整轨排。

（15）精调完成后轨道几何形位允许偏差见表 8-12。

轨排几何形位允许偏差　　　　　　　　　表 8-12

序号	项目		容许偏差	备注
1	轨距		±1mm	相对于标准轨距 1435mm
			1/500	变化率
2	轨向		2mm	弦长 10m
			2mm/测点间距 8a(m)	基线长 48a(m)
3	高低		2mm	弦长 10m
			2mm/测点间距 8a(m)	基线长 48a(m)
4	水平		2mm	不包含曲线、缓和曲线上的超高值
5	扭曲		2mm	基线长 3m 包含缓和曲线上由于超高顺坡所造成的扭曲量
6	轨面高程	一般情况下	±2mm	站台处的轨面高程不应低于设计值
		紧靠站台	2mm	
7	轨道中线		2mm	
8	线间距		+5mm	

注:1. a 为扣件节点间距,单位为 m。
　　2. 轨向偏差不含曲线。

（十）质量验收

严格执行技术规范和质量标准,对施工过程中的每道工序和环节必须实施有效的质量控制。

（1）双块式轨枕及扣件的型号、规格应符合设计要求。双块式轨枕的表面应无裂纹,预埋套管内不应有混凝土淤块。

检验数量:施工单位、监理单位全部检查。

检验方法:观察检查。

（2）轨排组装用工具轨应采用与正线轨型相同的钢轨,工具轨应无磨损、变形、损伤、毛刺等。

检验数量:施工单位、监理单位全部检查。

检验方法:观察检查。

（3）精调完成后轨道几何形位允许偏差应符合规定。

检验数量:施工单位、监理单位全部检查。

检验方法:施工单位采用全站仪及轨道几何状态测量仪连续检测,监理单位见证检验。

（4）轨排固定装置应具有足够的强度、刚度和稳定性,其材料质量及结构应符合施工工艺、设计要求。固定装置应安装牢固,确保混凝土浇筑时轨排不发生移位和变形。

检验数量:施工单位、监理单位全部检查。

检验方法:施工单位结合相关工艺设计资料及材料质量证明文件,进行观察、测量;监理单位见证检验。

（5）双块式轨枕表面应无碰损,桁架钢筋应无锈蚀掉块、扭曲变形,并不应有开焊或松脱。

检验数量:施工单位全部检查。

检验方法:观察检查。

(6)轨排组装应符合下列规定:轨排组装前应检查确认轨枕、工具轨及扣件等无污染;轨排左右两根工具轨的端部接续应在同一位置,偏差不应大于 100mm;轨枕应方正,间距允许偏差不应大于 5mm;扣件应安装正确,无缺损、无污染,扭力矩达到设计标准,弹条中趾下颚与轨距挡板应密贴,最大空隙不应大于 0.5mm。

检验数量:施工单位全部检查。

检验方法:观察检查、尺量。

任务五 框架法轨排组装、调整及固定

轨排布置如图 8-7 所示。

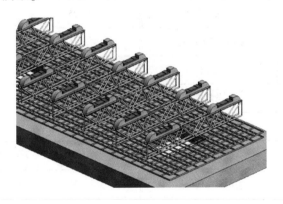

图 8-7 轨排布置

一、管理模块

(1)轨排组装、调整及固定施工流程见表 8-13。

轨排组装、调整及固定施工流程　　　　　　　表 8-13

序　号	项目过程	序　号	项目过程
1	施工准备	6	绑扎钢筋
2	下承体验收	7	立设模型加固
3	铺设底层钢筋	8	轨道精调
4	框架轨排拼装	9	质量验收
5	轨道粗调		

(2)轨排组装、调整及固定施工设备(机具)配置见表 8-14。

轨排组装、调整及固定施工设备(机具)配置表 表8-14

序 号	设备名称	序 号	设备名称
1	混凝土搅拌站	17	冲击钻
2	混凝土罐车	18	扭矩扳手
3	泵车	19	重型扳手
4	可变跨龙门吊	20	高压水枪
5	汽车吊	21	水罐车
6	捣固棒	22	混凝土抹子
7	双头电动扳手	23	压机
8	螺杆调节器	24	切割机
9	纵横向模板	25	砂轮机
10	轨距调整定位装置	26	起道器
11	发电机	27	平板车
12	电焊机	28	工具轨(含连接配件)
13	空压机(移动式)	29	撬棍
14	钢筋切断机	30	斜口钳
15	钢筋弯曲机	31	对讲机
16	混凝土切割机		

二、操作模块

(一)施工准备

轨排组装前应复测支承层或底座的高程,清除道床板范围内基础表面的浮渣、灰尘及杂物。

测量放样应符合下列规定:

(1)轨道中线控制点应依据 CPⅢ控制点进行测放,直线地段每隔10m、曲线地段每隔5m测设并标记一个轨道中线控制点。

(2)轨枕控制边线和道床板的纵、横向模板边线位置,应以轨道中线控制点为基准进行放样。

(二)下承体验收

施工前对路基段支承层、桥梁段底座板进行检查验收。

底座验收完成后安装凹槽周边弹性垫板和泡沫板,安装时使其与凹槽周边的混凝土密贴,不得有鼓泡、脱离现象,缝隙应采用薄膜封闭,搭接处及周边无翘起、空鼓、皱折、脱层或封口不严等缺陷,搭接量满足设计要求。

(三)铺设底层钢筋

道床板底层钢筋绑扎应符合下列规定:

(1)道床板底层钢筋位置、数量及间距应符合设计要求,钢筋交叉点应按设计要求进行绝缘绑扎(图8-8)。

(2)钢筋绑扎完成后,应在底层钢筋下设置混凝土保护层垫块(钢筋距边模保护层距离见图8-9,钢筋距轨枕保护层距离见图8-10),垫块数量不应少于4个/m²,并应均匀分布,设置牢固。

  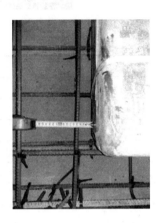

图8-8　绝缘卡扣　　　图8-9　钢筋距边模保护层距离　　　图8-10　钢筋距轨枕保护层距离

(3)钢筋搭接长度、搭接接头位置相错量、搭接率应满足设计要求,搭接处按设计要求进行绝缘固定(钢筋搭接见图8-11,钢筋间距见图8-12,底层钢筋绑扎见图8-13)。

 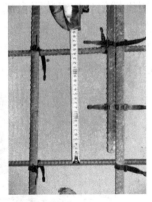

图8-11　钢筋搭接　　　　　　图8-12　钢筋间距

(四)轨排框架拼装

轨排框架进场应逐个验收,其允许偏差见表8-15。

图 8-13 底层钢筋绑扎

轨排框架允许偏差 表 8-15

序 号	检 测 项 目	允 许 偏 差
1	轨距	±0.5mm
2	轨底坡度	1/42～1/38
3	排架长度	±1mm
4	对角线	3mm
5	钢轨直线度及平面度	0.5mm/m
6	钢轨高度偏差	0.3mm
7	接头钢轨错牙	0.5mm
8	中心标与两钢轨对称偏差	0.2mm

1. 轨排组装

轨排组装应符合下列规定：

（1）采用机械化分枕组装平台或人工将轨枕按设计间距排放整齐（散轨见图 8-14）。

（2）轨排组装前，应将轨枕承轨台、轨排框架清理干净。

（3）采用专用吊装设备将轨排框架吊起（图 8-15），平稳、缓慢地放置在轨枕上；吊装过程中应注意保护轨排框架及轨枕，防止碰撞。

图 8-14 散枕　　　　图 8-15 轨排吊设

(4)安装扣件将轨排框架与轨枕组装成轨排,扣件紧固时应保证扣压力达到设计要求,扣件各部位密贴。

(5)轨排组装后应对轨距、轨枕间距、锚固螺栓扭矩、扣件弹条与轨底之间的间隙进行检查,轨距允许偏差、轨枕间距验收标准分别见表8-16、表8-17。

轨排组装允许偏差(mm)　　　　　　　　　　表8-16

序　号	检 查 项 目	允 许 偏 差
1	轨距	±1
2	轨枕间距	±5

轨排组装检查验收标准　　　　　　　　　　表8-17

序　号	检 查 项 目	检 验 标 准	检 验 方 法
1	螺栓拧紧扭矩	150~170N·m	扭矩扳手
2	轨枕间距	±5mm	轨检尺
3	轨缝	10~30mm	尺测,每个轨缝检验一次

2. 轨向调节器安装

轨向调节器安装应符合下列规定:

(1)轨向调节器安装前应清理干净。

(2)直线地段每隔3根轨枕、曲线地段每隔2根轨枕安装一对轨向调节器,同时应在轨排端头第一根轨枕后安装一对轨向调节器。各部螺栓应紧固到位。

(五)轨排粗调

轨排粗调应符合下列规定:

(1)通过起道机和轨排框架横向、高低调整装置进行轨排粗调。

(2)每榀轨排框架宜配备4个手摇起道机对称同时起道,起道机应顶在轨底,不得直接顶在轨头或轨腰及两个横梁之间。不宜直接采用竖向螺杆起道。

(3)起道机同时提升轨排达到设计高度后,利用起道机下的横向滑板向左或向右移动调整至轨排框架中线与线路中线误差小于10mm。

(4)利用横向调节器,调整轨排框架中线到线路中线处;调整竖向螺杆,调整轨道水平、高低。按先中线后水平的顺序循环进行调整,直至达到标准要求。

(5)粗调后顶面高程应略低于设计轨顶高程。轨顶高程允许偏差为-5~0mm,中线位置允许偏差为5mm。

(6)调整后应检查螺杆是否受力,如未受力则拧紧附近的螺杆。缝宜控制在10~30mm。钢轨接头处应平顺,不得有错牙及错台。

(7)轨排粗调检查验收标准见表8-18。

轨排粗调检查验收标准　　　　　　　　　　表8-18

序　号	检 查 项 目	允许偏差(mm)	检验方法及数量
1	轨排轨顶高程	-5~0	全站仪检查62处
2	轨道至设计中线位置	5	全站仪检查62处

(六)绑扎钢筋

参考本项目任务四"二、操作模块"中的"(七)绑扎钢筋"技术要求。

(七)立设模型加固

参考本项目任务四"二、操作模板"中的"(八)立设模型加固"技术要求。

(八)轨排精调

轨排精调(图8-16)应符合下列规定:

图8-16 轨排精调

(1)轨道几何状态测量仪、全站仪精调测量应符合规定。

(2)精调顺序为先中线后高程。

(3)轨道中线应采用轨向调节器调整,一次可调整2组,两侧应同时进行调整。

(4)轨道水平、高低应采用竖向调节螺杆调整。调整后应检查螺杆是否受力,如未受力则拧紧附近的螺杆。

(5)轨排第一遍精调完成后的偏差应小于1mm,相邻轨排用钢轨连接夹具进行连接,连接夹具处扣件应安装到位。钢轨接头处应平顺,不得有错牙或错台。再次对轨排进行精调,精调完成后应采用轨道几何状态测量仪对轨枕进行逐根检测调整,使轨道几何形位在允许偏差范围内(表8-12)。

(6)轨排精调到位后,应安装固定装置,防止混凝土浇筑时轨排横向移位及上浮,并采集数据,作为轨道精调数据。

(7)精调合格后,轨排上不得进行任何作业或踩踏。

(8)轨排精调时气象及环境条件应符合相关规定。

(9)轨排精调好后,应及时浇筑混凝土。如浇筑间隔时间过长,或环境温度变化超过15℃,或受到外部条件影响,应重新检查或调整轨排。

(九)质量验收

参考本项目任务四"二、操作模块"中的"(十)质量验收"要求。

严格执行技术规范和质量标准,对施工过程中的每道工序和环节必须实施有效的质量控制。

(1)双块式轨枕及扣件的型号、规格应符合设计要求。双块式轨枕的表面应无裂纹,预埋套管内不应有混凝土淤块。

检验数量:施工单位、监理单位全部检查。

检验方法:观察检查。

(2)轨排组装用工具轨应采用与正线轨型相同的钢轨,工具轨应无磨损、变形、损伤、毛刺等。

检验数量:施工单位、监理单位全部检查。

检验方法:观察检查。

(3)精调完成后轨道几何形位允许偏差应符合规定。

检验数量:施工单位、监理单位全部检查。

检验方法:施工单位采用全站仪及轨道几何状态测量仪连续检测,监理单位见证检验。

(4)轨排固定装置应具有足够的强度、刚度和稳定性,其材料质量及结构应符合施工工艺、设计要求。固定装置应安装牢固,确保混凝土浇筑时轨排不发生移位和变形。

检验数量:施工单位、监理单位全部检查。

检验方法:施工单位结合相关工艺设计资料及材料质量证明文件,进行观察、测量;监理单位见证检验。

(5)双块式轨枕表面应无碰损,桁架钢筋应无锈蚀掉块、扭曲变形,并不应有开焊或松脱。

检验数量:施工单位全部检查。

检验方法:观察检查。

(6)轨排组装应符合下列规定:轨排组装前应检查确认轨枕、工具轨及扣件等无污染;轨排左右两根工具轨的端部接续应在同一位置,偏差不应大于100mm;轨枕应方正,间距允许偏差不应大于5mm;扣件应安装正确,无缺损、无污染,扭力矩达到设计标准,弹条中趾下颚与轨距挡板应密贴,最大空隙不应大于0.5mm。

检验数量:施工单位全部检查。

检验方法:观察检查、尺量。

任务六 道床板混凝土施工

道床板如图8-17所示。

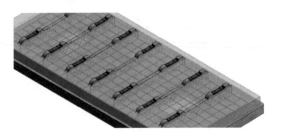

图8-17 道床板

一、管理模块

(1)道床板混凝土施工流程见表8-19。

道床板混凝土施工流程　　　　表8-19

序　号	项目过程	序　号	项目过程
1	施工准备	4	拆除螺杆调整器、模板等
2	道床板混凝土浇筑、抹面	5	伸缩缝填缝、预留孔洞封堵
3	道床板混凝土养护	6	质量验收

(2)道床板混凝土施工主要工(器)具见表8-20。

道床板混凝土施工主要工(器)具表　　　　　　表8-20

序　号	设备名称	序　号	设备名称
1	混凝土搅拌站	16	混凝土切割机
2	混凝土罐车	17	冲击钻
3	泵车	18	扭矩扳手
4	小龙门(含电动葫芦、吊具)	19	重型扳手
5	轨排框架	20	高压水枪
6	汽车吊	21	水罐车
7	捣固棒	22	混凝土抹子
8	双头电动扳手	23	压机
9	螺杆调节器	24	切割机
10	纵横向模板	25	砂轮机
11	发电机	26	起道器
12	电焊机	27	平板车
13	空压机(移动式)	28	撬棍
14	钢筋切断机	29	斜口钳
15	钢筋弯曲机	30	对讲机

二、操作模块

(一)施工准备

轨排精确调整、固定完毕,并验收合格后,方可逐段浇筑道床混凝土。道床板混凝土浇筑前的准备工作应符合下列要求:

(1)清理支承层或底座表面的杂物。

(2)复测轨排几何形位、钢筋、模板及轨排固定装置状态,复测接地及绝缘性能。满足要求后方可进行混凝土浇筑。

(3)对钢轨、扣件、螺杆调节器和轨枕等采取保护设施,如图8-18所示,避免混凝土污染。

(4)对调节螺栓安装保护套,便于混凝土浇筑后拆卸。

(5)对浇筑道床板范围的支承层或底座及轨枕洒水湿润(图8-19),不得有积水。

(6)混凝土浇筑前应提前报检,并经现场监理检查确认,满足浇筑条件后方可开始浇筑。

(7)混凝土道床板浇筑前应将绑扎钢筋的绝缘卡绑扎带露出部分剪除并清理干净。

图 8-18　浇筑前保护设施

(二)道床板混凝土浇筑、抹面

1. 道床板混凝土浇筑

参考本项目任务二"二、操作模块"中的"(五)底座混凝土浇筑"现场浇筑相关规定。

2. 道床板混凝土浇筑的特殊规定

道床板混凝土浇筑除应符合混凝土现场浇筑外还应符合下列规定：

(1)道床板混凝土宜按低坍落度、低水灰比、低胶凝材料、高含气量进行配合比设计。

(2)混凝土浇筑宜按"之"字形浇筑顺序进行均匀布料。混凝土应从轨枕一侧经轨枕底部漫流至另一侧，以便排出轨枕底下的空气。

图 8-19　浇筑前润湿

(3)混凝土入模时，应采取措施避免对轨排造成冲击，在捣固过程中应避免振捣器碰撞工具轨、螺杆调节器、轨枕及道床板钢筋。

(4)应采用振动棒进行振捣，插点布置应均匀，不漏振。应加强轨枕四周及底部位置混凝土振捣，确保混凝土密实；避免漏振和欠振。

(5)混凝土浇筑过程中，应随时监测轨排几何形位的变化和绝缘卡是否脱落，发现问题及时进行调整。

(6)道床板混凝土浇筑完成后，顶面收面压光施工应符合下列规定：

①道床板混凝土浇筑完成后，收面至少分三次进行，在混凝土入模振捣后应及时采用木抹完成粗平，随后采用钢抹抹平，最后在混凝土初凝前进行抹面压光。抹面时应采用原浆抹面压光，不得洒水润面或采用干水泥吸水。

②收面过程中，应按设计要求设置排水坡，并严格控制道床板顶面的高程和平整度(图 8-20)。

③收面完成后，应及时覆盖洒水或蓄水养护，对风大的地段应采取遮挡措施，防止道床板表面产生裂纹或龟裂现象。

（7）混凝土浇筑后，应及时清理钢轨、扣件（图8-21）、轨排框架、螺杆调节器、轨枕上残留的混凝土，保持轨道的清洁。

图8-20　混凝土收面　　　　　　　　　图8-21　清洗扣件

（8）混凝土初凝后，应及时松开螺杆调节器、扣件和钢轨连接夹具，释放应力。具体松开螺杆调节器和扣件等的时机应根据施工条件经工艺试验提前确定，松扣件如图8-22所示。混凝土施工缝的界面应与线路中心线垂直，施工缝宜设在设计伸缩缝处，不得随意留置施工缝。当路基和隧道地段混凝土浇筑中断时间超过24h时，应严格按设计要求对混凝土道床板接茬处进行处理。剩余的混凝土应集中处理，现场洒落的混凝土应及时清理干净。

图8-22　松扣件

（三）混凝土养护

道床板混凝土采用喷涂养护液养护或喷雾、覆盖和洒水养护（图8-23、图8-24）；混凝土浇筑后4h螺杆放松1/4～1/2圈，提松横向模板和施工缝模板，扣件全部松开，释放轨道在施工过程中由温度和徐变引起的变形，操作时注意不要扰动轨排。混凝土道床板外形尺寸检验标准见表8-21。

混凝土表面必须密实、平整、颜色均匀，不得有露筋、蜂窝、孔洞、疏松、麻面和缺棱掉角等缺陷。混凝土潮湿养护的最低期限见表8-22。

图 8-23　喷雾养护　　　　　图 8-24　土工布洒水养护

混凝土道床板外形尺寸检验标准表　　　　　　　　　　　　表 8-21

序　号	检　查　项　目	检　验　标　准
1	顶面宽度	±10mm
2	道床板顶面与承轨台面相对高差	5mm
3	中线位置	2mm
4	平整度	3mm/1m
5	伸缩缝位置	10mm
6	伸缩缝宽度	±5mm

混凝土潮湿养护的最低期限　　　　　　　　　　　　表 8-22

混凝土类型	水　胶　比	湿度≥50%无风，无阳光直射		湿度<50%，有风，或阳光直射	
		日平均气温 t (℃)	潮湿养护期限 (d)	日平均气温 t (℃)	潮湿养护期限 (d)
掺有矿物掺合料	<0.45	5≤t<10	14	5≤t<10	21
		10≤t<20	10	10≤t<20	14
		20≤t	7	20≤t	10

（四）螺杆调整器、模板、轨排框架或工具轨的拆除

拆除螺杆调节器、模板、轨排框架或工具轨应符合下列规定：

（1）道床板混凝土正式施工前，应根据施工条件及环境，提前对螺杆调节器、模板、轨排框架或工具轨的拆除时机进行工艺试验，确定相关工艺参数，形成作业指导书。

（2）道床板混凝土正式施工时，应按试验及作业指导书要求确定工艺参数，及时松开螺杆调节器、扣件和钢轨连接夹具，释放应力。

（3）模板拆除时，应在松开纵横向模板的连接后，人工配合吊装设备，按施工方向从后向前依次逐块拆除模板。

（4）拆除轨排框架，应先拆除框架调节器螺杆再拆除扣件。拆除时按施工方向从后向前依次逐个进行。轨排框架拆除后，及时检查框架的几何尺寸，清除轨底及轨面上附着的混凝土或其他污染物。

（5）拆除螺杆调节器、模板、轨排框架或工具轨时应避免碰撞道床板混凝土。

（6）拆下来的螺杆调节器、模板、轨排框架或工具轨应及时清理干净或涂油，并分类存放，小件集中转运，不得堆放在道床板上。

（五）伸缩缝填缝、预留孔洞封堵

拆除螺杆后留下的孔洞应采用同强度等级、无收缩混凝土及时进行封堵。对道床的缺棱掉角及局部混凝土缺陷应进行修补和整修。

线上试验段施工时，轨排框架拆除后，应铺设检测钢轨，在无太阳直射和温度变化不大的环境下，对轨道几何状态进行复测并记录测量结果，对偏差超出标准的点进行标注和分析，在后续施工前及时解决存在的问题，同时为轨道精调整理时准备调整扣件提供参考。检测轨拆除后，扣件螺栓应及时拧紧，避免沙尘进入扣件套管。

（六）质量验收

1. 模板

（1）模板及支架应具有足够的强度、刚度和稳定性，其材料质量及结构应符合施工工艺、设计要求。

检验数量：施工单位、监理单位全部检查。

检验方法：施工单位结合相关工艺设计资料及材料质量证明文件，观察、测量；监理单位见证检验。

（2）模板及支架安装必须稳固牢靠，接缝严密，不得漏浆。模板与混凝土的接触面必须清理干净并涂刷隔离剂。浇筑混凝土前，模板内的积水和杂物应清理干净。

检验数量：施工单位、监理单位全部检查。

检验方法：观察。

（3）预埋件和预留孔留置位置、尺寸及允许偏差应符合设计要求。当设计未规定时，其允许偏差及检验数量和方法时应符合《铁路混凝土工程施工质量验收标准》（TB 10424—2018）的相关规定。

（4）道床板模板安装允许偏差见表8-23。

检验数量：施工单位每5m检查一次。

检验方法：测量。

道床板模板安装允许偏差（mm）　　　　　　　表8-23

序　号	检 查 项 目	允 许 偏 差
1	顶面高度	±5
2	宽度	±5
3	中线位置	2

注：均为模板内侧面的允许偏差。

(5)模板拆除应确保混凝土表面及棱角不受损伤。

检验数量:施工单位全部检查。

检验方法:观察。

2. 钢筋

(1)钢筋规格、型号应符合设计要求。

检验数量:施工单位、监理单位全部检查。

检验方法:观察检查。

(2)钢筋加工应符合规定,并留存影像资料。

(3)钢筋网绝缘性能应符合设计要求。

检验数量:施工单位每施工段检查10处,监理单位平行检验10%。

检验方法:专用电阻表测试,并留存影像资料。

(4)接地钢筋和接地端子焊接应符合设计要求。

检验数量:施工单位全部检查,监理单位平行检验10%。

检验方法:观察检查、尺量,并留存影像资料。

(5)钢筋安装允许偏差见表8-24。

钢筋安装允许偏差表(mm)　　　　　　　　　　　表8-24

序　号	名　　称	允许偏差
1	受力钢筋全长	±10
2	弯起钢筋的弯折位置	20
3	箍筋内净尺寸	±3
4	受力钢筋间距	±20
5	分布钢筋间距	±20
6	箍筋间距(绑扎骨架)	±10
7	弯起点位置	30
8	保护层厚度	+10,0

(6)钢筋骨架的绑扎应稳固,缺扣、松扣的数量不应超过绑扎扣数的5%。

检验数量:施工单位每施工段两端及中间各检查2处。

检验方法:观察和用扳手检查,并留存影像资料。

(7)钢筋绑扎允许偏差见表8-25。

钢筋绑扎允许偏差(mm)　　　　　　　　　　　表8-25

序　号	检验项目		允许偏差
1	钢筋间距		±20
2	钢筋保护层厚度 c	$c \geq 30mm$	10
			0
		$c < 30mm$	5
			0

检验数量:施工单位每施工段两端及中间各检查2处。

检验方法:尺量、观察检查,并留存影像资料。

3. 混凝土

(1)混凝土到达施工现场后,应确认混凝土强度等级、配合比等是否符合设计及相关要求。

检验数量:施工单位、监理单位全部检查。

检验方法:对照委托单,核对拌和站提供的混凝土质量证明文件。

(2)混凝土的强度等级应符合设计要求。

检验数量:施工单位同一配合比每班次应取样1次制作试件。

检验方法:施工单位进行抗压强度试验;监理单位检查试验报告。

(3)混凝土道床板外形尺寸应符合要求,见表8-26。

混凝土道床板外形尺寸检查表　　　　表8-26

序　号	检 查 项 目	检 验 标 准
1	顶面宽度	±10mm
2	道床板顶面与承轨台面相对高差	±5mm
3	中线位置	2mm
4	平整度	5mm/m
5	伸缩缝位置	10mm
6	伸缩缝宽度	±5mm
7	道床板面表面排水坡	-1%～+3%

检验数量:施工单位每20m检查1处。

检验方法:专用仪器测量。

(4)混凝土结构表面应密实、平整、颜色均匀,不应有露筋、蜂窝、孔洞、疏松、麻面和缺棱掉角等缺陷。

检验数量:施工单位全部检查。

检验方法:观察检查。

(5)混凝土道床板施工完成后,其表面裂缝宽度应符合设计要求;当设计没有明确时,表面裂缝宽度不应大于0.2mm。

检验数量:施工单位全部检查。

检验方法:观察检查、刻度放大镜检查。

(6)道床板表面应整平、抹光,表面排水应顺畅,不应积水。

检验数量:施工单位全部检查。

检验方法:观察检查。

本章课后习题

1. 请简述双块式无砟轨道道路段基支承层施工工序及注意事项。
2. 请简述双块式无砟轨道轨排支撑架法和框架法轨排组装、调整及固定工艺的区别。
3. 请简述双块式无砟轨道隔离层及弹性垫层施工过程。
4. 请简述双块式无砟轨道精调过程。
5. 混凝土道床板浇筑前应完成哪些工作?

项目九　无砟轨道无缝线路施工

知识目标：
1. 正确描述无砟轨道铺设无缝线路施工工艺；
2. 了解无砟轨道无缝线路施工主要施工设备；
3. 简述长轨基地钢轨焊接的基本方法及基本工序；
4. 正确描述长钢轨铺设的工序及控制要点；
5. 正确描述焊机焊接长钢轨施工工艺及控制要点；
6. 简述无缝线路应力放散锁定施工工艺；
7. 简述轨道精调的基本工序。

能力目标：
1. 能指导长钢轨运输工作；
2. 能指导长钢轨基地及现场焊接作业；
3. 能进行无缝线路铺设施工现场作业指挥，完成技术交底；
4. 能进行无缝线路应力放散锁定及轨道精调现场作业指挥；
5. 能使用轨检小车采集轨道状态数据。

一、管理模块

（一）施工工艺流程

无砟轨道无缝线路是高铁专线施工的最后一道工序，是高铁专线联调联试乃至安全运营成败的关键。其过程体系庞大、烦琐，是由多种设备和多工种联合作业的系统工程。无缝线路铺设施工技术还涉及新设备、新技术、新工艺、新材料等多个领域，因此需要合理安排和组织无缝线路施工。无缝线路施工主要工序工艺流程如图9-1所示。

（二）施工主要工（器）具

无砟轨道无缝线路施工工序多，施工复杂，形式多样，需要的机械器具种类也多。以下汇总了主要施工工（具）器并提供部分型号供参考，见表9-1。

二、操作模块

（一）无砟轨道铺设无缝线路施工工法介绍

近年来，随着铁路（高铁）无砟轨道的高速发展，新工艺、新技术、新材料的应用，使铁路建设形式趋于多样化，其施工工艺也趋于简单化、机械化，安全操作性增强。中铁三局集团有限公司线桥工程分公司就曾在新建铁路武汉至广州客运专线新韶关站工程施工中大胆创新,运用"推送法"并突破既有线换铺无缝线路障碍,对其工艺进行科学改进,经过工程施工中的成功实践,取得了良好的效果,达到国内领先水平,为今后无砟轨道铺设无缝线路积累了经验,在施工中具备推广应用价值。本章所讲授的无砟轨道铺设无缝线路施工的工艺及流程部分内容参考此工法。

1. 工法特点及适用范围

1) 工法特点及适用范围

(1) "推送法"一次铺设新建铁路无缝线路,提高了机械施工效率,降低了人工利用率,缩短施工时间。

(2) 保证无砟轨道的高稳定性、连续性和平顺性。

(3) 施工简便,安全操作性强。

2) 适用范围

适应于新建铁路无砟轨道铺设无缝线路。

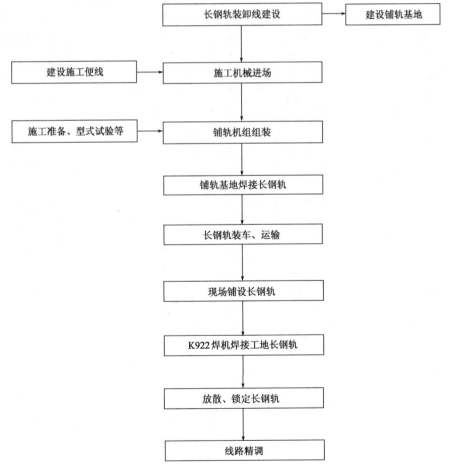

图9-1 无缝线路施工主要工序工艺流程图

无砟轨道铺设无缝线路施工主要工(器)具汇总表　　表9-1

序　号	设 备 名 称	序　号	设 备 名 称
1	铺轨主机	36	钢筋弯曲机
2	长轨、枕轨运输车	37	切割机
3	拖拉机	38	砂轮机
4	机车	39	莱卡全站仪
5	轨道车	40	电子水准仪
6	平车	41	电阻仪
7	移动闪光焊机	42	泵车
8	铝热焊机具	43	龙门吊
9	应力放散机具	44	汽车吊
10	电焊机	45	双头电动扳手
11	轨端除锈机	46	钢轨打磨列车
12	钢轨调直机	47	轨道检测车工
13	锯轨机	48	轨道检测仪
14	发电机	49	焊缝精磨机
15	电钻	50	超声波探伤仪
16	混凝土切割机	51	硬度检测仪
17	平板车	52	钢轨推瘤机
18	工具轨	53	对正架
19	螺杆调节器	54	拉轨器
20	轨向锁定器	55	电动打磨机
21	纵横向模板	56	变压器
22	纵向模板三角支承架	57	液压矫直机
23	手动内六角扳手	58	大锤
24	振捣棒	59	小锤
25	起道机	60	钢轨卡
26	扳手	61	滑靴
27	塑料保护套	62	滚轮
28	撬棍	63	护轨器
29	斜口钳	64	推送车
30	土工布	65	牵引车
31	防尘罩	66	对讲机
32	养生桶	67	液压内燃扳手
33	高压水枪	68	枕木头
34	抹子	69	手动油泵
35	钢筋切断机		

2. 工法过程简述

(1) 建设铁路铺设无砟轨道无缝线路的铺轨基地, 并同时进行路基(图9-2)、支承层(道床)施工(图9-3), 铺轨基地(图9-4)连接既有线与新建铁路线路, 铺轨基地内建设装卸、存储500m长轨条的主要工程生产线及配套设施, 利用组装长轨运输车进行工程材料(厂焊500m长轨条)装卸、存储及运输, 如图9-5所示。

图9-2　路基施工

图9-3　支承层施工

图9-4　铺轨基地

图9-5　长轨运输车运输长轨

(2) 组装长轨运输车运输500m长轨条进入施工现场, 利用专用无砟轨道长钢轨铺设机组, 采用"推送法"一次性铺设新建铁路无缝线路, 如图9-6所示。

(3) 采用K922焊轨机对已铺设的长轨进行焊接, 如图9-7所示。

图9-6　专用无砟轨道长钢轨铺设机组

图9-7　专用焊轨机进行长轨焊接

(4)采用"滚筒法"或"拉伸器滚筒法"两种方法对单元轨节进行放散锁定,如图9-8所示。

(5)对铺设好的轨道进行精调,达到联调联试验收标准,如图9-9所示。

图9-8 放散锁定、精调

图9-9 联调联试验收

现以施工流程为主线,介绍无砟轨道无缝线路施工全过程。

(二)铺轨基地建设与路基、支承层(道床)施工

1.铺轨基地建设

1)铺轨基地的重要性

铺轨基地(图9-10)是进行长钢轨铺设的总后方,是进行铺轨施工的基础,是长钢轨等材料进场的中转站;铺轨基地内存放长钢轨的存轨台位建设质量是保证长钢轨存放中不变形、不损害的重点;铺轨基地内装卸长钢轨的龙门吊是长钢轨运输的保证。

2)铺轨基地的分区

铺轨基地一般分设调车作业区(100m)、轨枕存放区(100m)、钢轨及配件存放区(100m)、长钢轨存放区(500m)、机务整备区(100m)等。各工位间按100m考虑,总长约为1300m。焊轨生产流水线设焊前初调直工位、除锈工位、焊接工位、正火及风冷工位、粗磨工位、水冷工位、四向调制工位、细磨工位、精磨工位、探伤及检验工

图9-10 铺轨基地

位等。铺轨基地分区示意如图9-11所示。

3)铺轨基地施工要点

(1)选址

应根据铺轨工程施工的需要进行铺轨基地选址工作。结合现场实际情况,设置在即有线附近,通过临时道岔接入即有线,并尽量做到铺轨基地少占耕地,合理利用,保证生产。

(2)与既有线接入的施工。

根据既有线有关规定办理各项施工手续,按既有线要求进行接入施工,保证施工安全,明确责任范围。

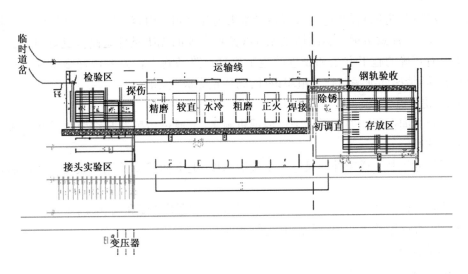

图 9-11　铺轨基地分区示意图

(3) 存轨场地建设

建设一条长钢轨运输装卸线,根据地基承载力及存轨数量建设长钢轨存储场地。施工现场的临时存轨基地不应超过 10 层,超过 6 个月的不应超过 8 层,如图 9-12 所示。存放台上的钢轨应及时安排铺设,避免钢轨发生严重锈蚀。未经防锈处理的最下层钢轨存放时间不宜超过 6 个月。

(4) 吊装

采用群吊的方法(图 9-13),钢轨吊点间距不大于 16m,钢轨两端的吊点距轨端应不大于 7m。每个吊点的额定起重量不宜小于 3t。吊运 500m 焊接长钢轨的起重设备应具备集中控制功能,实现同步升降、同步横移,吊运过程中应避免摔跌、撞击钢轨。

图 9-12　分层存轨现场

图 9-13　长轨基地群吊

(5) 施工便线建设

施工便线是铺轨基地运输长钢轨进入施工现场的保证,施工便线坡度不大于 2‰,线路曲线半径不得小于 300m,线路按国家Ⅱ级铁路标准建设。

2. 路基、支承层(道床)施工

路基、支承层(道床)详细施工过程参考本书前几章相关内容。以下提出几点注意事项:

(1)路基施工注意事项。新线铺设无缝线路最主要的先决条件是路基良好、稳固,达到此要求必须要有正确的施工方法和先进的施工机具。路基施工首先要做好施工准备和土质调查,并根据实际情况详细编制施工组织设计,高质量完成路基施工。

(2)支承层(道床)施工的注意事项。

①高程及方向控制。如支承层采用摊铺机施工,可通过传感器与钢弦线的接触来确定前进方向和摊铺厚度。

②外形尺寸控制。道床外形尺寸主要包括厚度、上下面宽度及侧面坡度。要控制好外形尺寸。

③平整度及密实度控制。要控制好支承层(道床)的平整度和密实度,最主要的是选择并调整好摊铺机夯锤振动频率、夯锤振幅、走行速度。

(三)基地长钢轨焊接

1. 基地长钢轨焊接工艺

1)钢轨接触焊工艺原理

接触焊是将焊件装配成对接接头,接通电源后使其端面逐渐达到局部接触,利用电阻加热这些接触点(产生闪光),使端面金属熔化,直至端部在一定深度范围内达到预定温度分布时,迅速施加顶锻力完成焊接的方法。接触焊接分为连续闪光焊与预热闪光焊两种。如GAAS80/580焊机为预热闪光对焊,分为以下几个阶段。

(1)闪平阶段:在预热前对钢轨进行闪光,烧掉端面不平处,使两钢轨端面形成平行接触。钢轨经过闪平以后,端面温度升高,分布均匀,保证第一次预热时的钢轨全端面密贴,使预热电流对全端面加热,加热效果均匀。

(2)预热阶段:预热是接通电流,使钢轨端面在一定压力下接触和分离多次交替进行,通过短接触电阻产生的热量加热钢轨。其作用是增大加热区宽度,减少温度梯度,缩短预热后的烧化时间,减少烧化量。

(3)闪光阶段(也称为烧化):预热后的烧化阶段称为闪光阶段,它是闪光对焊的重要阶段。其实质是液态金属在钢轨的间隙中形成和快速爆破的交替过程。形成过梁的过程中,部分热量导入焊件纵深而加热焊件。爆破时部分液态金属连同其表面的氧化物一起飞溅抛出端口。爆破后转入短暂的电弧熄灭后留下一坑。因此新的过梁必在另一隆起处形成。闪光过程中各处形成过梁的概率基本相同。

(4)顶锻阶段:闪光结束时对钢轨迅速施加足够大的顶锻力,使液态金属层迅速从焊接钢轨端面挤出,封闭端面间隙,接头产生足够多塑性变形,形成共同结晶,获得牢固的焊接接头。

适用范围:适用于焊接50kg/m、60 kg/m、75 kg/m等不同型号的钢轨,可焊接不同长度的长钢轨。

2)施工工艺流程

基地长钢轨焊接基本施工工艺流程见表9-2。

基地长钢轨焊接基本施工工艺流程表　　　　表 9-2

序　　号	项目过程	序　　号	项目过程
1	钢轨入场检查验收	9	水冷却
2	钢轨卸车及堆放	10	焊后调直
3	选配轨	11	精磨
4	焊前矫直和切锯	12	探伤
5	轨端打磨除锈	13	钢轨外观检查
6	钢轨焊接	14	钢轨焊缝质量检验
7	焊后粗打磨	15	长钢轨存放、吊装
8	焊后正火及风冷		

2.长钢轨基地焊接施工过程

1）钢轨入场检查验收

（1）对进厂的每根钢轨按《铁路用热轧钢轨》（GB 2585—2007）等标准规定的尺寸允许偏差，使用规定的量具、样板（图 9-14）进行测量记录。

（2）按《铁路用热轧钢轨》（GB 2585—2007）规定检查钢轨外观有无硬弯、扭曲、裂纹、毛刺、折叠、重皮、夹渣、划痕、压痕、碰伤等缺陷。

（3）检查进厂钢轨的钢种、级别。

（4）落锤检查：对进厂钢轨必须进行落锤抽查。从一次连续性发货开始到结束为一批。试

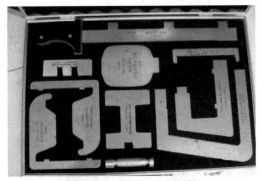

图 9-14　钢轨外形尺寸检验样板

件取样部位、试验方法参照《铁路用热轧钢轨》（GB 2585—2007）的有关规定（表 9-3）执行。在 0～40℃时，轨头向上平放在试验机的支点上，用（1000 + 5）kg 重锤，按规定的落锤高度打击，一次不断为合格。轨型与落锤高度对应关系见表 9-3。

轨型与落锤高度对应关系表　　　　表 9-3

轨型（kg/m）	50	60	75
落锤高度（m）	7.5	9.1	11.2

（5）检查出的不合格钢轨，要分别列明钢轨的钢种、级别、炉号、长度、缺陷种类及尺寸、部位、发现日期等内容，并登记造册。

2）卸车及堆放

（1）钢轨进厂卸车应避面摔跌、撞击。若钢轨摔跌高度超过 1m 或损伤程度超过《铁路用热轧钢轨》（GB 2585—2007）规定时不得使用，并作为事故进行处理。标准轨的装卸采用 2 台 10t 移动式龙门吊，跨距为 21m。对龙门吊的使用必须按"移动龙门吊操作规程"和"移动龙门吊安全操作规程"进行。

(2)钢轨应正向平整排列,放在存放台上,排列要整齐、平直、牢固。多层码放时,层间垫物必须平直,上下层间垫物安放必须对齐、稳定、牢靠,如图9-15所示。

(3)不同钢种及轨型的钢轨不得混放。

(4)在钢轨铺平过程中,车间及有关人员必须到场监督。

3)选配轨

(1)技术室必须根据设计部门下达的无缝线路设计图纸进行配轨。

(2)配轨时,用于正线钢轨的最小长度不得短于9m,特殊地段不小于6m,但不得连续焊接。

(3)配轨表应一式多份,并在焊接作业前下达到各工班及工位,车间应保存一份存档。

4)焊前矫直和切锯

(1)采用DHK315液压矫直机。

(2)焊前矫直机参数选为纵向作用315t,最大行程250mm;横向作用160t,最大行程160mm。

(3)矫直钢轨使全长范围内轨顶面和侧面平直,不得有硬弯、扭曲,钢轨距轨端3.5m内的直线度不得大于0.5mm/m。

(4)对需要锯切的钢轨,采用固定锯轨机对钢轨端进行锯切。锯切后,应对锯切钢轨长度及锯切处断面的垂直度进行检查。锯轨长度误差应符合规定:锯切断面处,在垂直与水平两个方向的垂直度均不得大于0.5mm,否则必须修正。

5)除锈

(1)钢轨除锈机(图9-16)分自动挡和手动挡两种。正常情况下用自动挡。

图9-15 多层码放

图9-16 钢轨除锈机

(2)操作人员必须经过专门培训。作业前应查看前一天的记录,确认设备无不良记录。

(3)检查设备,确保电路、风路、空压机、吸尘器、除锈机一切正常,油位正常。

(4)遇到突然发生的机器故障,按下紧急按钮,同时用手动方式使钢轨离开机器,并及时报告车间相关人员,由专人负责维修。

(5)工作完毕,关闭空压机,切断电源,并按规定做好保养工作,认真填写记录。

钢轨除锈如图9-17、图9-18所示。

图 9-17　轨端进入除锈机　　　　　　图 9-18　除锈

(6)除锈质量要求:

①钢轨进入施工现场前检查钢轨,钢轨不得有明显的弯曲。

②除锈部位为钢轨端头端面及距端面 100～350mm 范围内的踏面和底面。

③除锈后不得有锈斑、油污。

④除锈时间超过 24h 以上,且有水、油、污垢等污染时必须重新除锈。

⑤除锈结束后,用除锈质量检验专用表测量;如不合格重新除锈。并对钢轨再次进行外观质量检查,如发现有不合格的钢轨必须剔除。

⑥除锈完毕后,不得用手等触摸已打磨好的钢轨除锈面。

6)钢轨焊接

(1)焊机操作人员必须经过焊机操作知识的专门培训。

(2)检查前一天的焊接记录并确认,有异常情况应汇报车间相关人员。

(3)开机前检查焊接飞溅区域(图 9-19)的清洁情况并涂上防黏油,检查钳口的光洁度,检查液压油位和内外循环水位,确认是否符合要求。

(4)开机后检查确认供电、液压、控制、冷却系统及其电压、水压、油压、油温是否正常;焊机预动作十次以上确认焊机动作正常,方可进行焊接操作,若有异常及时汇报。

(5)确认待焊钢轨除锈处理是否符合工艺要求,确认焊接程序是否与所焊轨种一致。

(6)焊接时密切注意焊接动态及焊接记录情况,必要时中止焊接。

(7)焊接完毕后,检查焊后接头情况及钳口光洁度是否符合工艺要求,并做焊头标识,(图 9-20);检查循环水温度,确认无打火现象,焊接记录及焊接不符合工艺要求的应重新焊接。

图 9-19　钢轨焊接现场　　　　　　　图 9-20　焊头标识

（8）认真、如实、及时填写焊接记录。

（9）焊接质量要求：

①选择相应的焊接程序。

②对头后，轨顶面、轨头工作面和轨底面的错位量分别不超过0.3mm、0.3mm和0.5mm。

③烧化期间电流不得有闪光中断出现；如有，必须中止焊接。

④推瘤后轨顶面、轨头两侧及轨底面的残留量不大于0.8mm，其余部位不大于1.0mm，母材不得切亏。

⑤焊接结束后，对焊头进行外观质量检查，如有不符合要求的予以剔除。

⑥焊接结束后，应立即检查焊机钳口部位及钢轨与钳口接触处有无打火烧伤，被钳口烧伤的焊接接头必须予以剔除。

7）焊后粗打磨

（1）焊后粗打磨采用手提砂轮机，打磨范围为轨面、轨底角上斜表面、轨底及两侧面。如图9-21、图9-22所示。

图9-21　轨面打磨

图9-22　轨底打磨

（2）打磨前应对接头进行检查，如有不合格，应上报班长请示质检员复检。

（3）粗打磨时，应将轨头顶面和两侧面腭部、轨底角上表面及轨底面的残留焊瘤及全部毛边除尽，保持轨顶面圆弧部分形状，切勿打亏。

（4）打磨过程中，砂轮不得冲击钢轨和在钢轨上跳动，打磨时进刀量不宜过大，切忌打磨表面发黑、发蓝，打磨面必须平整、光洁，不得有凹坑。

（5）打磨时，发现因钢轨外形质量偏差造成的焊接接头不平顺，可采用圆顺打磨方法进行修整，在大截面一侧进行圆顺打磨后要求无棱角、无突出。轨底角上斜表面在横向的打磨范围不小35mm。

（6）打磨后的直线度为：轨底面0.5mm/m，轨底角上斜表面0.5mm/m，轨底两侧面0.5mm/m。

（7）钢轨焊缝不得横向打磨。

8）焊后正火及风冷

（1）正火前按相关规程进行检查。检查确认可靠后，才能送电，启动逆变器。

（2）钢轨进入线圈前，应调整焊接接头与线圈的间隙和位置。

(3)正火时应严格执行工艺操作规程中规定的工艺参数,并观察仪表反应情况。

(4)正确操作测温仪,并经常检查,使其保持良好状态。

(5)正火工艺参数:直流电压380V,轨头温度930~950℃,轨底角不低于830℃,保温时间不低于150s。

(6)正火前,接头温度必须低于500℃时方可进行正火加热。

(7)风冷压力为0.5MPa,风冷时间为2min(自动)。

9)水冷

(1)水冷在水冷通道中进行,由多个喷头均匀地对焊缝进行喷洒,如图9-23所示。

(2)喷洒由一个声音传感器控制,时间为3min,在计算机中调整。

(3)由于喷洒均匀,水冷后不出现向某个方向扭曲的现象,效果良好。

10)焊后调直

(1)现代调直机可以自动控制压块的距离,配有光电测量仪和计算机显示,能把焊缝两侧各0.5m内的曲线形状经过放大显示在计算机上。

(2)开机前后按相关规程进行检查。

(3)调直时锁上输送线,根据测量的曲线进行调直并选择合适的顶压力;调直完毕打开输送线。钢轨四向调直如图9-24所示。

图9-23 焊头水冷

图9-24 钢轨四向调直

(4)质量要求:

①调直在冷态下进行,调直前对焊接接头进行外观质量检查,如发现有不合格的请质检员复检。

②调直前检查工作面错位量,如错位量超过0.3mm必须予以剔除。

③调直后,工作面平直度必须在0~0.4mm之间(焊缝除外)。

11)精磨

(1)现代精磨机可自动对焊缝进行磨削,并配有自动光电测量仪和计算机显示屏。

(2)开机前后按相关规程进行检查,如图9-25所示。

(3)精磨时,锁上输送线,根据测量曲线选择相应的磨削量,磨削完毕打开输送线。

(4)质量要求:

①精磨前观察测量曲线,如有测量曲线(或部分)在"0"线以下须退回重新矫直。

②对母材的磨削深度不超过 0.3mm,精磨表面不得发黑、发蓝。

③精磨后的测量曲线必须在 0~0.3mm 之间,测量曲线不得有低于"0"线以下的部分。

12) 探伤

(1) 探伤仪可采用 CTS22 型,探头为中国铁道科学研究院专门设计的组合探头,探伤人员须持二级无损检测合格证作业。

(2) 探伤范围:轨头、轨腰、轨底角、轨底三角区。

(3) 探伤仪使用前,先用对比试块校准,再进行基线校准和灵敏度测试。并进行检查,确认性能良好。

(4) 探伤前焊缝两侧轨头和轨底以上表面必须打磨平顺。探伤时要刷足耦合剂,确保耦合良好,如图 9-26 所示。

图 9-25　焊头精磨　　　　　　　　　图 9-26　焊头探伤

(5) 探伤时要一看波形显示、二量水平距离、三作波形分析、四定缺陷性质。

(6) 钢轨焊头有未焊透、过烧、裂纹和气孔夹渣等有害缺陷,判为重伤,应锯割重焊。

(7) 钢轨焊头若有少量灰斑。单个灰斑面积不超过 $10mm^2$,灰斑总面积不超过 $20mm^2$ 时判为轻伤;超过时判为重伤。若有灰斑露头出现时,应将灰斑面积加倍计算。

(8) 探伤完毕,按表格内容做好详细记录。

13) 钢轨外观检查

(1) 钢轨焊头应纵向打磨平顺,不得有底接头,用 1m 直尺测量钢轨焊头平直度,具体要求见表 9-4。

钢轨焊头平直度规定表　　　　　表 9-4

焊头部位	轨顶面	轨头内侧工作面	轨底
平直度	0~+0.3mm	0~+0.3mm	0~+0.5mm

(2) 钢轨焊头轨顶面、侧面及轨底上表面在 1m 范围内应打磨平顺,不允许横向打磨。母材打磨深度不超过 0.5mm。

(3) 轨底表面焊缝两侧各 150mm 范围内,距两侧轨底角边缘各为 35mm 的范围内,应打磨平整,表面粗糙度 Ra 最大允许值为 12.5μm。

(4) 焊缝两侧各 100mm 范围内,不得有明显压痕、碰痕、划痕等缺陷;焊头不得有电击伤。

(5) 做好详细记录。

14) 钢轨焊缝质量检验

(1) 钢轨焊缝的质量检验分为型式检验和周期性生产检验,其检验按《钢轨焊接 第1部分:通用技术条件》(TB/T 1632.1—2014)进行。

(2) 停焊 5~10d 再开始焊接前,必须进行焊接接头的落锤试验,每次 5 个,经落锤和断口检验合格后方可生产。焊机经检修后,在正式焊接前,应进行焊接接头落锤断口检验,检验合格后方可生产。检验按《钢轨焊接 第1部分:通用技术条件》(TB/T 1632.1—2014)中有关规定执行。

(3) 长钢轨焊接生产中,每连续焊接 500 个接头后,必须进行周期性检验,随机加焊 5 个焊接接头,经落锤和断口检验合格后可继续生产。

(4) 凡作落锤和断口检验,不合格者应予复验,复验按照《钢轨焊接 第1部分:通用技术条件》(TB/T 1632.1—2014)中有关规定执行。

(5) 经落锤和断口检验合格的焊接接头中的一张焊接记录图纸作为下阶段焊接生产的对照样图。

15) 长钢轨的存放、吊装

(1) 长钢轨的装卸选用数十台固定龙门吊联合作业,装卸时,操作人员必须按照相关规程进行,按每人负责 2~4 台龙门吊,龙门吊均匀分布,如图 9-27 所示。长钢轨存放龙门吊设计为集中联控,可同步起落、横移。长钢轨吊起后,龙门吊控制室按现场指挥人信号,将长钢轨横向移动到位,并统一走行、升降、下落就位。长钢轨吊运时各台龙门吊动作一致,缓起缓落,保持钢轨基本平稳。

(2) 长钢轨在存放台上放置时,应整齐堆放,并按长钢轨运输列车在厂内停车的位置,在运轨列车靠铺轨机一侧对齐,如图 9-28 所示。

图 9-27 长轨群吊

图 9-28 长轨分区存放

(3) 长钢轨下线作业和装车作业时,与本作业无关的人员不得随意进入现场,严禁穿越已起吊的长钢轨。长钢轨装车堆码整齐,按顺序编号、左右股对称放置,以方便出轨拖拉。长钢轨装车时,顺铺轨方向端对齐,并相互锁合,轨端头设挡轨装置,防止钢轨运输途中窜动。基地长钢轨每日装车作业完毕后,由焊轨基地指令人员与铺轨组指令人员相互签认交接记录,交接记录包括所装长钢轨数量、长度、编号和装车时间、交接人员等相关内容。起吊时协同进行,动作一致,防止长轨条产生过大变形。

(4) 长钢轨装车前根据配轨表进行配轨,配轨时应对长钢轨的存放现状有整体了解。按

图 9-29　吊装好的 500m 长轨

照配轨表左右股成对配编。左右股长轨在配轨完毕后接头相错量小于 30mm。单元轨节左右股累计相错量小于 40mm，以保证按技术要求铺设。

（5）长钢轨装车时应按照铺设长钢轨牵引端取齐，按照配轨表，将已选配并标识好的钢轨按顺序装车，装车时由内向外，卸车铺轨时由外向内。装车完毕，长钢轨必须使用钢轨夹固定，以防钢轨纵向滑动。吊装好的 500m 长轨如图 9-29 所示。

（四）长钢轨铺设

1. 施工工艺概述及流程

无砟轨道无缝线路的铺设比一般铁路的铺设施工工艺更复杂，精度要求更高，它需要进行钢轨的铺设和焊接、应力放散及线路锁定、钢轨打磨等施工环节。长钢轨铺设依据道床不同分为：有砟道床长钢轨铺设和无砟道床长钢轨铺设。当前随着客运专线、高速铁路的建设和铁路施工技术的发展，无砟轨道因其后期的维修费用少并具有更好的稳定性、平顺性、耐久性等优点正得到迅猛的发展。本节施工工艺基于无砟轨道长钢轨一次拖拉入槽施工工艺，施工内容包括长钢轨装车运输、长钢轨拖拉、长钢轨入槽、安装扣件等。

其主要铺设流程如图 9-30 所示。

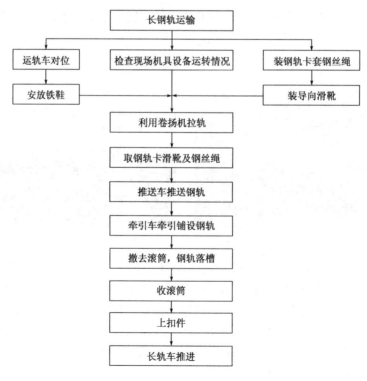

图 9-30　长钢轨铺设施工流程图

2. 施工准备

1) 技术准备

(1) 复核施工图,编制长轨运输表及铺轨计划表;对钢轨进行编号,确定装车顺序和铺轨顺序;确定全线胶接绝缘接头位置及数量。

(2) 编制长钢轨运输方案及长钢轨铺设作业指导书。

(3) 调查铺轨前方通过地段限界情况,了解无砟轨道板施工情况及对铺轨施工的影响,如有影响及时协商处理。

(4) 统计全线道岔岔首岔尾对应里程,以便铺设道岔始末两端的长钢轨。

(5) 编写全线曲线要素表及坡度表。

2) 人员准备

(1) 对施工队伍及相关人员进行施工技术培训和安全教育培训。

(2) 铺轨过程中安全员、技术员等人员必须全程参与,掌控铺轨施工质量,确保施工安全。

3) 机具材料准备

(1) 按照长钢轨铺设施工情况,备齐各种施工机具设备。

(2) 按照规范规定对到场钢轨和扣配件进行质量检查并妥善储存。

3. 长钢轨的铺设施工过程

1) 长钢轨运输

在铺轨基地将长钢轨装车完毕后要保证长钢轨两端有足够的安全距离,并按长钢轨运输要求在长钢轨装车完毕后保证锁定牢固可靠,防止运输过程长钢轨窜动造成事故。在运输过程中不得超速运行,一般情况下不得高于 20km/h。运输现场如图 9-31 所示。

图 9-31 长钢轨运输现场

2) 推送车牵引长钢轨

(1) 将长钢轨的锁紧装置解除,解锁人员必须在得到通知后解锁,严禁提前解锁,解锁完毕通知相关人员。

(2) 在长钢轨始端安装钢轨卡和导向滑靴,利用推送车自带卷扬机将长钢轨牵出,如图 9-32 所示。

图 9-32 安装钢轨卡、钢丝绳牵引钢轨

（3）待牵引钢轨至推送装置末端后，去掉导向滑靴继续牵引钢轨至钢轨始端通过整个推送装置，去掉钢轨卡及钢丝绳。

（4）在牵引过程中严禁工人翻越钢丝绳，且要缓慢牵引钢轨，保证安全。

3）推送车推送钢轨

（1）启动推送车推送装置，推送钢轨至长钢轨始端距离轨道板板面 30cm 时停止推送。推送过程必须有工人在长轨两侧护轨，防止长轨左摇右摆。推送完毕时左右两股钢轨的始端相错量不大于 100mm，如图 9-33 所示。

（2）推送到位后牵引车向后退至长轨穿入牵引车的夹持设备，用钢轨卡卡住钢轨。推送车松开推送装置。

（3）安装钢轨卡时防止小锤砸伤钢轨顶面。

4）牵引车牵引铺轨

图 9-33 推送装置推送钢轨

（1）钢轨夹持完毕后，牵引车开始牵引铺轨，如图 9-34 所示。铺轨时刻注意牵引车前方有无障碍物，如有立即清理；在直线地段间隔 18 个承轨槽放 1 个滚筒，在曲线上适当加密放置，且安装侧向护轨器。

图 9-34 牵引车牵引长钢轨

（2）在铺设过程施工人员拿撬棍护轨，保证长钢轨落在滚筒上，如图 9-35 所示。如有特殊情况，立即通过对讲机喊停牵引车或直接按住牵引车急停按钮。

（3）长钢轨牵引到位后，技术员对相邻两长钢轨进行对位，并预留轨缝，再去掉钢轨卡，使长钢轨始端从牵引车夹持装置处落下。

5）取滚筒长钢轨落槽

（1）在取滚筒前用鼓风机将承轨槽内的杂物、铁锈等清理，然后用起道机起钢轨收取滚筒，使钢轨落槽。落槽时测量钢轨始末端轨温，其平均值作为钢轨铺设落槽轨温。

图 9-35 牵引车作业现场

(2)安装扣件,直线地段隔五打一,曲线地段隔三打一,但是接头前后各四个轨枕上扣件必须打满。钢轨接头处安装鱼尾夹板,防止磨损钢轨。

(3)用小平板收取滚筒,整齐摆放在牵引车上。

6)运轨车推进对位

在前方扣件全部上完后,车长指挥铺装大列车向前推进,开始进行下一对长钢轨的铺设施工。特别注意在施工过程中注意护轨,防止钢轨倾覆;钢轨接头用临时钢轨连接器连接,如图9-36所示;随时观察机械设备运转情况;对讲机必须保持通话状态。

图9-36 钢轨连接器

4. 铺轨施工现场操作注意事项

(1)机车推送铺轨列车进入施工现场,当钢轨推送车前轮轴距已铺钢轨前端7m时停车。长轨运输车对位停车打好铁鞋后,进行长轨铺设作业。

(2)钢轨锁定车位于长轨运输车的中间时,作业人员松开上层一对待拖拉钢轨的锁轨装置。拖拉钢轨从钢轨中心距最接近1508mm的一对开始,再逐步向外成对拖拉钢轨,最后向内成对拖拉钢轨。下层钢轨照旧。

(3)卷扬机拖拉钢轨,在解锁钢轨的同时,摆开上层钢轨的挡轨装置。开动卷扬机反转时,把卷扬机钢丝绳从换向轮处牵引至距钢轨前端4m处安装钢轨夹具。并在钢轨头安装"鱼头"(一种方便卷扬机上轨的辅助工具)。开动卷扬机正转时,当钢轨前端穿过推送机构辊轮0.5m时,停止卷扬取下钢轨夹具和鱼头。

(4)启动推送马达推送钢轨至钢轨前端距推送辊轮15m时停止推送。在既有轨前端10m处放置枕木头。在枕木头前放置第一对地面滚轮。

(5)牵引车牵引钢轨时,将牵引车退至悬臂钢轨的前端,将钢轨前端穿入牵引车夹轨装置中,在其前后安装钢轨夹具,并打好斜铁。启动牵引车牵引钢轨,5s后启动推送装置推送钢轨。在距离第一对地面滚轮10m的位置放置第二对地面滚轮,以此每隔10m(15个轨枕)放置一对地面滚轮。当钢轨末端距过渡升降装置前端滚轮0.5m时停止牵引。降下过渡装置,使过渡装置最低处略高于钢轨顶面,列车后退,直到钢轨落到枕木上。再用摇臂压机撤出枕木,缓慢将钢轨放置在地面滚轮上。

(6)对轨及落槽时,利用牵引车倒退来对轨。在牵引车后10m处放置枕木头。拆除钢轨夹具,牵引车向前走行,使钢轨缓慢脱离钢轨落在枕木头上。用摇臂压机撤出枕木。缓慢将钢轨落入槽中。撤出地面滚轮,将钢轨落入槽中。沿线收回地面滚轮,放置在小平车上。再用液压内燃扳手进行隔五紧一。测量后锯齐钢轨。

5. 铺轨过程质量记录及检查

(1)每对长钢轨始端、末端的轨温平均值作为长钢轨的铺设轨温,铺轨时应如实记录铺设轨温,且测量轨温位置是钢轨背光面轨腰处;铺轨后检查钢轨左右股接头相错量,该值不宜大于100mm;扣件按照规定扭矩打紧,铺轨时检查橡胶垫片、螺栓等全无缺损。

(2)记录钢轨接头的轨道板编号、钢轨编号及接头编号等相关数据,并及时向铺轨基地反映铺轨到达里程等相关信息。

(3)检查要点如下:

①轨道中心线与线路中心线应一致,允许偏差30mm。

②左右股单元轨节接头相错量不得大于100mm。

③钢轨胶结绝缘接头的类型、规格、铺设位置应符合设计要求,绝缘接头轨缝绝缘板距轨枕边缘不宜小于100mm。

④轨枕应正位,并与轨道中心线垂直,轨间距允许偏差+20mm。

(五)K922型焊车焊接长钢轨

1. 施工工艺及流程

长钢轨工地现场焊接可采用K922型移动闪光接触焊(闪光对焊)车焊接。该方法主要过程为长钢轨由轨道车推送进入现场后,由K922型移动闪光接触焊车先进行接头焊接,并按照组装程序进行设备组装后进行全面调试,确定焊接参数并经国家有关部门检验合格后方可正式施工。闪光接触焊接工艺流程如图9-37所示。

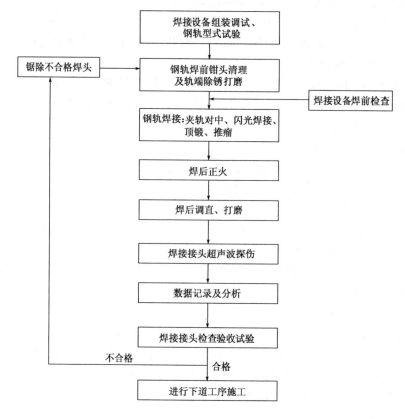

图9-37 闪光接触焊焊接工艺流程图

2. 施工过程

1) 钢轨焊接前准备工作

焊轨列车(图9-38)进入施工现场,将待焊长钢轨扣件松开,按10m间隔在轨下设置滚筒,做好焊轨前的准备工作。

(1) 矫直钢轨

采用矫直的方法纠正钢轨端部弯曲。对于无法矫直的钢轨端部弯曲,应将弯曲的钢轨端部锯切掉。锯切后钢轨的端面斜度不应大于0.8mm。

图9-38 焊轨列车

(2) 除锈

利用手提式砂轮机在距钢轨端面600mm范围内除去氧化皮,打磨轨缝两侧的轨腰及轨端面,对正轨端钢轨与闪光焊电极接触部位除锈打磨,如图9-39、图9-40所示。使用焊机进行焊缝找位时,用垫轨底方法使轨缝处形成规定的折线,接触面不得有任何污垢。若打磨后的待焊时间超出24h或被油水沾污,则必须重新打磨。

图9-39 打磨轨腰

图9-40 打磨轨端面

2) 钢轨焊接前设备检查

焊接前应按照焊机使用说明检查主机、冷却系统、液压系统、电气控制系统是否正常;检查动力电压、水温、水位、油温、油位钳口上的焊渣及其他碎屑、推瘤刀上的焊接飞溅物是否清除,焊接参数是否符合试验结果。一切正常之后,在操作司机、工长签字确认后方可进行焊接工作。

3) 钢轨焊接

钢轨焊接包括闪平、预热、闪光(烧化)和顶锻四个过程,焊机按控制柜焊接程序自动完成焊接,如图9-41所示。

图9-41 钢轨焊接

(1) 准备工作完成后,用机车或轨道车推送移动式焊轨车运行到焊接接头处,特制集装箱将两端前墙向上旋转到与顶棚平齐并锁定。起吊机构连同焊机沿轨道向外移动至端墙外平台;吊臂驱动油缸伸长降下旋转臂,将焊机降下接近钢轨,利用转盘转动,使焊机进入焊接工作位置;将焊机落下置于钢轨上,确保两钢轨间隙位于导轴上标记的正下方,降低焊机直到压在钢轨上。

(2)焊机机头上的两对钳口将两钢轨轨头夹紧,自动对准系统接头两侧各500mm范围内在水平和纵向两个方向上非常精确地自动对准(两端钢轨在纵向同时被相对抬高0.6~0.8mm/m)。两钳口在通以400V的直流的电压后形成两个高压电极,提高焊接电流。启动焊接,激活自动焊接程序;分别进入预闪阶段、稳定的高压闪光阶段(该阶段应锁定钢轨夹紧选择开关,防止在焊接周期结束时焊机再次夹紧钢轨)、低压闪光、加速闪光及顶锻阶段。顶锻完成以后整个焊接过程结束。随后钢轨夹紧装置快速松开两钳口,在焊机头内的推瘤刀立即进行推瘤,从而完成一侧钢轨的焊接作业。

(3)焊机机架张开到最大位置,起升焊机直至完全离开钢轨焊接接头,去除推瘤焊渣,清洁焊机内部。然后将焊机调整到另一侧完成钢轨焊接。在完成一组焊接接头后,每间隔3根轨枕上紧扣件,焊机前行到下一个焊接接头处。

(4)焊接和推凸技术要求:

①焊接前轨温不宜低于10℃。焊接完毕后几秒钟,焊机的推凸装置自动将整个钢轨焊头周围的焊瘤剪平。

②焊接接头轨头和轨底、轨底顶面斜坡的推凸余量不应大于1mm,其他位置推凸余量不得大于2mm。推凸时不得切及母材,推凸时不应将焊渣挤入母材,焊渣不应划伤母材。

推凸后未经打磨处理的情况下,应使用长度为1m检测尺和塞尺检查接头错边,在焊缝两侧各15mm的位置测量计算接头错边量(表9-5),且不得切亏母材,残瘤平面应平整。

接头错边量最大允许值(mm)   表9-5

接头错边量位置	接头错边量最大允许值
钢轨顶面纵向中心线的垂直方向	0.5
工作侧面轨顶面下16mm的水平方向	0.5
轨脚边缘的水平方向	2.0

4)焊后正火

采用小型正火设备对焊缝进行正火处理。正火作业前焊接接头表面温度应低于500℃,然后用氧气-乙炔加热器将焊缝温度加热到850(轨底角)~950℃(轨头)之间。

5)钢轨焊后调直、粗打磨

钢轨焊缝正火完成,温度降低到300℃以下时,对钢轨进行调直。焊后打磨可以分成粗打磨和精细打磨。粗打磨利用手提式砂轮机对焊缝及附近轨头顶面、侧面、轨底上面和轨底进行打磨;焊缝踏面部位在常温下不能打足,打磨时不得横向打磨,打磨面不得发黑、发蓝而应平整有光泽。粗打磨应保证焊接接头的表面粗糙度能够满足探伤扫查需要;焊接接头非工作面的垂直、水平方向错边应进行纵向打磨过渡,如图9-42所示。

图9-42 钢轨打磨

6)钢轨精磨及平直度检验

(1)外形精整

利用仿型打磨机对焊缝中心线两侧各450 mm范围进行精磨。禁止使用外形精整的方法纠正超标的平直度偏差和超标的接头错边。

(2)钢轨表面质量要求

焊接接头的轨头工作面经外形精整后的表面不平度应满足:在焊缝中心线两侧各100mm范围内,表面不平度不大于0.2mm。轨顶面及轨头侧面工作边母材打磨深度不应超过0.5mm,焊接接头及其附近钢轨表面不应出现裂纹、划伤、明显压痕、碰伤、电极灼伤、打磨灼伤等损伤。

(3)测量平直度技术要求

钢轨焊接接头温度低于50℃、测量长度为1m,以焊缝中心线两侧各500mm位置的钢轨表面作为基准点,分别布置在轨顶面纵向中心线、轨头侧面工作边上距轨顶面16mm处的纵向线位置上。测量平直度允许偏差见表9-6。

焊缝平直度允许偏差(mm) 表9-6

部位	轨顶面	轨头内侧工作面	轨底
平直度	0~+0.3	±0.3	0~+0.5

可用1m直靠尺和塞尺对经探伤合格的焊头踏面、工作边及轨底进行检查,平直度必须符合要求;不符合要求的,再进行修磨或锯掉重焊。

7)探伤

每个钢轨焊头均应进行超声波探伤,并填写探伤记录。探伤前应将焊缝处温度降低到40℃以下,并清理焊缝两侧各400mm范围内的锈斑、焊渣、水渍,确保探头和钢轨耦合良好并减少探头磨损。可以采用浇水法进行冷却,但浇水时轨头温度不得高于350℃。在经打磨过的焊接钢轨轨底、轨腰、轨头、轨底三角区上均匀涂抹探伤专用油,然后用探头分别进行探伤。探伤结果不得有未焊透、过烧、裂纹、气孔、夹渣等有害缺陷。探伤完毕必须完整、及时、准确做好记录。发现缺陷,应将情况附图说明,并填写处理意见。

8)数据的记录及分析

每完成一个接头的焊接、除瘤、打磨、探伤后,应将相关数据、信息等资料收集、整理,同时加以分析、存档。

3.钢轨焊接的质量保证措施

(1)焊轨前必须按《钢轨焊接 第一部分:通用技术条件》(TB/T 1632.1—2005)中有关规定进行型式检验,确定焊机工艺参数,检验合格后方可施焊。

(2)接缝焊接前,应先检查焊轨外观尺寸,半米内应无大于0.5mm死弯,端面上下、左右平面差不得大于2mm,并清除被焊端面和距轨端长150mm范围内的锈蚀、油污及杂质,表面光滑无锈斑,但对母材的打磨量不得大于0.2mm。

(3)焊接前,应对焊机的主、辅机、水冷系统、液压系统、制冷系统、供电室等进行检查,运转正常方能开焊。

(4)现场进行钢轨正火时,钢轨接头温度必须降至500℃以下,方可开始正火。正火时,一名工人操作,另一名工人观测火焰温度和钢轨温度,正火达到预定温度后,立即关闭气源。

(5)焊接结束后,一名焊工松开焊机,另一名焊工立即清理掉钢轨上的焊瘤块,焊缝处不得有未焊透、过烧、裂纹、气孔、夹渣等有害缺陷。

(6)焊接完成后,焊缝两侧500mm范围内需打磨,先粗打后精打,用1m直尺检查焊缝顶面、侧面的平直度、光洁度(须符合规范要求),不得横向打磨。

(7)对每一个焊缝,均需做超声波探伤检查,但须待焊缝处温度冷却到40℃以下,并做好记录。

(8)外形精整应保持轨头轮廓形状;外形精整应控制在尽可能短的长度范围内,不应超过焊缝接头中心线两侧各450mm限度;外形精整不应使焊接接头或钢轨产生任何机械损伤或热损伤。

(9)应对焊接接头非工作面的垂直、水平方向错边进行纵向打磨过渡,过渡段长度不应大于错边偏差的10倍,轨底上、下角应纵面打磨圆顺。

(10)焊接接头及其附近钢轨表面不应有裂纹、明显压痕、划伤、碰伤、打磨灼伤等伤损。

(11)钢轨的焊接接头应按操作工艺规程施焊,焊轨前必须按有关规定进行型式试验,确定焊机工艺参数,一经确定的参数不得随意改动。在焊接满500个接头进行周期性生产检验,并获得相应的检测报告。

(12)每次焊接前,应对发电机组进行预热,预热时间不少于30min,避免冷车造成电流、电压不稳,影响焊轨质量。

(13)在"对轨"施焊过程中,不得出现竖向和横向的错位。

(14)焊接接头温度降低至400℃以下方可通过承重车辆及承受弯曲应力。

(15)探伤人员应持有铁道部门无损检测人员技术资格鉴定考核委员会颁发的Ⅱ级或以上级别的技术资格证书,并经过钢轨焊缝探伤技术培训。

4. 钢轨焊接安全措施

(1)各工序工作人员应经过安全技术培训并经考试合格后方可上岗。

(2)搬运及作业时,各工序严格按操作规程进行操作,以防止发生人身伤害。

(3)焊轨作业时,应配置好劳动防护用品(工作服、眼镜、长皮手套等),焊机开始焊接时,周围不得有人,以防止溅出焊渣烫伤人。

(4)打磨前应检查端磨机是否漏电,运转是否良好,如有异常应立即联系电工进行维修,严禁私拉乱接,避免发生人身事故。

(5)打磨后的钢轨端面严禁再次受到污染,如有污染要重新打磨。

(6)必须配备灭火器材料设备。

(7)线路上焊接时要注意线路上的行车,并注意做好防护。

(六)线路放散及锁定与线路精调

1. 无缝线路放散及锁定施工工艺及方法

(1)应力放散与线路锁定施工工艺流程如图9-43所示。

(2)长轨铺设完毕后道床状态和轨道几何尺寸达到初期稳定状态,此时进行线路锁定作业。

单元轨节两端各设一台拉轨器,来回拉轨并辅以撞轨,消除钢轨内部应力,同时观测钢轨的位移,直至钢轨内部应力为零。当轨温处于锁定轨温范围时落轨锁定,当轨温低于锁定轨温时,用单元轨节两端的拉轨器将单元轨节拉伸至锁定轨温时的长度,然后落轨锁定,做零点位移标记。

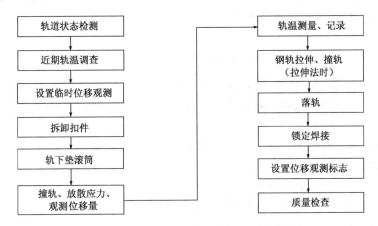

图 9-43 应力放散与线路锁定施工工艺流程图

(3)采用接触焊将本次放散的单元轨节与上一单元轨节焊联。线路锁定后,按照设计文件和规范要求进行钢轨位移观测和无缝线路标记设置。

(4)当施工时钢轨的温度在设计锁定轨温范围时,采用滚筒放散法进行应力放散。当施工时钢轨的温度低于设计锁定轨温时,采用综合放散法进行线路应力放散,确保线路应力放散均匀、准确、彻底。

2.无缝线路放散及锁定施工过程

1)轨道状态检测

在应力放散前全面对轨道进行检测,检测项目有:轨道几何尺寸、轨面高程、线路中线位置、枕下道床刚度、横向阻力、接触焊接质量等,通过全面的质量检测,确认线路已达到初步稳定状态,方可准备进行线路锁定施工。

2)近期轨温调查

通过调查,了解当地轨温的变化规律,确定锁定施工时间。

3)位移观测桩设置

根据设计文件及相关规范要求,埋设位移观测桩,并编号。

4)标记临时位移观测点

根据设置好的位移观测桩,在钢轨上做标记,并根据现场条件适当加密观测点,每100m设1处临时位移观测点,作为钢轨应力放散时的临时位移观测点。通过对钢轨位移的观测,以判定应力放散是否彻底。

5)卸扣件、顶起钢轨

在本次放散单元轨节和上一单元轨节100m范围内,每隔10m设置一滚筒,将钢轨扣件卸除,用起道机顶起钢轨落于滚筒上,钢轨顶面高于承轨面5cm左右。

6)串轨、临时位移观测

由于铺设长轨与正在作业轨温不一致,弹条卸除、钢轨顶起后,钢轨的束缚解除,钢轨将产生位移。由于摩阻力的影响，此时钢轨内部应力仍不为零，用两端的拉轨器来回窜动钢轨，观察钢轨的位移从起点向终点方向是否呈线性增长，若不呈线性增长则再次窜动钢轨并在位移不均匀处辅以撞轨，观察位移直至基本呈线性增长，且单元轨节终点处最大位移 $L_{测}$ 与计算值 $L_{算}$ 基本一致，此时钢轨内部应力判定为零。

$L_{算}$ 计算公式：

$$L_{算} = \alpha \times (L_1 + L_2) \times (T_1 - T_2)$$

其中，α 为钢轨的温度线膨胀系数，取 $0.0118\text{mm}/\text{℃}$；L_1 为本次放散单元轨节长度；L_2 为上一放散单元轨节伸缩区长度，取 100m；T_1 为内部应力判定为零时的轨温；T_2 为长轨换铺落轨时轨温。

$L_{算}$ 为正值时表示钢轨伸长；$L_{算}$ 为负值时表示钢轨缩短。

7）记录轨温、拉轨

钢轨内部应力为零，此时作业轨温低于锁定轨温，单元轨节起点端用拉轨器固定，终点端用拉轨器将钢轨拉长 L，拉轨到位后用拉轨器固定。

采用拉伸放散法时，L 计算公式：

$$L = \alpha \times (L_1 + L_2) \times (T_1 - T_2)$$

其中，α 为钢轨的温度线膨胀系数，取 $0.0118\text{mm}/\text{℃}$；L_1 为本次放散单元轨节长度；L_2 为上一单元轨节伸缩区长度，取 100m；T_1 为设计锁定轨温；T_2 为拉轨时轨温。

8）落轨、上扣件锁定

钢轨内部应力为零，轨温处于锁定轨温范围或单元轨节拉伸至锁定轨温范围内时，由放散起点向终点方向依次去除滚筒，将钢轨落到轨枕上，上好扣件，紧固钢轨，记录轨温和拉伸量。

9）标记钢轨位移零点

钢轨锁定后，立即进行位移零点标记。在设有位移观测桩处的左右股钢轨轨头外侧面胶粘一段小钢尺，小钢尺刻度为 $-50 \sim 50\text{mm}$，零刻度与位移观测桩拉线竖向重合。

10）锁定焊接

正线无缝线路单元轨焊接采用接触焊，将本次放散单元轨节与上一放散单元轨节焊连起来。

11）位移观测

应力放散时，按照设计要求设置位移观测点。

单元轨节放散的第一个月内每周观测一次钢轨位移，以后每月观测一次。当钢轨位移超出允许范围时，要查找原因，并重新放散锁定钢轨位移超标区段。

12）无缝线路标记编号

对轨道的单元焊焊缝、锁定焊焊缝、位移观测桩、钢轨位移零点、单元轨节、锁定轨温、锁定日期等数据，按照设计文件规定的形式和标准，标注于钢轨上。

3. 轨道精调施工工艺流程（图9-44）

轨道线路精调分为无砟轨道静调和无砟轨道高速精调。

(1)无砟轨道精调分为静态精调和动态精调。

①静态精调根据轨道静态测量数据对道岔轨道进行全面、系统调整,将道岔轨道几何尺寸调整到允许范围内,对轨道线型进行优化调整,合理控制轨距、水平、轨向、高低等变化率,使轨道静态精度满足高速行车条件。

②动态精调是在联调联试期间根据轨道动态检测情况对道岔轨道局部缺陷进行修复,使轨道满足高速行车的舒适度要求。

静态精调前首先要对 CPⅢ 控制网进行复测,然后进行轨道调整,根据采集的数据利用道岔精调器调整道岔各部尺寸,使其达到静态验收要求。

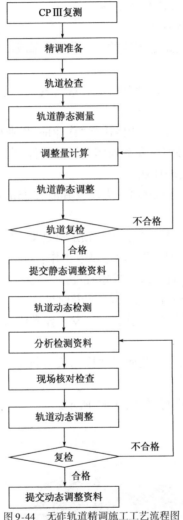

图 9-44　无砟轨道精调施工工艺流程图

(2)根据施工图要求,在规定的作业轨温范围内,对线路进行精细调整,继续做好未完成的工作,使之达到验收交工标准。

4. 轨道精调过程控制

(1)钢轨精调作业前先确定基准轨。曲线地段以外轨为基准轨,直线地段同前方曲线的基准轨。精调时,宜先调基准轨的轨向和另一轨的高低,再调两轨的轨距和水平。

(2)现场根据调整量表,对计划调整地段进行标识,严格按确定的原则和顺序进行轨向、轨距、高低、水平调整。轨距、轨向调整:区间通过更换轨距块或移动铁垫板来实现;车站道岔调整通过更换偏心锥或缓冲调距块来实现。

(3)线路高低和水平调整:区间轨道、车站道岔通过更换轨底调高垫板来实现;板式轨道采用充填式垫板进行调整。缓和曲线、竖曲线区段应调整圆顺。

(4)对调整完毕的区段,用轨道几何状态测量仪进行检核测量,并对超限尺寸进行反复调整,直到确认轨道状态符合标准要求,并提交检测成果资料。

(5)整修打磨不平顺焊缝,提高轨面平顺性。

(6)测量钢轨爬行量,复核锁定轨温。

(7)高温时不应安排影响线路稳定性的整理作业。高温时可安排矫直钢轨、整理扣件、整理道床外观、钢轨打磨等作业。

(8)进行无缝线路整理作业,必须掌握轨温,观测钢轨位移,分析锁定轨温变化,按实际锁定轨温。

(9)根据作业轨温条件进行作业,严格执行"作业前、作业中、作业后测量轨温"制度。

(10)无缝线路整理作业,必须遵守下列作业轨温条件:当轨温在实际锁定轨温300℃以下时,伸缩区和缓冲区禁止进行整理作业。

(11)在跨区间无缝线路上的无缝道岔尖轨及其前方25m范围内综合整理,允许在实际锁定轨温±10℃内进行作业。

(12)无缝线路应力放散和调整后,应按实际锁定轨温及时修改有关技术资料和位移观测标记。

(13)桥上无缝线路整理作业应注意做好以下工作:

①按照施工图,保持扣件布置方式和拧紧程度。

②对桥上钢轨焊缝应加强检查,发现伤损应及时处理。

③对桥上伸缩调节器的伸缩量应定期观测,发现异常爬行,应及时分析原因并整治。

(14)静态检测与动态检测:

轨道整理完毕,采用便携式轨道几何尺寸检测仪对轨道几何尺寸进行检测。检测方法及频率应符合质量验收标准要求。

动态检测采用轨道检查车进行,如图9-45所示。

图9-45 高速轨道检查车动态检测

本章课后习题

1. 简述长轨基地钢轨焊接的基本方法及基本工序。
2. 简述长钢轨铺设的工序及控制要点。
3. 简述焊车焊接长钢轨施工工艺及控制要点。
4. 简述无缝线路应力放散锁定施工工艺。
5. 简述轨道精调的基本工序。

项目十　无砟道岔施工

知识目标：

1. 正确描述无砟道岔施工工艺；
2. 了解无砟道岔施工主要施工设备；
3. 简述道岔组装的基本方法及基本工序；
4. 正确描述道岔粗调的工序及控制要点；
5. 正确描述道岔精调的工序及控制要点；
6. 简述道岔焊接工艺过程及要点；
7. 简述道岔质量验收主要内容。

能力目标：

1. 能指导道岔工厂进行预组装作业；
2. 能指导道岔施工的运输、装卸及存放作业；
3. 能进行道岔施工铺设现场作业指挥，完成技术交底；
4. 能进行道岔粗调、精调、焊接现场作业指挥；
5. 能使用检测设备进行道岔质量验收。

一、管理模块

（一）道岔施工方案流程

道岔施工总体方案为工厂预组装、散件运输、现场组装、精调并灌注混凝土。道岔先在工厂内进行预组装，组装调试合格后分解为散件运输到现场进行原位组装。道岔在工厂内预组装后，基本轨－尖轨和辙叉部分采用"扣件＋钢轨件"整体运输方式，岔枕及道岔其余部分采用散件运输方式运输至现场，现场进行安装。道岔几何尺寸在整体调整到位后，采用集中搅拌站拌和混凝土，汽车泵进行灌注。道岔施工流程见表10-1。

道　岔　施　工　流　程　　　　表10-1

序　号	项目过程	序　号	项目过程
1	道岔工厂内进行预组装	7	钢筋、模板安装
2	组装调试	8	道岔精调
3	控制点测设	9	道床板混凝土浇筑
4	运输、装卸及存放	10	道岔焊接
5	道岔组装（原位法）	11	质量验收
6	道岔粗调		

(二)道岔施工主要工(器)具

道岔施工工序多,施工复杂,形式多样,需要的工(器)具种类也多,以下汇总了道岔施工主要工(器)具并提供部分型号供参考,见表10-2。

道岔施工主要工(器)具　　　　　表10-2

序　号	设　备　名　称	序　号	设　备　名　称
1	道岔专用吊具	25	高压水枪
2	道岔拼装平台	26	抹子
3	轨道检测车	27	钢筋切断机
4	双头电动扳手	28	钢筋弯曲机
5	电焊机	29	切割机
6	发电机	30	砂轮机
7	电钻	31	莱卡全站仪
8	混凝土切割机	32	莱卡全站仪
9	平板车	33	电子水准仪
10	工具轨	34	电阻仪
11	螺杆调节器	35	泵车
12	轨向锁定器	36	可变跨龙门吊
13	纵横向模板	37	汽车吊
14	纵向模板三角支承架	38	钢弦线
15	手动内六角扳手	39	轨道几何检查尺
16	振捣棒	40	测力扭矩扳手
17	起道机	41	钢筋绝缘检测
18	扳手	42	侧向调节支架
19	塑料保护套	43	竖向调节支架
20	撬棍	44	防护罩
21	斜口钳	45	无孔夹具
22	土工布	46	风镐
23	防尘罩	47	铝热焊设备
24	养生桶		

二、操作模块

(一)无砟道岔施工工艺流程

道岔施工工序多,工艺复杂,无砟道岔施工工艺流程如图10-1所示。

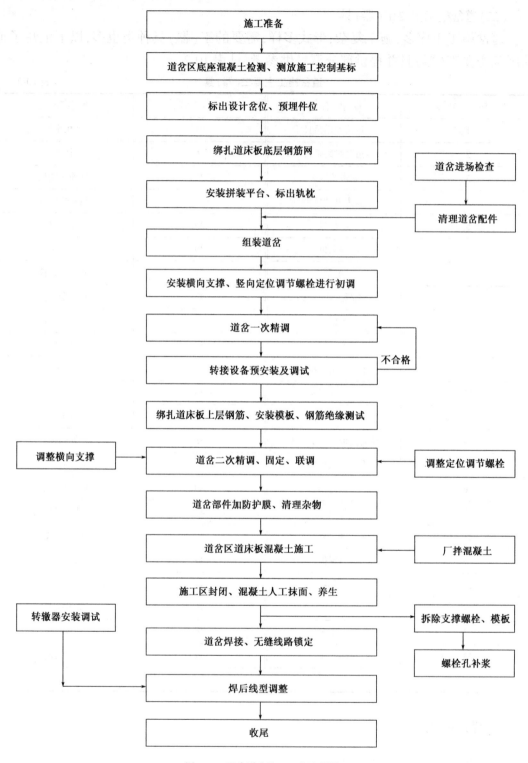

图 10-1 无砟道岔施工工艺流程图

以下以道岔施工流程为主线,分四阶段介绍道岔施工全过程。

(二)无砟道岔预组装及控制点放样

1. 无砟道岔组件

以18号长枕埋入式高速铁路道岔为例,道岔组件包括转辙器组件、辙叉组件、配轨及扣件结构,如图10-2~图10-4所示。

图 10-2　转辙器组件

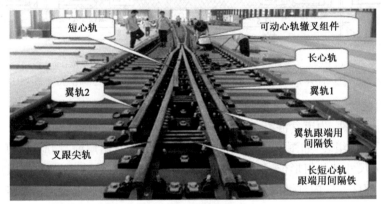

图 10-3　辙叉组件

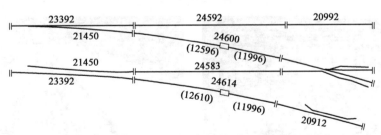

图 10-4　绝缘接头设置在曲股时客运专线单开道岔配轨图(尺寸单位:mm)

注:为便于道岔厂内试制和组装,客运专线道岔厂内配轨时按轨缝为8mm计算钢轨件长度,现场铺设时根据实际情况自行切轨。

2. 技术要求及说明

(1)关于钢轨高低和左右位置的调整。

①钢轨高低调整:采用调高垫板在橡胶垫板与岔枕之间调高,最大调高量10mm。调高垫

板材质为橡塑材料,静刚度大于1000kN/mm,调高应不影响系统刚度。

②钢轨左右位置调整:扣件系统具有 -8~+4mm 的轨距调整量,通过调整轨距块可实现 -2~+4mm 的轨距调整,附以缓冲调距块的掉边,可实现 -8~+4mm 的轨距调整,调整无需备件。

(2) Ⅱ型弹条分开式扣件系统部分零部件的使用说明。

①轨距块分为 9-11、10-12 两种型号,用于调整钢轨左右位置;

②缓冲轨距块分为 4-11、5-10、6-9、768 四种型号,用于调整垫板位置,如图 10-5 所示;

③垫板螺栓分为 A、B 两种型号,正常安装时采用 A 型,调高量大于 15mm 时采用 B 型。

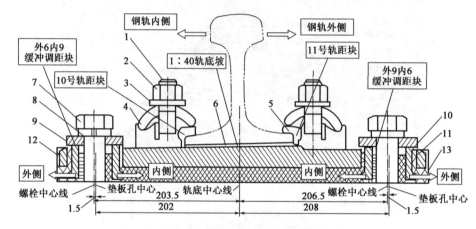

图 10-5　一般部位轨距块及缓冲调节块安装示意图(尺寸单位:mm)

1-螺纹道钉;2-螺母;3-平垫圈;4-弹条;5-11 号轨距块;6-绝缘缓冲垫板;7-螺母;8-弹簧垫圈;9、10-平垫块;11~13-缓冲调距块

(3) 道岔组装时,严格按照安装手册安装轨距块及缓冲调节块。在混凝土浇筑前的粗调及精调时,慎用调整件,为道岔混凝土浇筑成形后预留调整量。

(4) 道岔厂内预组装,如图 10-6、图 10-7 所示。每组道岔出厂前,均应进行厂内试铺,严格检测道岔各部分尺寸和几何形位,消除超限点位。消除因加工和制造误差超限产生的质量缺陷,及时更换零部件。厂内试铺时还应安装电务转换和锁闭装置,进行道岔工务和电务系统的联合调试。

图 10-6　转辙器预组装

图 10-7　辙叉预组装

(5)控制点放样:道岔施工前,必须先进行线下工程贯通测量,对站场范围及两端相邻区段相关联的导线、水准点、线路中线、高程进行贯通闭合测量,如图10-8所示。对照线路中线复核线路下工程构筑物位置及几何尺寸,以确认道岔铺设是否满足要求。道岔原位组装时,利用CPⅢ控制网,在钢筋混凝土底座上定位出道岔的位置控制点。道岔控制桩放样除测设道岔岔心、岔首、岔尾中心桩位外,还应在道岔前后50~100m范围测放线路中线桩,以便控制线路与道岔平顺连接。

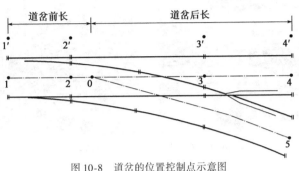

图10-8 道岔的位置控制点示意图

(三)道岔组件装卸、运输与存放

1. 道岔运输

道岔厂内预铺、调试合格后,对道岔各部件做出对号标记,进行道岔分解,分解方式以满足汽车运输为原则,单件分解为主。尖轨与基本轨、可动心轨辙叉的技术状态在出厂时已经组装调整到位,分解为组装件整体运输(图10-9),并安装临时固定零件。连接钢轨(配轨)应按钢轨接头编号相对集中装运,厂内已安装胶结接头的钢轨不得分解。道岔扣件拆解后,须按编号、类型等分别装箱运输,如图10-10所示。岔枕堆码后,捆扎为集束运输。岔枕长度大于3.5m时,长短枕分解运输。电务转换设备应根据设备特性分解为若干单元件后装箱运输。

图10-9 道岔组装件整体运输

图10-10 岔枕及扣件装箱运输

2. 道岔装卸

(1)机具要求:道岔构件装卸采用符合起重要求的起重机械,配合大刚度、柔性吊带、多吊点专用吊具进行吊装,如图10-11所示。

图10-11 道岔构件采用专用吊具吊装现场

(2)起吊作业要求:

①吊具与道岔构件连接后,要对锁具锁紧可靠性和平衡性进行检查。先进行不大于100mm起升高度的试吊,验证起吊设备、吊具的可靠性,保证轨排垂向和横向最大变形量不超过100mm。

②起吊时慢速启动,保持平稳,起升和转向分开操作。

③起吊时须使用吊装扁担梁和柔性吊带,绳索的吊点布置须根据工件重心和长度计算确定,不允许单点起吊。

④长度15~25m的钢轨件,吊点间距允许最大值为6m。单根标准断面钢轨吊装时,吊点位置按图10-12所示布置,且钢轨端头距离最近吊点间距不大于8m;当吊装尖轨时,所有吊点位置向右移动1m,同时必须采用吊带锁紧吊卸。

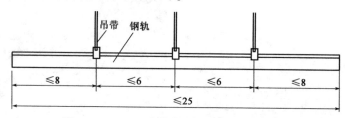

图10-12 15~25m钢轨件吊点间距(尺寸单位:m)

⑤长度大于25m的钢轨件,装卸作业时应采长度大于30m的专用柔性多点吊具吊装,吊点间距最大值为3m,吊装现场如图10-13所示。

3. 道岔存放

道岔存放应注意如下要点:

(1)道岔存放场地应平整坚实,平整度不大于1mm/m,并应采取防雨措施,排水畅通,严禁积水。

(2)转辙器轨件、可动心轨辙叉组件单层堆放。钢轨件的码垛层数不得多于4层,并将尖轨摆放在顶层,轨件和地面间应铺垫缓冲衬垫(如木质垫),如图10-14所示。

图 10-13　大于 25m 的钢轨件专用柔性多点吊具吊装现场

图 10-14　钢轨件下铺垫缓冲衬垫(木质垫)

(3)电务设备存放时注意放置方向,避免损坏转辙机。

(4)包装箱应单层码放。

(5)岔枕按组摆放并设置标签,避免错误。

(6)岔枕存放场地应坚固平整。混凝土岔枕按长短顺序码垛,长枕在下、短枕在上,码垛层数不宜超过 5 层,每层岔枕间应用软木支垫,并对称布置;上下层的垫木竖直对齐,相错量不超过 0.5m,如图 10-15 所示。

(7)岔枕运输、装卸、堆放时,套管和支撑螺栓孔应加盖临时封闭,如图 10-16 所示。

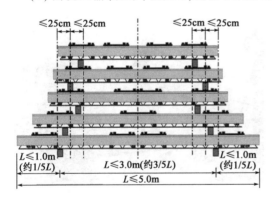

图 10-15　岔枕存放示意图片

图 10-16　缓冲衬垫及临时封闭

(四)道岔组件组装

1. 组装平台安装

应根据测设的道岔控制桩位置安装组装平台。组装平台两支撑刚梁的间距为 1.5m,中间采用拉杆整体固定。其安装高度需要保证道岔组装完成后低于设计高程 10mm 以内,如图 10-17 所示。

2. 岔枕散布

组装平台安装后进行岔枕散布,注意以下事项:

(1)人工按设计要求的编号位置将岔枕搬运到组装平台上,如图 10-18 所示。

图10-17　安装道岔组装平台

图10-18　岔枕搬运现场

(2)采用100m长尺进行岔枕位置放样,避免误差累积。

(3)分别在第一根岔枕和最后一根岔枕直股第一孔旋入一根岔枕螺栓,并在两螺栓之间安放一根钢丝线,然后以钢丝线为岔枕方向的基准线,所有岔枕第一螺栓孔边与该线对齐,确定岔枕位置,如图10-19所示。

(4)将方正尺的一边靠在钢丝线上,调整第二根岔枕方向,使岔枕和钢丝线垂直,再调整第一根岔枕和第二根岔枕的间距。以第一根岔枕为基础,分别用两把50m的长卷尺,先每隔10根岔枕进行调整并将其固定,然后再调整其余岔枕间距,如图10-20所示。

图10-19　岔枕对齐

图10-20　调整岔枕间距

3. 扣件安装

按照岔枕部位相应垫板的要求摆放平垫板、滑床板、护轨垫板、支距垫板。摆放顺序：垫板就位—缓冲调距块就位—板上胶垫就位—盖板就位—岔枕螺栓就位(含弹垫)—螺栓预紧。注意在安放弹性铁垫板时,要使轨底坡朝向轨道内侧,螺栓孔中心与预埋绝缘套管孔中心对正。尖轨跟辙叉部分,运输至现场时,扣件与钢轨组合为一体,如图10-21所示。

4. 辊轮安装

(1)偏心轴辊轮的高低调节：通过调节滚轮侧面轮轴的角度,可调节滚轮最高点与滑床台板台面的高度差,如图10-22所示。

图10-21　扣件安装

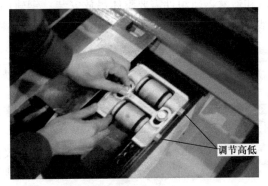
图10-22　调节滚轮侧面轮轴角度

（2）保持里侧滚轮与尖轨轨底1mm的间隙，拧紧螺栓；在不掉板的情况下，打开尖轨与基本轨，使尖轨轨底与台板台面间隙2~3mm（塞尺2mm可进，3mm不可进），如图10-23所示。

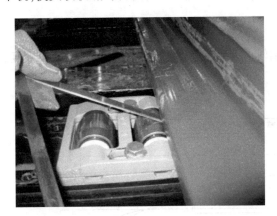

图10-23　滚轮与尖轨轨底间隙

5. 道岔钢轨组件安装

道岔钢轨组件首先安放基本轨与尖轨组件、辙叉组件，之后按照"从前至后，先直向后侧向，先外股后里股"的顺序安装其余钢轨组件，如图10-24所示。

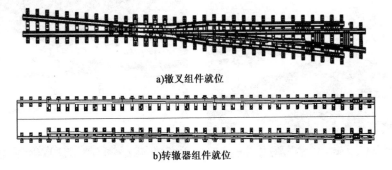

a) 辙叉组件就位

b) 转辙器组件就位

图10-24　基本轨与尖轨组件、辙叉组件图

（1）将道岔钢轨组件按设计图纸要求，用专用吊具将其吊放到扣件上。其中基本轨－尖

轨和辙岔钢轨组件需要整体吊放安装。钢轨间预留 8mm 的缝隙,并用鱼尾板连接。将直、曲基本轨端头用方尺调正,并与道岔岔首控制桩桩位对齐,如图 10-25 所示。

图 10-25　专用吊具吊放道岔钢轨组件

（2）先将直基本轨扣件拧紧,用弦线法校正直基本轨的直线度,误差控制在 2mm/10m 内。

（3）以直基本轨为控制轨,通过轨距和支距来调整其他钢轨件的安装位置。

（4）调整岔枕水平,每隔 10 根轨枕采用水准仪找平,其余轨枕以此为基准,采用拉线的方式找平。

（5）所有钢轨件连接完成后,对道岔的起终点、直线度、轨缝、轨距和支距再次进行校正,几何尺寸满足要求后,用定扭矩扳手将道岔扣件拧紧。

（五）道岔检查和调整

1．道岔粗调

（1）直股钢轨件调整:通过弦线调整直股钢轨的直线度,通过轨距调整直尖轨的顺直度,如图 10-26 所示。

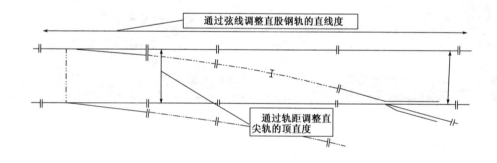

a)

b)

c)

图 10-26　直股钢轨件调整说明图

（2）曲股钢轨件调整：通过测量支距进行曲尖轨的粗调，通过轨距调整，将曲股钢轨调整到位，如图10-27所示。

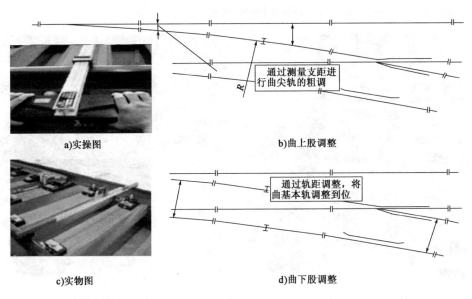

图10-27 曲股钢轨件调整

（3）高程调整：根据放样的高程基准点，通过转动竖向螺杆实现道岔升降，从而调整道岔的高程。当所有基准点高程调整至0~3mm后，再通过弦线调整基本轨全长范围内的高程，使基本轨顶面在同一条水平线上；再用轨距尺检测各点的水平（超高），起升竖向调节螺杆，检测曲股水平，将高程调整到位，如图10-28所示。

图10-28 高程调整

（4）支撑体系安装：

①轨枕端头未预留高程调节孔。

国产道岔竖向支撑采用钢轨竖向调整螺栓，如图10-29所示，在道岔初调到位后，每隔2根岔枕在钢轨底安装一对；横向调整采用锚具和三角支撑的组合方式。横向调整锚具在道岔组装平台拆除后进行安装，主要用于道岔的精调作业，地锚采用 $\phi 28$ 钢筋，锚固深度大于15cm，横向调整采用M16螺杆与岔枕桁架钢筋焊接。为便于道岔横向调整，同时为防止道床板浇筑过程中,道岔出现移位,需要设置三脚架支撑或斜拉支撑,特别是桥梁及隧道地段,采用工装将钢轨固定在防护墙上,之后通过双向调节器调整道床平面精度,同时起到固定道床轨枕的作用,每隔2~3根岔枕设置一处,如图10-30所示。

图10-29 钢轨竖向调整螺栓　　　　　图10-30 桥梁地段斜拉支撑

②轨枕端头预留高程调节孔。

BWG道岔竖向支撑采用岔枕调整螺栓,道岔初调作业完成后,在每根岔枕端头安装支撑螺杆,下面都垫设压痕小钢片,以保持支撑稳固。横向调整采用锚具。在组装平台拆除后每隔2根枕木将横向调整锚具丝杆与岔枕横向钢筋焊接。

2. 钢筋、模板安装

(1)钢筋绑扎:将加工制作好的钢筋运送到施工现场,人工现场绑扎。横向钢筋、纵向钢筋与岔枕桁架钢筋接点位置处安装塑料绝缘夹,并用塑料绑扎丝带固定,以满足轨道电路传输要求。根据设计图纸要求,利用结构钢筋作接地处理,要求钢筋单面焊焊缝长度不小于200mm,钢筋绑扎(图10-31)后进行绝缘性能测试。

图10-31 钢筋绑扎

(2)模板安装:模板为槽钢改制的定型钢模,安装时对齐模板安装线位置。按设计要求,国产道岔道床板分为4个单元,单元间用模板分隔。BWG道岔道床板为整体结构。在道岔转辙处安装模板,要保证其安装稳定,同时要形成一定的排水坡度。在钢轨接缝处也需要安装模板,控制道床板混凝土高度,以满足后期钢轨接头铝热焊的要求,如图10-32所示。

a)道床板纵向模板

b)转辙机位置模板

c)横向隔板

图10-32 模板安装示范图

3. 道岔精调

(1)无砟轨道高速铁路道岔的精调分为静态精调和动态精调。

①静态精调根据轨道静态测量数据对道岔轨道进行全面、系统调整,将道岔轨道几何尺寸调整到允许范围内,对轨道线型进行优化调整,合理控制轨距、水平、轨向、高低等变化率,使轨道静态精度满足高速行车条件。

②动态调整是在联调联试期间根据轨道动态检测情况对道岔轨道局部缺陷进行修复,使轨道满足高速行车的舒适度要求。高速铁路道岔动态调整:根据收集的高速轨检车动态检测数据,拿到动态检查波形图后对照道岔里程,准确找到病害位置;根据检测设备提供的超限类型,对应波形图,指导现场进行病害调整处理,使高速铁路道岔达到运营的要求。

(2)无砟轨道高速铁路道岔,除了对其轨距、水平位置、轨向、高低状态进行线路静态精调和动态精调外,还须对其特有的道岔转换设备进行精调,根据设计值调节18号道岔及50号道岔尖轨开口动程,对转辙器区的锁闭装置进行精调,对辙叉区的锁闭装置进行精调,安装连接下拉装置并进行功能测试,调节拉杆和检查杆,调整转辙机高度,保证作用杆没有应力,校准密贴检查器线型,调整密贴检查器,调整转辙器,进行4mm/5mm测试,这些工作需要信号系统的配合。最后进行道岔功能测试以确保道岔的功能和行车的安全性。

（3）高速铁路道岔静态精调前首先对CPⅢ控制网进行复测，然后进行轨道调整，根据采集的数据利用道岔精调器调整道岔各部尺寸，使其达到静态验收要求。

（4）安装道岔转辙机，确认道岔组装质量。主要内容包括：检查道岔轨向、水平、轨距、支距和密贴等。道岔轨向允许偏差为：2mm/10m弦；轨距、支距允许误差为±1mm；道岔第一牵引点前尖轨（或心轨）与基本轨（或翼轨）的缝隙要求≤0.2mm，其他部分要求≤0.5mm。道岔调整满足要求后，拆除转辙机，用夹具夹紧心轨与基本轨，使其保持密贴。

（5）道岔组装质量检查完成后，用轨检小车对道岔直向、侧向线型进行优化。施工过程中，道岔直向、侧向位置与理论设计位置存在偏差，且两者在调整过程中会相互影响，施工过程中通过分析直向、侧向位置偏差情况，确定调整方案，将线型优化到最佳状态，保证道岔位置的绝对偏差和相对不平顺性满足要求，如图10-33所示。

图10-33 采用轨检小车优化线型作业现场

（6）高速铁路道岔转换设备的精调是道岔精调成败的关键，道岔精调施工需要工务、电务、信号等单位配合共同进行，配备专业工具进行精调，使道岔功能和行车安全性达到运营要求。

4. 无砟道岔铺设注意事项

（1）施工工装应牢固、可靠，避免道岔铺设过程中产生变形和位移。

（2）道岔初调作业完成后，严禁非施工人员在道岔上行走，坚决杜绝施工机械及运输车辆碰撞支撑架及岔枕。

（3）道岔测量期间，在测量工作区域内，要避免灯光、机械作业等外界因素影响测量精度及进度。

（4）道岔测量及调整时，道岔与两端区间双块式轨枕地段应该整体同时进行，且连接长度不小于65m。

（5）道岔调整支撑架及混凝土浇筑时的三角形固定架应同时安装，特别是辙岔区段的三角形固定架应两侧对称安装。

（6）完成道岔精调并具备道床板混凝土浇筑条件时，应尽快完成道床板混凝土浇筑。

（7）单开道岔道床板混凝土与两端区间无砟轨道一次浇筑完成。渡线道岔道床板混凝土与两端区间无砟轨道宜一次浇筑完成；若确有困难，可以分二次浇筑。渡线与岔心必须一次浇筑完成。

(8) 必须作好道床板顶面的排水，特别要加强钢轨下部的抹面处理，确保顶面平整。

(9) 由于道岔的调高垫板为每5组备1组（每组备1mm、2mm厚调高垫板各1块），不足的由施工单位自行购买，所以施工中应尽量将道岔调整到位，减少垫板的使用量。

5. 施工质量标准、检验方法及控制措施

1) 施工质量标准

(1) 施工测量采用CPⅢ基准网，CPⅢ加密基桩基标测量精度要求：平面位置±0.2mm，高程±0.1mm。

(2) 混凝土支承层施工精度：高程±5mm，中线10mm，表面平整度3mm/4m。

(3) 道岔铺设静态精度的主要指标：轨距±1mm，高低、轨向、扭曲（6.25m基线）、水平等均为2mm。

(4) 钢轨接头焊接接头平直度：轨顶面为0~+0.2mm，内侧作用边为0~+0.2mm，轨底（焊筋）为0~+0.5mm，焊接质量符合要求。

2) 施工质量检验方法

(1) 严格控制施工测量精度，采用高等级的TCA1800或TCA1201+全站仪和DINI12电子水准仪对CPⅢ基准网进行复测，测量方法、精度、平差计算符合要求。

(2) 除按高性能混凝土施工的一般项目检查外，道岔混凝土浇筑前，采用电阻表对混凝土钢筋骨架进行绝缘测试，测试的方法和结果应符合设计要求。

(3) 道岔铺设、精调和线路整理过程中，对照道岔铺设图和中铁宝桥提供的技术资料，通过万能道尺、塞尺、平直度尺、钢弦线、方尺、钢尺、扭矩扳手、轨道检测车、全站仪、电子水准仪，对道岔几何尺寸、轨道线型和坐标进行检查，填写检查记录。对不合格项在下一道工序开始前整改完成，对相关项目进行重新检查和延伸检查。

(4) 钢轨接头铝热焊接应按照标准进行焊接型式检测和周期检测，用平直度尺和塞尺检查焊缝及两侧钢轨轨顶面、内侧作用边、轨底（焊筋），用超声波探伤仪检查焊接质量。

本章课后习题

1. 简述无砟道岔施工工艺。
2. 简述无砟道岔施工主要施工设备。
3. 简述道岔组装的基本方法及基本工序。
4. 简述道岔粗调的工序及控制要点。
5. 简述道岔精调的工序及控制要点。
6. 简述道岔焊接工艺过程及要点。
7. 简述道岔质量验收主要内容。

参 考 文 献

[1] 解宝柱,赵勇.铁路轨道[M].成都:西南交通大学出版社,2017.
[2] 朱庆新,刘见见.轨道施工技术[M].北京:人民交通出版社,2013.
[3] 高亮.轨道工程[M].2版.北京:中国铁道出版社,2015.
[4] 张立.铁路轨道构造与施工[M].北京:中国铁道出版社,2015.
[5] 李良英.高速铁路线路工程[M].北京:人民交通出版社,2012.
[6] 佟立本.铁道概论[M].7版.北京:中国铁道出版社,2016.
[7] 中华人民共和国行业标准.铁路轨道设计规范:TB 10082—2017[S].北京:中国铁道出版社,2017.
[8] 中华人民共和国行业标准.铁路线路设计规范:TB 10098—2017[S].北京:中国铁道出版社,2017.
[9] 中国铁路总公司.普速铁路线路修理规则[S].北京:中国铁道出版社,2019.
[10] 中国铁道科学研究院铁道建筑研究所,中国铁路通信信号集团公司基础部.客运专线铁路道岔铺设手册[M].北京:中国铁道出版社,2009.
[11] 客运专线道岔研发组.自主研发客运专线无砟道岔铺设手册(试行)[M].北京:中国铁道出版社,2009.
[12] 中华人民共和国行业标准.高速铁路工程测量规范:TB 10601—2009[S].北京:中国铁道出版社,2009.
[13] 中华人民共和国国家标准.铁路线路设计规范:GB 50090—2006[S].北京:中国铁道出版社,2006.
[14] 中华人民共和国行业标准.铁路轨道设计规范:TB 10082—2005[S].北京:中国铁道出版社,2005.
[15] 中华人民共和国行业标准.铁路轨道工程施工机械配置技术规程:Q/CR 9227—2017[S].北京:中国铁道出版社,2017.
[16] 中华人民共和国行业标准.新建铁路桥上无缝线路设计暂行规定:铁建设函〔2003〕205号[S].北京:中国铁道出版社,2003.
[17] 中华人民共和国行业标准.铁路混凝土工程施工技术规程:Q/CR 9207—2017[S].北京:中国铁道出版社,2017.
[18] 中华人民共和国行业标准.铁路混凝土拌和站机械配置技术规程:Q/CR 9223—2015[S].北京:中国铁道出版社,2015.
[19] 中华人民共和国行业标准.铁路工程沉降变形观测与评估技术规程:Q/CR 9230—2016[S].北京:中国铁道出版社,2016.
[20] 中华人民共和国行业标准.高速铁路设计规范:TB 10621—2014[S].北京:中国铁道出版社,2015.
[21] 中华人民共和国行业标准.城际铁路设计规范:TB 10623—2014[S].北京:中国铁道出版社,2015.
[22] 中华人民共和国行业标准.铁路轨道工程施工质量验收标准:TB 10413—2003[S].北

京:中国铁道出版社,2004.

[23] 中华人民共和国行业标准.铁路运输通信工程施工质量验收标准:TB 10418—2003[S].北京:中国铁道出版社,2004.

[24] 中华人民共和国行业标准.铁路混凝土工程施工质量验收标准:TB 10424—2018[S].北京:中国铁道出版社,2010.

[25] 中华人民共和国行业标准.客货共线铁路轨道工程施工技术规程:Q/CR 9654—2017[S].北京:中国铁道出版社,2017.

[26] 中华人民共和国行业标准.新建时速200公里客货共线铁路工程施工质量验收暂行标准:铁建设〔2004〕8号[S].北京:中国铁道出版社,2004.

[27] 中华人民共和国行业标准.新建时速200公里客货共线铁路设计暂行规定:铁建设函〔2005〕285号[S].北京:中国铁道出版社,2005.

[28] 中华人民共和国行业标准.高速铁路轨道工程施工质量验收标准:TB 10754—2018[S].北京:中国铁道出版社,2018.